対馬にわたった櫛目文土器人

長崎県夫婦石遺跡

夫婦石遺跡は，玄海灘に面した対馬上県町の西海岸に開口した鹿見湾に位置し，一部海底を含めた約13,000㎡に分布範囲を呈す，縄文時代前期〜中期の遺物包含地である。1988年11月に開発に伴う範囲確認調査が実施され，縄文土器・石器とともに朝鮮半島の新石器時代の櫛目文土器が層位的に出土する遺跡であることが明らかになった。遺物は，第Ⅲ層に縄文中期の阿高式土器と櫛目文土器，第Ⅵ層・Ⅶ層に櫛目文土器が多数出土した。

構　成／副島和明
写真提供／長崎県教育委員会

夫婦石遺跡遠景
向う岸，鳥居のそば

夫婦石遺跡近景
調査風景

阿高式土器
（Bトレンチ第Ⅲ層出土）

櫛目文土器（Cトレンチ第Ⅵ層出土）

櫛目文土器（Cトレンチ第Ⅵ層出土）

石器類（Bトレンチ第Ⅲ層出土）

表採土器

縄文人が歩いた島々
韓国南海岸地域

1989年11月，九州縄文研究会（木村幾多郎代表）は韓国の新石器時代研究者たちとの交流のため韓国を訪れた。主旨は両国の研究者が共同で同じ遺跡・遺物を検討し，共通認識を持とうというものであった。今回われわれが踏査した遺跡はすでに発掘が行なわれ出土遺物が判明している貝塚である。出土品のなかには九州の縄文系遺物もみられ，当時の縄文人たちが歩いた地域を，われわれ九州縄文研究会メンバーがその跡をたどる旅ともなった。

構　成／木村幾多郎

烟台島貝塚　貝塚前面に広がる海は山登貝塚を除いて当時は内湾を形成していたと推定される。

上老大島山登貝塚　台地中央の塔付近から埋葬人骨が検出された。

上老大島上里貝塚　教会の前に広がる畑が貝塚

櫛目文土器に類似する曽畑式土器

欲知島貝塚　　佐賀県西唐津海底遺跡

韓国出土の縄文土器に類似する土器

烟台島貝塚

欲知島貝塚　中央のビルが発掘地点

類似する石器形態

烟台島貝塚

佐賀県赤松海岸遺跡

東シベリアの先史土器

櫛目文土器（スチュー遺跡）

櫛目文土器（コンドン遺跡）

東アジアの先史土器を通観したとき，東シベリア・沿海州の櫛目文土器は，土器表面全体へ施す各種文様手法の特徴から，縄文土器に最も近い土器群といえる。そのような中でアムール中・下流域で進められている新石器時代遺跡の調査内容を見ると，生業基盤の類似を含め縄文文化との親縁性を強く示していることがわかる。

　構　成／戸田哲也

顔面（獣面）把手付浅鉢

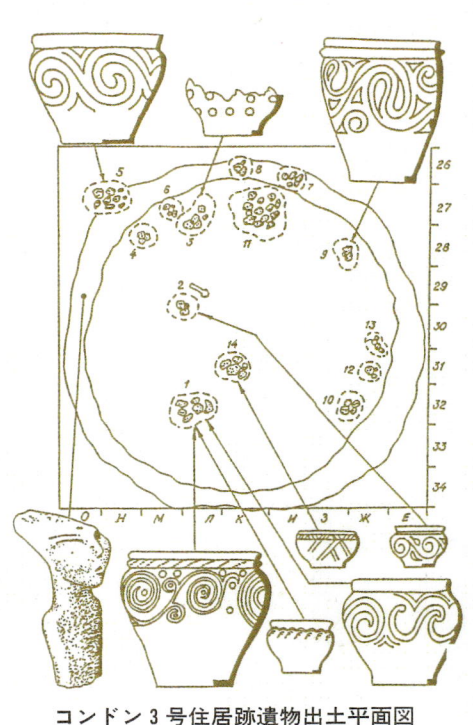

コンドン3号住居跡遺物出土平面図

アムールランドの石刃鏃文化

縄文時代早期の頃，日本列島の北辺に石刃鏃文化が展開する。その広がりと遺物組成から，この「辺境」の文化は，東北アジア（大陸）に起源をもつとみられる。なかでも隆起線文土器やアムール編目文土器など石刃鏃に伴う土器は，文化と人々の出自を示す好資料で，アムール川下流域を中心とする人々の集散を物語っている。

　構　成／木村英明

アムール編目文と絡条体圧痕文が同時
施文された土器（スサーニノ 4 遺跡）

口唇部近くに撚糸を埋め込んだ痕跡のある
隆起線文土器（オシノヴォエ湖遺跡）

口唇部に絡条体圧痕文が施文された
アムール編目文土器（テチュヘ遺跡）

隆起線文土器（ノヴォペトロフカ遺跡）

石刃鏃（ガリェルイ・リェス遺跡）（左上は長さ4.9cm）

石刃鏃（北海道湧別市川遺跡）（左は長さ6.9cm）

季刊 考古学 第38号

特集 アジアのなかの縄文文化

◉口絵(カラー) 対馬にわたった櫛目文土器人
縄文人が歩いた島々 ―韓国南海岸地域―
東シベリアの先史土器
アムールランドの石刃鏃文化
(モノクロ) 東アジアに共通する要素
中国東北の新石器文化

表紙デザイン・カット／サンクリエイト

東アジアに共通する要素

海を隔てて日本列島と大陸の間にはよく似た文物がある。縄文文化はとかく列島内で独自に形成された孤立的な文化とみられがちであるが，隣接地域にかたちとつくりのよく似たものがある。直輸入品，直接の系譜関係にあるもの，似て非なるものなどを比較のために，中・ソ・朝・韓の諸国の考古資料から恣意的に選んで一挙に掲載した。（縮尺不同，一部に時代を無視したものがある）

構　成／木村幾多郎・中山清隆

環状列石（土籬）

ソ連ペシチェルキン・ロク

北海道柏木B

箱式石棺

中国牛河梁

岩手・湯舟沢II

熊本・天城

土器の比較

東アジア大陸の土器をみると東シベリアの尖・丸底土器群，極東の深鉢平底土器群，南方の縄蓆文・丸底土器群などの大きなまとまりがある。縄文土器は列島内で独自に展開するが，大陸土器と属性や年代を比較しながら生態学・文化史論的視野で系譜を追求してみることも必要であろう。

ソ連
グロマトゥハ

孔列文土器

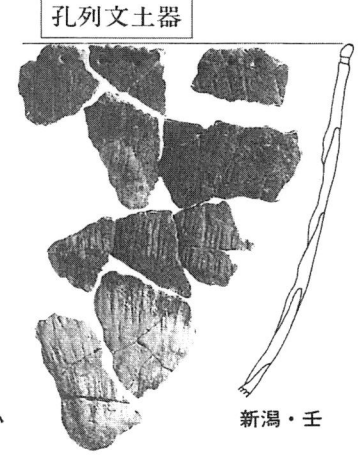

新潟・壬

沈線・刺突文土器

北朝鮮南京
（朝鮮有文土器）

福岡・柿原野田
（曽畑式）

平底土器

中国新開流

北海道東釧路III
（浦幌式）

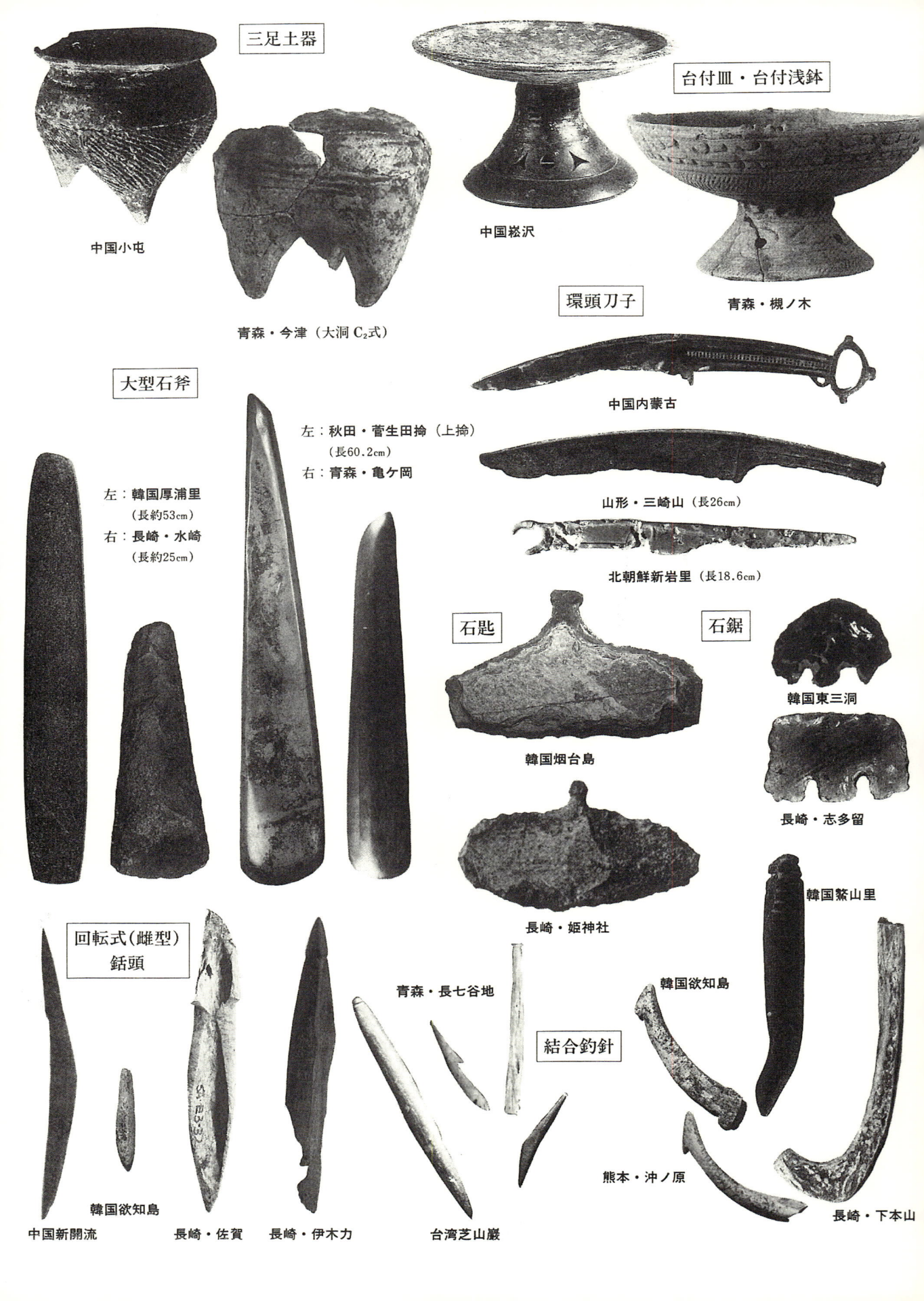

三足土器

中国小屯

青森・今津（大洞C₂式）

台付皿・台付浅鉢

中国崧沢

青森・槻ノ木

環頭刀子

中国内蒙古

山形・三崎山（長26cm）

北朝鮮新岩里（長18.6cm）

大型石斧

左：韓国厚浦里
　（長約53cm）
右：長崎・水崎
　（長約25cm）

左：秋田・菅生田捫（上捫）
　（長60.2cm）
右：青森・亀ケ岡

石匙

韓国烟台島

長崎・姫神社

石鋸

韓国東三洞

長崎・志多留

回転式（雌型）
銛頭

韓国欲知島

中国新開流

長崎・佐賀

長崎・伊木力

青森・長七谷地

台湾芝山巌

結合釣針

韓国繁山里

韓国欲知島

熊本・沖ノ原

長崎・下本山

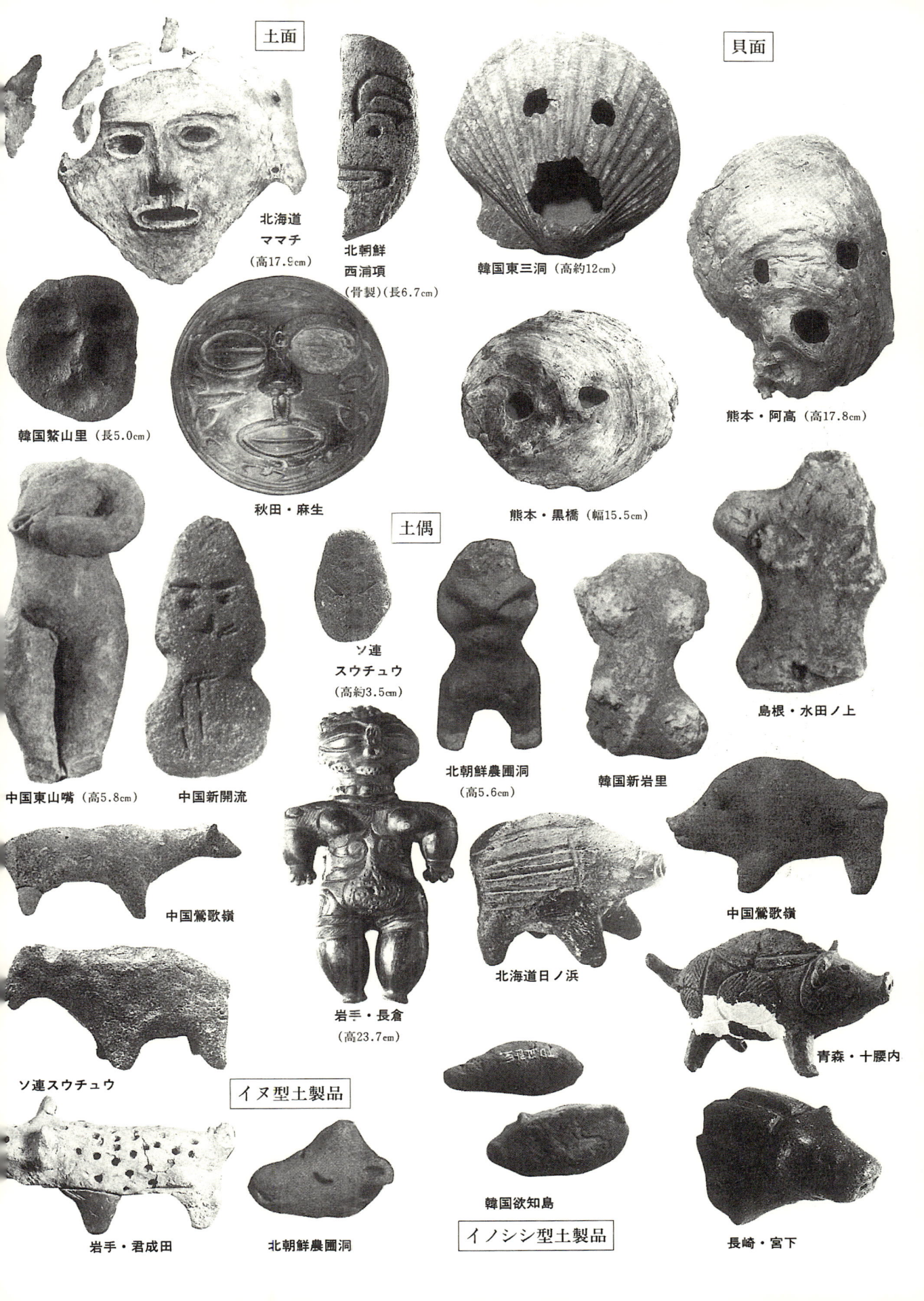

土面

北海道
ママチ
（高17.9cm）

北朝鮮
西浦項
（骨製）（長6.7cm）

貝面

韓国東三洞（高約12cm）

熊本・阿高（高17.8cm）

韓国繁山里（長5.0cm）

秋田・麻生

熊本・黒橋（幅15.5cm）

土偶

ソ連
スウチュウ
（高約3.5cm）

北朝鮮農圃洞
（高5.6cm）

韓国新岩里

島根・水田ノ上

中国東山嘴（高5.8cm）　　中国新開流

中国鴬歌嶺

岩手・長倉
（高23.7cm）

北海道日ノ浜

中国鴬歌嶺

青森・十腰内

ソ連スウチュウ

イヌ型土製品

岩手・君成田

北朝鮮農圃洞

韓国欲知島

イノシシ型土製品

長崎・宮下

中国東北の新石器文化

構　成／李陳奇・中山清隆

写真提供／郭大順・孫長慶・斉博文・林澐・李[　]

黄河流域で彩陶文化が栄えていたころ、遼西では紅山文化という独特な土着系文化が展開していた。その独自性は東山嘴や牛河梁の大・小土偶や基壇石積み遺構などにみられ、女神あるいは神廟説もあるほどである。

中国東北の「ナラ林帯」に広がる新石器文化はいくつかの類型に分けられるが、平底深鉢のジグザグ文土器を基調とし、石鏃や漁網錘などを伴うことから、狩猟や漁撈を行ない、堅果類の採集などに基礎をおく定着性の生活を営んでいたことがわかる。

多室構造の建物跡＝遼寧省牛河梁遺跡（紅山文化）

土偶の頭部＝牛河梁遺跡（高さ22.5cm。紅山文化）

積石状の建物跡＝牛河梁遺跡（紅山文化）

左：刀形骨器
中：尖頭形石器
右：平底深鉢形土器
　　（筒形罐）
　（黒龍江省新開流遺跡）

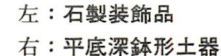
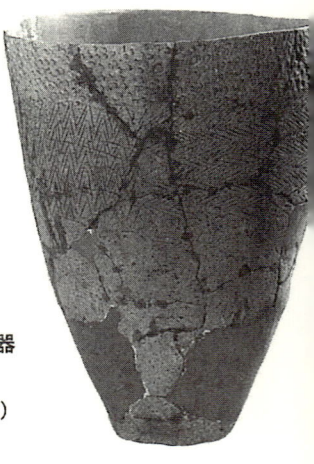

左：石製装飾品
右：平底深鉢形土器
　　（筒形罐）
　（吉林省左家山遺跡）

季刊 考古学

特集

アジアのなかの縄文文化

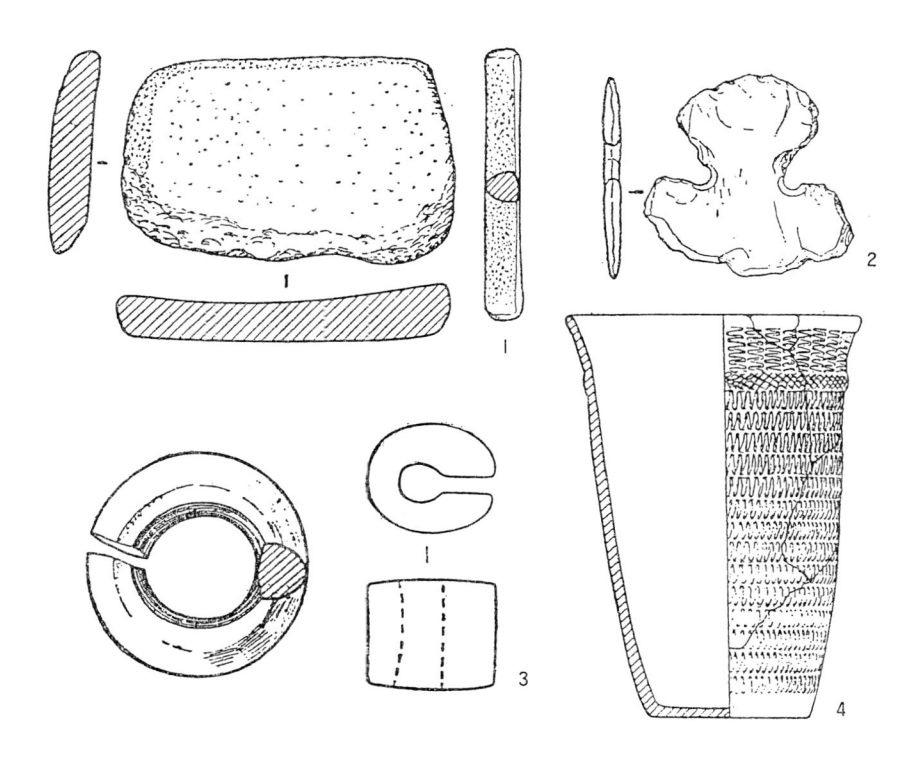

中国遼寧省阜新査海遺跡（先紅山文化期）の遺物（『遼海文物学刊』1991年1期より）
1 磨盤と磨棒、2 鋸（石鋤）、3 玦（玦状耳飾）〈左：左：径3.8〜4cm、右：径2〜2.2cm〉
4 押圧之字文の「筒形罐」

縄文文化とアジア世界

——大陸との接触地域研究の重要性——

西谷　正・木村幾多郎

（にしたに・ただし）　　（きむら・きたろう）

アジア世界のなかで孤立的な文化とされてきた縄文文化は，今日大陸との活発な交渉が認められるようになり，今後の研究が待たれる

日本文化を考えるとき，研究者も含めて多くの日本人が，「日本文化は複数の種族文化の渡来にもとづく種族文化複合である」（岡正雄1962）という思考方式をもっており，「アジアのなかの縄文文化」を考える際も，その文脈のなかにあるといえる。縄文文化は，その地理的状況や，日本列島内での動態などから，東アジア世界のなかで，かなり孤立的な文化であると考えている研究者も列外ではない。

考古学的遺物からは，古く朝鮮半島の櫛目文土器と北部九州の遠賀川式土器との連絡や（横山将三郎1933），同じく隆起文に南九州の縄文土器（轟式土器か？）からの影響を考え，黒曜石・石匙などの出土から「縄文土器文化の輸入」を考えたり（及川民次郎1933），また樺太・北海道の遺物の検討が行なわれ，当時の内地と植民地としての外地との遺物の比較も行なわれていた。日本の敗戦後は，それらの諸地域は，日本から切り離され，日本側からの，日本列島の延長線上での一貫した視点からの比較は困難となり，物の類似性からのみ検討される傾向になったことはいなめない。芹沢長介氏は「周辺文化との関連」（芹沢1965）で，土器の起源の問題と縄文時代成立後における周辺文化との関連において，類似する形態・製作技法をもつ遺物として，石鋸・玦状耳飾・石刀・石刃鏃・縄文土器・石匙・突瘤文土器・擦り切り石斧などを取り上げて考察を行なった。単に形態の類似だけの比較は戒めているが，やはり比較する対象の情報不足や，人間の介在が説明されないことなどから，北海道など隣接する接触地域の文化を

除いて，似ているという以上の説得力は少なかった。

考古学的には，北海道地域で隣接地域との比較研究が活発に行なわれていたものの，本誌に野村崇氏も書いているように，政治情勢の厳しさから，日本の研究者自身が周辺の遺跡・遺物に直接あたれる機会はほとんどなかった。北部九州においては，その時代に対する関心の低さや，朝鮮半島側でも有文土器時代遺跡調査の低調さなどから，物・人の交流や縄文文化との関係など具体的に実感をもって語られることは少なかった。

より広い視野から日本を位置づけるということからいえば，中尾佐助氏のナラ林文化と照葉樹林文化（中尾1966），上山春平氏らの照葉樹林文化論（上山ほか1969）など，植物生態系から文化現象を把握することによって，縄文文化を見る視野が広がったといえる。

1　最近の研究

最近の研究において学際化が進むにつれ，考古学的成果に植物生態系や民族学的成果をとり入れたり，逆に民族学的視点に植物生態系や考古学的成果をとり入れた考察が見られるようになってきた。大陸側と日本側の発掘による新しい事実の蓄積や，研究者相互の交流による成果と相まって，東アジアにおける縄文文化のイメージが，かなり具体的に語られるようになってきた。

考古学側からの最近の山田昌久氏の論考（山田「縄文文化の構図」上・下，古代文化，42—9・12，1990）は，植物生態系と関連させて日本列島東北

部縄文文化を東アジアのなかでとらえようとしたものとして注目される。山田氏は「縄文文化の地理的区分が日本列島という中にほんとうに収まるのか」と疑問を提出し、「日本列島という地理的区分にとらわれない新しい遺跡・遺構・遺物の認識に立ち向う必要がある」とした。植物学・生態学の成果を「時間軸のある議論」で、人間活動の産物＝考古資料を踏まえての文化論が必要であり、それらを視点において、東アジア広領域に多角的な活動を展開する各経済段階を設定した。日本列島内の始源文化が決して列島内だけで独自に展開するものでなかったことを示し、「縄文文化が東アジアの人類史の中で"社会的な同一表現を持った文化"である」ことを推定させるとした。以上のような動きは、縄文時代を通じて「技術の伝聞的な移入であり、自然に起きる連絡結果による生活手法の伝達に止まっていた」とし、各種遺物を例に取り上げ、「大陸からの生活技術に関する情報が流入していたことが推測され、日本列島からの資料流出も確認された」とした。つまり、東アジア世界における日本列島内文化が、同じ植物生態系内で平行して展開したものであることを積極的に位置づけようとしたものである。

一方、民族学からする最近の見解は、佐々木高明氏が従来から主張されていた見解をまとめたものに表われている（佐々木『日本史誕生』1991）。日本文化に見られる東西の差は、縄文時代にすでに成立しており、縄文文化における東西の問題は、アジア大陸のナラ林帯と照葉樹林帯を大きな枠組とした文化類型のなかで考えている。ナラ林文化の発展段階として、プレ農耕段階（ナラ林型漁撈・採集・狩猟文化）、農耕段階（ナラ林型雑穀畑作文化）、崩壊段階（12〜13世紀？）を設定した。縄文文化はそのような文化伝統のなかでその特色を形成したものであり、プレ農耕段階のクライマックスの一つであるとしている。

他方、照葉樹林文化の発展段階として、プレ農耕段階（照葉樹林型の採集・半栽培文化）、雑穀栽培を主とした焼畑農耕段階（照葉樹林型の焼畑農耕文化）、稲作ドミナントの段階（水田稲作文化）の三段階を設定した。プレ農耕段階では鳥浜貝塚出土の日本列島に自生しないリョクトウ・ヒョウタン・エゴマ・シソ・ゴボウ・アブラナなどから、何らかの方法で人の手でもたらされ、プレ農耕段階の照葉樹林文化が中国大陸から西日本へ伝来し、西

日本地域に定着することによって縄文文化の東西の差はいっそう明確になったとしている。また、西日本地域に残る習俗・食慣行などから、水田稲作文化伝来以前に照葉樹林型の焼畑農耕文化が流入していたと推定している。以上の佐々木氏の見解は大枠として東アジア世界のなかの縄文文化の性格づけを示し、考古学とは違った面から縄文時代のイメージを与えてくれるものであった。ただ考古学からいえば、日本在来種でない栽培植物が、人為的にもたらされたのが自明の理であるというなら、どのような経緯でもたらされたのか、また、食物体系に補助的な意味しかもたないとされる植物だけがなぜ選択的にもたらされたのか、さらに、もし意図的でなく人為的偶然とするなら、何の行為に伴って偶然に情報がもたらされたのか知りたいところではある。

さて、以上に紹介した両氏の東アジア世界における縄文文化のとらえ方に共通するところは、大枠として、東アジア地域に見られるナラ林文化（落葉広葉樹林帯）・照葉樹林文化のなかに、大陸と日本列島内に同一要素を認め、同一生態系内では経年変化にしたがってほぼ同一に文化変容をとげていったことをとらえようとするものであったといえる。

2 接触地域における研究

以上の縄文文化のとらえ方は、グローバルな視点で見るという点で重要な方法であり、より深い掘り下げが必要であるが、本特集でも示されているように、接触地域での情報伝達のあり方の検討はより具体的であり、このコミュニケーションシステムの解明が縄文文化と大陸文化との各種レベルでの比較に重要な役割を果たすことになると思われる。

さて、北海道地域から大陸における動向は、野村崇・木村英明・戸田哲也・大貫静夫の諸氏によって示されており、各氏の本文に内容はゆずるとして、北部九州と朝鮮半島とのあり方について、韓永熙・鄭澄元・鄭漢徳ほかの諸氏の見解を若干補足する形で見ておきたい。

こういった接触地域での情報伝達は、単なる伝聞によるものでなく、人と人の接触とか、相互に相手のもっている物・技術を見ている可能性があり、より具体的に少人数の人の移動まで検討の対象になりうる。この地域において、おそらく多人

数の意図的な移入技術移転（山田1990）は，弥生時代開始期に現われた現象と理解されている。

まず，縄文文化と朝鮮の有文土器文化を特色づける遺物の相互地域間での移動であるが，年代的には，旧石器時代から接触が認められていることから，縄文時代においても草創期・早期の段階から考古学的証拠が残されていてしかるべきであるが，いまだ明確ではない。しかし最近しだいにそれに近い資料も出てきている。従来から認められていた現象は，曽畑式土器の問題である。曽畑式土器の成立にあたっては，同様に典型櫛目文土器の影響を受けた朝鮮半島南部と北部九州に，情報の受け入れや消化の仕方に違いが認められる。詳細は別稿（木村1989）に譲るが，同一構成に近い土器（櫛目文土器の影響あり）の拡がっていた両地域に，典型櫛目文土器の南下により，半島南部は櫛目文土器に包括される。しかし北部九州は在来の縄文土器（轟B式）の器形・文様要素の一部を残しながら，櫛目文土器の様式構造のうち全面施文・三区分文様帯・条痕地がないなどの諸要素を受け入れ曽畑式土器を成立させるが，櫛目文土器とは似て非なる土器となっている。

こういった情報の選択は，単に発源地からの距離差ではなく，同じ生業形態・レベル，おそらく，集団としてたとえば顔見知りのような関係におかれていながら，朝鮮半島南部と北部九州の住民との間で，社会システムに違いがあったことを示しているものと思われる。

そのほか朝鮮半島南部と北部九州の交流もしくは文物の動きについては，本誌の島津・鄭・金子の諸氏によって示されているのでそれ以上詳しくここでは触れない。ただ，現在のような国境のない当時にあっては，対馬はおそらく朝鮮半島南部の住民にとっては，南海岸島嶼部の少し先にある漁場であり，そこでコロニー的に集落を構え，縄文人と接触していたことは，夫婦石遺跡（口絵参照）において明確に示されている。南海岸島嶼部には，縄文人のコロニー的な集落は認められないが，現状での考古学的証拠からしても漁場として往来していたことは十分考えられることである。

この地域の土器情報の流れについて，松本直子氏（松本1991）は，西日本縄文時代後期〜晩期にかけての黒色磨研土器を例にとり，器壁の厚さと色調という二つの属性を取り上げている。朝鮮半島南部と比較して，器壁に関しては従来からいわ

れているように，縄文文化の東から西への流れを示すように地理勾配は，近畿→中九州の方向を示しており，後期から晩期にかけて同じ傾向を示す。それに対して色調は，後期後半から晩期前半にかけて九州西北部を中心に鮮明な明赤褐色の増加が見られ，明→暗の地理的勾配は，半島→北部九州の方向への変化を示している。このことは，厚さが非視覚的で視覚的には伝達されにくい属性であり，また色調が視覚的に伝達されやすい属性であり，北部九州におけるこういった晩期前半までの現象が朝鮮半島からの人の移動を伴わなくても十分起こりうることを示している。それに対して，家根祥多氏（家根1981）や田中良之氏（田中1986）の土器の粘土帯接合法(非視覚情報)，孔列文土器の研究は，朝鮮半島からの人の移動と，移動した人びとが縄文社会において，どのように在来的な規制を受けていたかを示し，またそうした「システム」外からの情報の獲得の繰り返しによって情報を蓄積し，システムに動揺をきたし，別のシステムへ変容する（田中1991）ことによって，縄文から弥生時代の変容したことを示している。

3　おわりに

東アジアにおける縄文文化を考えるとき，重要なことは，以上に述べてきたように，前提条件のように外的要因による縄文文化の展開を考えるだけでなく，縄文文化の内在的文化・力を十分考えた上で比較すべきであり，周辺地域の同時代の情報を適確につかまねばならない（本誌，大貫静夫・韓永煕・野村崇諸氏の諸文）。そして大きな流れとして大陸と縄文文化を語るときには，大枠としてのナラ林・照葉樹林のなかで述べることは必要な要素である。しかし情報伝達の方法（コミュニケーションシステム）とか，人びとの動き・接触・交流といった諸問題を考えるには，やはり北海道（樺太・大陸），九州（朝鮮半島・大陸）のような実際に人びとの往来が認められた地域での研究と国際的な学術交流がますます必要になってくると思われ，本誌の特集もそこに主眼を置いているわけである。

アジアの先史文化

日本列島をとりまくアジア各地域の先史文化はどんな様相を示しているだろうか。大陸および南西諸島の先史文化を概観しよう

極東の先史文化／中国東北の新石器文化／中国東部沿岸の先史時代／韓半島新石器時代の地域性／アジアのなかの沖縄先史文化

極東の先史文化

東京大学文学部助手
■ 大貫 静夫
（おおぬき・しずお）

極東は極東平底土器に代表されるように東アジアの中で一つの
地域を形成しており，縄文文化も極東先史文化の一員であった

縄文文化と同時代の東アジア大陸にはさまざまな人々が住んでいた。農業を営んだり，狩猟漁撈採集生活を送っていた。それらの人々の残した遺構・遺物をもとに地域的，年代的に考古学「文化」がいくつも設定されているし，今も次々と新しい遺跡が発見されている。このような中で西アジア一元論的な新石器文化史解釈が棄却された後，どのような東アジア新石器文化史観が構築されてきたのであろうか。汎世界一元論の否定は必然的に地域一元論の否定へとおもむくべきはずである。文化変容のプロセスそのものの見直しを要求するのであるから[1]。

中国では汎世界一元論にもとづく西方起源説が否定された後，連動して国内における中原から周縁へという一元史観が解体していった。それにかわって提起された「区系類型」の枠組みは中国中原文化の成立を説明する新たな「中国」という「統一性と多様性」の枠組みとして用意されたものである[2]。しかし，「区系類型」は「中国」という一体性の成立，中原文明の成立を説明するために用意された視座であって，当面のわれわれの課題である東北アジアにおける新石器文化の成立と形成を考える場合は別の視座も必要である。

1　極東平底土器とは何か

鳥居龍蔵は早く1920年にソ連東シベリア・極東地域を踏査したのち，考古学上，ソ連黒龍江流域は東シベリアとは無関係で，中国東北地方と一体のものであるとしていた[3]。

1935年に初めてソ連黒龍江流域で本格的に調査したソ連の考古学者オクラドニコフもソ連極東新石器文化が東シベリア新石器文化とは異なる独自性をもつことを強調していた[4]。

筆者は東アジア大陸の新石器時代の土器を大きく，東シベリア尖・丸底土器群，極東平底土器群と南方の縄文丸底土器群とに分けて考えている[5]。それぞれ二者の区別は研究史的にも長い伝統がある。後二者は新石器時代前半を主にした区分であるが，その境界は漠然としている。その後，「極東」の一部は「中国」の形成に参画していき，範囲は狭まる。このような土器出現以降の三大別と生業形態との対応も興味深い課題である。大ざっぱに言ってしまえば，漂泊的食料採集民と定着的食料採集民と農耕民である。極東新石器文化のとくに前半は西部に農耕の可能性を認めながらも，黒龍江流域を中心に定着的食料採集文化であったらしい。これらには明瞭な線が引けるわけ

でもなく，時間的，空間的な範囲が土器の区分と一致するとは限らない。また季節的な移動を記す黒龍江流域の民族誌，漢籍の記載からは「漂泊」「定着」は単純化し過ぎのきらいがあろう。さらに実証的な検討が必要とされる。

筆者はオクラドニコフに従い深鉢形平底土器を狭義の「極東先史土器」の要件としてきたが，東アジアを三大別した場合，朝鮮半島や日本列島をどのように扱うかという課題が残っていたので「極東平底土器」とは呼んでこなかった。しかし，「極東先史土器」の範囲の曖昧さを避けるため中国東北地方，朝鮮半島北半，ソ連極東地方に展開した平底土器を特徴とする諸文化の土器を狭義の極東先史土器として「極東平底土器」と総称したいと思う。中国では東北地方に分布するこの土器を最近「筒形罐」と総称している[6]。

2 極東平底土器の地域的展開

筆者は極東平底土器のうち，日本海沿岸に展開した新石器時代土器群の変遷を基準として前半と後半に二大別している。この境界は細部の交差編年はいまだ不十分であるが，おおよそ中国の新石器時代の二大別で先仰韶諸文化と仰韶文化の間を境界とすることとさほど落差はないものとみられる。新石器時代のうち，いまだ地域性も不分明な前半古段階を除く新段階以降の地域的な様相は以下のようである。

前半期には遼河流域や遼東半島から朝鮮半島西北部にかけては連続弧線文土器文化（群）と総称してもよい諸文化がある。最近は吉長地区にも知られるようになり，かなり広範囲に，長期に安定した展開を示している。後半になると遼西地方は紅山文化に移行し，中国中原との関係が密接になる。その北側には先紅山諸文化の流れを引く富河文化があるが紅山文化と一部分布が重なり，その系譜関係はいまだ明らかではない。朝鮮半島西北部を含む東部地域は小珠山中層文化ないし文化群に移行する。小珠山中層文化群の西端である遼東半島西部では海峡を挟んで膠東半島との交渉が活発化して，特殊な地域を形成していく。

前半期の朝鮮半島東部から樺太（サハリン）北半部にかけての沿日本海地域にはさまざまな文化が展開しており系統関係も不分明であるが，アムール編目文土器文化と総称してよい文化が一時期広く分布する。三江平原の新開流文化，沿海州のル

ドナヤ文化，黒龍江下流のコンドン文化の実体は同一文化内の地方類型程度の差であるらしいが，現国境がその境界とは限らない。隣接する同時代の鴨緑江下流から朝鮮半島東海岸にはこの系統に関連する未命名の文化がそれぞれ分布する。樺太北半にもある。

この地域内でこれに先行する段階はマルィシェヴォ文化などが知られているが，内容も分布もよくわかっていない。後半には北の黒龍江下流から樺太北半にはヴォズネセノフカ文化が広がり，南の沿海州から鴨緑江下流にかけてザイサノフカ（＝鶯歌嶺下層，朝鮮側未命名）文化が広がるが，その境界がどの辺なのかよくわからない。朝鮮の東海岸には弓山文化が分布するようになる。

前半段階に比べ遼東から樺太北半の文化（群）は類似しており，将来その中間の空白地点が埋まれば連続的に連なる可能性もあろう。また，樺太南半部はいまだよくわからないが縄文土器の一部は分布しているから，縄文土器と極東平底土器の境界は一定していたとはかぎらないが，かならずしも宗谷海峡というわけではないらしい。

内陸の嫩江平原から黒龍江中流黒河付近にかけては，隆起線文土器を特徴とする昂昂渓（ノヴォペトロフカ，オシノ湖）文化が広がっている。アムール編目文土器文化の土器を構成する隆起線文土器がその密接な関係を物語っている。連続弧線文土器との交渉を示す遺跡は今のところ稀であるが，それが実体を反映したものかわからない。現状では前半期と後半期の分別が明らかではなく，とくに後半期の実体はよくわかっていない。

以上，現在知られる極東平底土器の様相は地域的な広がりが時期とともに変化しながらも相互に交渉関係にあったことを物語っており，さらに時間的に遡上するものと考えられよう。いまだ，その一体性は漠然としており，同一出自に連なるものかも不明であるが，とりあえずこれらを「統一性と多様性」をもったまとまりと想定して，それを「極東平底土器」と呼ぼうと言うわけである。そして，極東の各地に展開したさまざまな「文化」は縄文文化とは実体としても，概念としても異質なものであることは認識しておかなければなるまい。「文化」の概念自体曖昧なところがあるが，大陸考古学ではその細別とともに，諸「文化」のまとまりをどう扱うかがこれからの課題なのである。

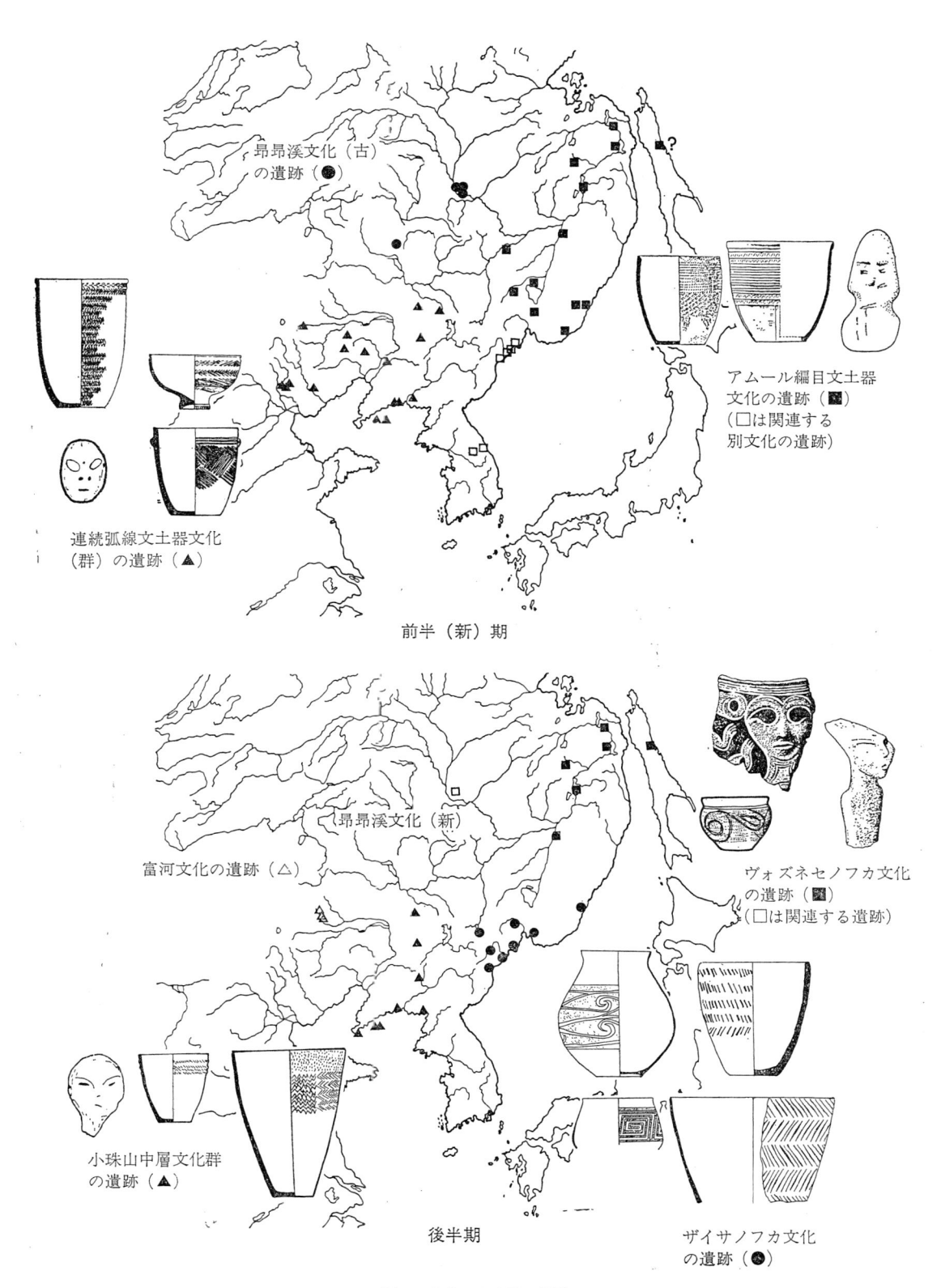

昂昂渓文化（古）
の遺跡（●）

アムール編目文土器
文化の遺跡（▨）
（□は関連する
別文化の遺跡）

連続弧線文土器文化
（群）の遺跡（▲）

前半（新）期

富河文化の遺跡（△）

昂昂渓文化（新）

ヴォズネセノフカ文化
の遺跡（▨）
（□は関連する遺跡）

小珠山中層文化群
の遺跡（▲）

後半期

ザイサノフカ文化
の遺跡（●）

図1　極東平底土器の展開

19

3 東アジアの中の極東先史文化

　南の縄文丸底土器群は叩き技法という極東土器群とは異なる技術系統をもつ[7]ことと、土器出現前後の石器群が大きく異なることも土器の出自が別の系統に属することを支持していると考えてよいであろう[8]。現在知られる資料にしたがう限りは、同じくらいの古さ（縄文土器と同程度の）にそれぞれ遡るであろうとみられるから、両者が全く無関係に成立したということも考えにくい。にもかかわらず、両者が最初から同じ深鉢形ながらその底部形態が異なり、それが製作技術の相違と関わるであろうということが重要なのである。

　東シベリアでも縄のついた土器は叩き技法によるとモチャノフは考えている[9]が、納得しうる資料の提示がないのでよくわからない。縄が叩きであれば、後続する方格叩き目文の出現を根拠のない中国からの伝播論に依存せず独自出現の背景を説明できることになるし、極東先史土器との技術的区別が明瞭になるがはたしてどうか。いずれにしろ、東シベリアには「中石器文化」が知られ、他の二地域の土器より出現が遅れるのは明らかであり、土器自体も極東とは明確に区別される地域を形成している。

　さて、このような三大土器圏はどのように形成されたのであろうか。すでに土器出現以前にこのような地域圏が成立していたからこそ、土器がこのような分布のあり方を示すのではあるまいか。土器出現以前に探索の手をのばさなければなるまい。東シベリアと極東は均一な「細石器文化」におおわれていたのか。根拠の不分明な「拡散」よりも、地域的展開が重要な課題となる。

　このような叩き技法をもたないという消極的な属性をも極東先史土器の広義の要件とすれば、共通の出自かは未確定だが、縄文土器や朝鮮半島の弓山文化の土器などもその一員となる。最初からあったものではなさそうだし系譜関係はなお明らかではないが、オクラドニコフが東シベリアとの相違点として注目した竪穴住居も極東の属性と見なせよう。また、土偶の分布範囲も重なる。佐原眞は縄文文化を北方的な性格とした[10]が、もっと限定して極東的な性格といいかえてよい。このような地域概念に近いものは、わが国では生態学的立場から、佐々木高明らが「ナラ林文化」を提唱している[11]。

20

4 おわりに

　東アジアの新石器文化を考える場合、従来「（東）シベリア」の中に埋没しそうになっていた「ソ連極東」は隣接地域とともに「極東」という独立した地域として扱うべきことを指摘してきた。当然ながら、南の縄文丸底土器群は技術系譜的にみて縄文土器とは無縁であり、縄文土器の形成を考えるならば、年代的に東シベリア地域でもなく、極東地域こそが鍵をにぎるであろうという陳腐な結論に落ちつくことになるのである。

　広い視野の中で縄文文化を捉えるという作業が従来ともすれば伝播の証としての文物を日本列島内に、大陸に求めるという作業と同一になり、過大評価するきらいがあった。いまだに、広大なアジア大陸（とくに内陸アジア）の中にルーツを求め、文化史的な文脈を無視して「似たもの探し」をする傾向があることは否定できまい。交渉があった場合にも、最近の資料はより近いところにより似たものがあるというあたりまえのことを明らかにしつつあるように思われる。

註

1）安斎正人「先史学の方法と理論(4)」註1、旧石器考古学、35、1987

2）量博満「新石器時代研究の展開」『中国歴史学界の新動向』刀水書房、1982、蘇秉琦（張静訳）「若者に語る　考古学の道を歩んで」東方、109—111、1990

3）鳥居龍蔵「土俗学上より観たる黒龍江畔の民族」人類学雑誌、35—3・4、1920

4）オクラドニコフ（中村嘉男訳）「最近の考古学の成果から見たソ連極東」『シベリア・極東の考古学』2、河出書房新社、1982

5）大貫静夫「東北亜洲中的中国東北地区原始文化」『慶祝蘇秉琦考古五十五年論文集』文物出版社、1989

6）許永杰「東北境内新石器時代筒形罐的譜系研究」北方文物、1989—2

7）量博満「中国の土器」『アジアと土器の世界』雄山閣、1989

8）大貫静夫「遠東史前陶器」環渤海学術討論会（1990）提出論文、出版予定

9）モチャノフ（中村嘉男訳）「アルダン川流域のベリカチ新石器時代文化」『シベリア・極東の考古学』1、河出書房新社、1975

10）佐原眞「考古学からみた日本人」『日本人はどこからきたか』小学館、1984

11）佐々木高明『縄文文化と日本人』小学館、1986

中国東北の新石器文化

中国黒龍江省文物考古研究所
■ 李　陳奇
（リーチャンチ）

中国東北の新石器文化には独自の源流があることがわかってきたが
石刃鏃，土器，石棺などに日本の縄文文化との関連性がうかがえる

「東北」は一つの地理方位の言葉で，近世から中国の東北部を指すようになった。具体的にいうと，遼寧，吉林，黒龍江省および内蒙古の東部地区を含んでいる。

中国東北は人類が早くから居住していた地域である。遼寧省営口金牛山と本渓廟後山および喀左鴿子洞の旧石器前，中期遺跡から人類化石，打製石器，燃焼跡などが出土した。旧石器晩期になると，人類の足跡が東北の全域にまで及んでいたようで，例えば，錦県沈家台，凌源西八間房，建平南地郷，楡樹周家油坊，安図明月溝，呼瑪十八站，哈爾浜閻家崗および斉々哈爾昂々溪など数十カ所の遺跡がある。この時期に華北，東北，東北アジアおよび北米では，楔形石核に代表される細石器が盛んに使われていたのである。このような細石器の伝統が最初華北から始まったので，中国東北はこの伝統が華北から東北アジアおよび北米へ伝播する中間地帯であると考えられている[1]。

1　新石器文化の分布と編年

新石器時代に東北各地に生活していた各民族集団は特徴ある，しかも多彩な文化を創造した。これまでの発見によって，おおよそ東北は南部と北部の大きく二つの文化圏に分かれる。南部文化圏には遼寧，吉林と内蒙古東部の赤峰地区を含み，さらに五つの小文化区に分けることができる。すなわち西拉木倫河，老哈河，大小凌河流域の遼西地区，下遼河流域の中部地区，鴨緑江流域の遼東地区，海に臨む遼南地区および第二松花江流域の吉林地区である。

この五つの地区にいまから7000年ほど前の内蒙古敖漢旗の興隆窪文化[2]，沈陽の新楽文化[3]，吉林農安の左家山一期文化[4]，長山列島の小珠山下層文化[5]，6000年ほど前の内蒙古赤峰の紅山文化[6]，敖漢旗の富河文化[7]，趙宝溝文化[8]，丹東の後窪下層文化[9]，5000年ほど前の敖漢旗の小河沿文化[10]，遼寧新民の偏堡子文化[11]，丹東の後窪上層文化[12]などが発見された。以上の三つの段階は，大体黄河流域の磁山文化，仰韶文化，竜山文化という三つの時期に対応している。

遼西地区は中原，北方草原地帯，東北の文化交流の通路である。こういう特殊な地理的位置なので，考古学における文化の類型あるいは内実が複雑になっているわけである。例えば，紅山文化の彩陶などは仰韶文化の影響のもとで生まれたものである。そのほかに，遼南地区長山列島の諸文化も紀元前4000年頃から，黄河下流の大汶口文化と山東竜山文化の影響を受けたと考えられている。

以上の五つの文化区はそれぞれの特徴のほかに，ある程度の共通性も認められている。例えば各文化は所謂「之」字紋あるいは織物紋などを施した黄褐色粗砂筒形罐（炊器），また，「亜腰形」石鋤，数多くの種類の細石器と骨器が見られる。これらの顕著な特徴によって，相対的によりまとまりのある大きな文化圏が組み立てられている。

北部文化圏は主に黒龍江地域を指す。南部文化区に比べて明らかな違いがあり，例えば東部地区の新開流文化[13]と西部地区の昂々溪文化[14]などである。とくに新開流文化の特徴は，沿海州などの同時期の文化と類似している。さらに新開流文化と昂々溪文化の年代は今から6000年ほど前であるが，後者の上限はもっと古くなるかも知れない。鶯歌嶺類型[15]と亜布力類型[16]の年代に至っては比較的新しく，その下限はいわゆる青銅器時代に移行していた可能性がある。

2　新しい重要な発見

東北地区新石器文化の中に，近年来の遼寧省建平県〜凌源県間の牛河梁「神廟」[17]と喀左県東山嘴「祭壇」[18]という紅山文化に属する祭祀遺跡の発見がもっとも注目されている。「神廟」が山岳尾根の平台形丘頂（標高650ｍ）に立地して，平台の周縁が石壁で囲まれている。その中に，2軒の半地下式建物と壁に彩色幾何図形を塗る多室形建物跡が1軒検出され，中から数多くの人間と動物の土製塑像が出土した。「祭壇」も緩やかな台形丘

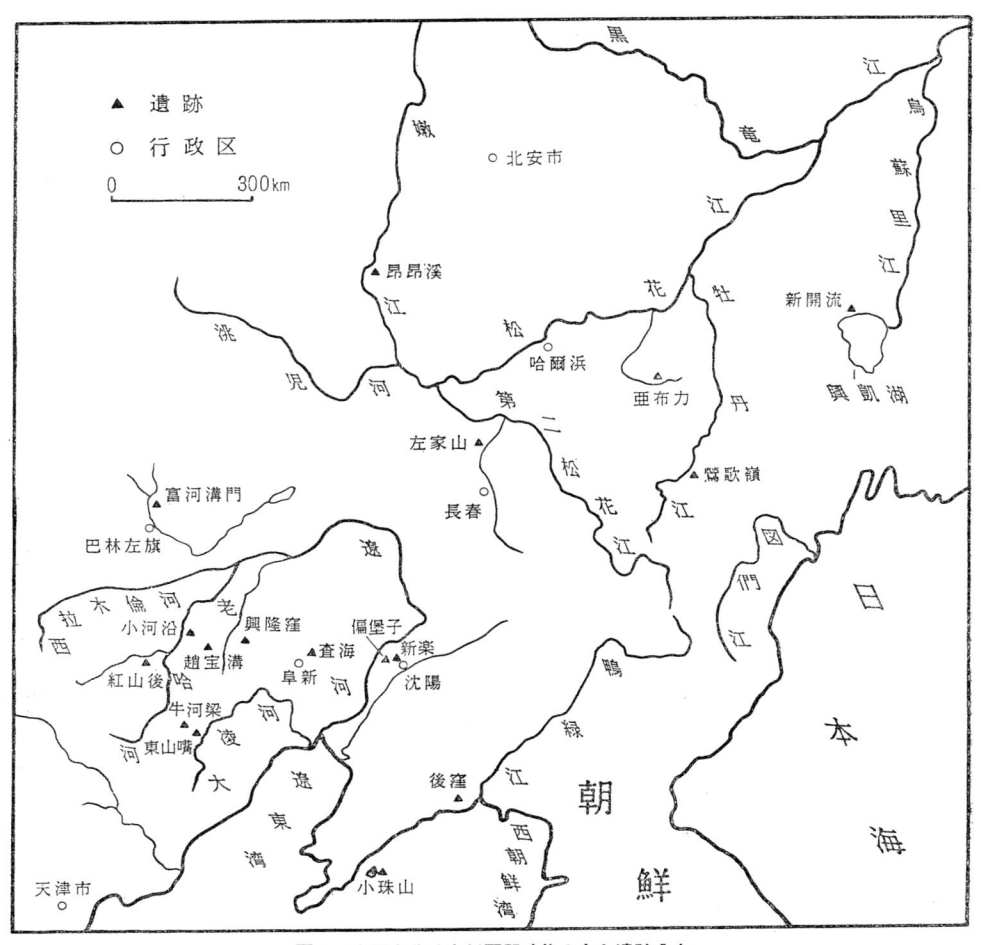

図1　中国東北地方新石器時代の主な遺跡分布

頂にあり，１組の円形敷石と３ヵ所の立石群を含む方形建物および人間の土製塑像が発見された。注意すべきなのは，今まで発見した紅山文化の土偶の特徴はすべて女性であり，しかも妊婦の形像がよくとられている。こういう現象は当時の祭祀の性格と関係があると思われている。つまり女性土偶は大地母神の化身で，紅山文化の人々の豊作を切に求める心理表現であると考えられている[19]。また「神廟」を中心として，周囲１～２km^{2}の範囲に10ヵ所以上の「積石塚」が検出され，中の石棺から玉器のみが出土している。これについては，普通の墓ではなく，ある形式の「神廟」と対応する「祭壇」であるという解釈がある[20]。要するに，以上の「神廟」を中心とする特殊な地域は紅山文化の公共祭祀センターあるいは聖地であり，当時ここで盛大な集団的宗教活動が行なわれていたと考えられるのである。中国ではかかる大規模な祭祀遺跡の発見は初めてであり，それが

新たに中国古代文明の起源の評価に対する再検討を促し，またいかに考古学の資料で原始宗教の発展と社会組織の構成を検討するかという点で重大な意味を持っている。

　内蒙古敖漢旗興隆窪遺跡は保存が非常によい集落遺跡である。集落は幅1.5～2ｍ，深さ0.55～1ｍの環濠に囲まれている。環濠は不整円形を呈し，その面積は約30,000㎡である。環濠の中に12列，100軒以上の住居跡がきちんと並んでいる。住居はすべて半地下式で，丘陵地の日当たりのよい斜面に分布していて，「前低後高」になっているので，「段状集落」と言われている。これと類似する集落が富河溝門遺跡にも見える。このような集落は黄河流域の仰韶文化の円形集落と違って，そこの住居跡群が中心部の広場を囲んで，しかも正面を広場に向かっている形を作っている[21]。このように，興隆窪などの集落遺跡は濃厚な地域的特徴を持っているのである。

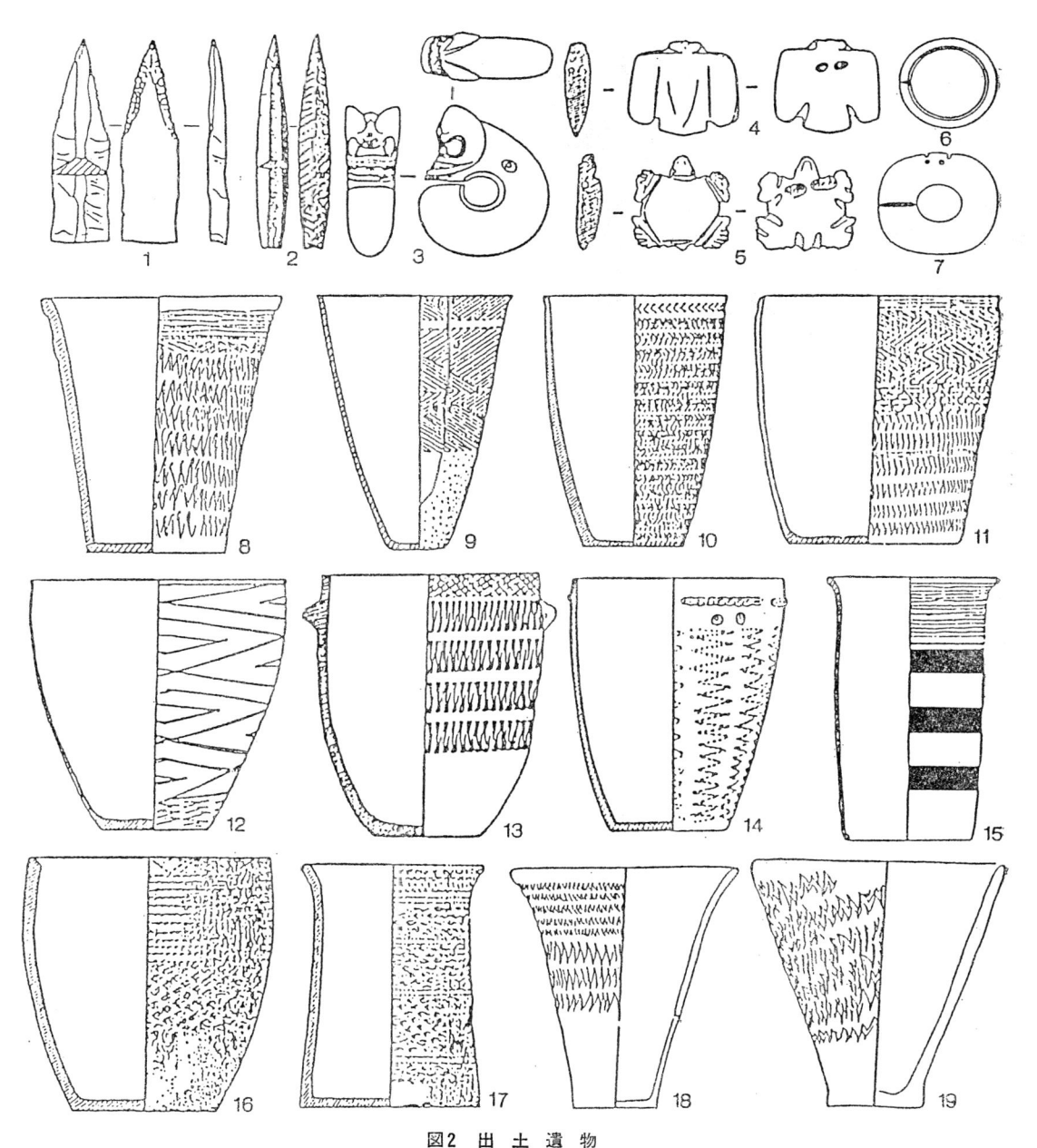

図2 出土遺物

1・2石刃鏃，3動物形玉器，4玉鳥，5玉亀，6玉環，7玉璧，8〜17筒形罐，18・19浮島Ⅱ式土器（1・10遼寧省沈陽新楽遺跡，2・16・17黒龍江省密山新開流遺跡，3・7遼寧省西部牛河梁紅山文化遺跡，4〜6・15遼寧省阜新胡頭溝紅山文化遺跡，8内蒙古敖漢旗興隆窪遺跡，9吉林省農安左家山遺跡下層，11遼寧省長海広鹿島小珠山遺跡下層，12内蒙古敖漢旗趙宝溝遺跡，13遼寧省丹東後窪遺跡下層，14内蒙古巴林左旗富河遺跡，18・19茨城県貝ヶ窪貝塚）

3 今後の課題

（1） 東北地区の新石器文化の調査と研究 は 中国では比較的早くから始まったが，いろいろな事情で進展が遅く，しかも平衡ではない。現在南部の地区以外，とくに黒龍江と吉林地区には，多くの空白地域がある。また確認された文 化 の 中で

も，例えば新開流文化のように縦横の関連性に乏しい文物をみると，孤立しているように見える。東北地区新石器文化の類型と編年の研究は，今後の重要かつ基礎的な課題であると言えよう。

（2） 従来，東北地区の新石器文化について，黄河流域文化の影響を強調するあまり，例えばかつて長山列島の文化を「山東竜山文化」，紅山文化

23

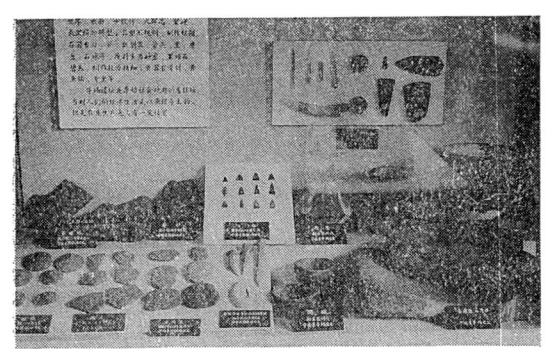

図3　鶯歌嶺遺跡出土遺物（黒龍江省博物館）（西谷正氏提供）

は「仰韶文化の地方性変体」と考えられていた。現在、多くの資料、とくに濃厚な地方的特徴を持つ興隆窪，新楽などの早期遺跡の発見によって，東北地区の新石器文化は独自の源流があることが次第に明らかになってきた。また東北地域に旧石器晩期文化が広汎に分布していることから見ると，東北新石器文化の基礎がその中に孕まれていたと考えている。今こそ，この「過渡期」の研究が新たな課題である。

　（3）　新石器時代の中国東北と日本列島の縄紋時代の交流について，いくつかの手がかりがあると考えられる。例えば石刃鏃,「連弧状紋」土器[22]，石棺墓などである。これまでの発見によって，紅山文化の石棺墓は東アジアで一番古いことがわかった。年代観や文化相の認識について，中日の研究者の意見交流が必要であることをまず述べておいて，中日の関係について考えてみたい。

　よく言われている玦状耳飾については，伝播影響説を主張する学者は中国江南をその起源地と見なし，さらに日本の玦状耳飾は年代的にも地域的にも中国江南の影響以外ありえないと認識されている[23]。しかし，最近興隆窪文化の遼寧省阜新査海遺跡[24]で，河姆渡遺跡[25]より古い，今から7000年前の玉製玦状耳飾が検出された。これは最古の玦状耳飾であるかどうか，結論とすればまだ早いが，少なくともその起源と分布などに新しい手がかりを提供してくれた。

　最後に指摘すべきことは，従来われわれは大陸文化と縄紋文化の交流を検討する時に，大陸の影響だけを強調しすぎ，「反饋作用」を無視している傾向がある。いわゆる「交流」というのは，一方的な輸入ではなく，お互いの影響である。例えば，日本の漆器と土偶などは大陸より盛んで，しかも古いのである。これは大陸にも影響を与えた

可能性があるであろう。

　註
1)　王承礼ほか「東北考古的主要収穫」『東北考古与歴史』1982―1
2)　中国社会科学院考古研究所内蒙古工作隊「内蒙古敖漢旗興隆窪遺址発掘簡報」考古，1985―10
3)　沈陽市文物管理弁公室「沈陽新楽遺址試掘報告」考古学報，1978―4
4)　吉林大学考古教研室「農安左家山新石器時代遺址」考古学報，1989―4
5)　遼寧省博物館ほか「長海県広鹿島大長山島貝丘遺址」考古学報，1981―1
6)　浜田耕作ほか『赤峰紅山後』似玉堂，1938
7)　中国社会科学院内蒙古工作隊「内蒙古巴林左旗富河溝門遺址発掘簡報」考古，1964―1
8)　中国社会科学院考古学研究所内蒙古工作隊「内蒙古敖漢旗趙宝溝一号遺址発掘簡報」考古，1988―1
9)　丹東市文化局文物普査隊「丹東市東溝県新石器時代遺址調査和試掘」考古，1984―1
10)　遼寧省博物館ほか「遼寧敖漢旗小河沿三種原始文化の発見」文物，1977―12
11)　「遼寧新民偏堡子新石器時代遺址調査記」考古，1958―1
12)　註9)に同じ
13)　黒龍江省文物考古工作隊「密山県新開流遺址」考古学報，1979―4
14)　梁思永「昂々渓史前遺址」『梁思永考古論文集』科学出版社，1959
15)　黒龍江省文物考古工作隊「黒龍江寧安県鶯歌嶺遺址」考古，1981―6
16)　黒龍江省文物考古研究所「黒龍江尚志県亜布力新石器時代遺址清理簡報」北方文物，1988―1
17)　遼寧省文物考古研究所「遼寧牛河梁紅山文化女神廟及び積石塚群発掘簡報」文物，1986―8
18)　郭大順・張克挙「遼寧省喀左県東山嘴紅山文化建築群址発掘簡報」文物，1984―11
19)　孫守道・郭大順「牛河梁紅山文化女神頭像発見与研究」文物，1986―8
20)　卜工「牛河梁祭祀遺址及び関連問題」遼海文物学刊，1987―2
21)　西安半坡博物館ほか「陝西臨潼姜寨遺址一～第十一次発掘紀要」考古与文物，1980―3
22)　茨城県史編集委員会『茨城県史料』貝ヶ窪貝塚の浮島II式土器，182頁
23)　西口陽一「耳飾りから見た性別」季刊考古学，5，1983，安志敏「長江下游史前文化対海東的影響」考古，1984―5，藤田富士夫「縄文文化と海外の交流」季刊考古学，12，1984
24)　方殿春「阜新査海新石器時代遺址的初歩発掘与分析」遼海文物学刊，1991―1
25)　浙江省文物管理委員会ほか「河姆渡遺址第一期発掘報告」考古学報，1978―1

中国東部沿岸の先史時代

国立歴史民俗博物館
西谷　大
（にしたに・まさる）

環シナ海沿岸の新石器時代前期から中期にかけて各地域で特有の文化が存在するが，次第に深まる地域間の交流によって変容していく

近年中国で河姆渡遺跡や北辛遺跡などが発掘され，縄文併行期の新石器時代の状況が明確になってきた。そんな動向を背景に日本でも縄文文化と大陸との関係を見直そうという動きも出てきている。

中国新石器時代研究は，1970年代以降の発掘調査の増加と^{14}Cの登場により[1]，従来の中原文化中心の一元説が否定されるとともにその様相は複雑さを増し，より地域研究が重要視されている。ここでは，地域間の交流がとくに活発になる新石器時代前期から中期を取り上げ，朝鮮半島に地理的に近い山東半島，稲作起源の一つと考えられている長江下流域，そして福建沿岸から広東省の中国大陸東部沿岸地域を概観してみたい。

1　新石器時代前期の諸文化

山東地区では北辛文化が，長江下流・杭州湾沿岸地域では，河姆渡文化や時期のやや下る馬家浜文化が新石器時代前期に比定できる。北辛文化は北辛遺跡で6625±145B.P.，6865±170B.P.[2]，河姆渡文化は河姆渡遺跡第3・4層で，6725±140B.P.～6960±100B.P.[3]（樹輪校正年代）という数値が得られる。山東地区の古環境復元の研究によると，新石器時代前期，山東半島周辺では，海岸線が現在よりかなり内陸部に入り込んでおり，山東半島の南の付け根に位置する連雲港市周辺は海で，北辛文化の北辛，苑城遺跡[4]の立地する山東省西部は，内陸部ながら湖沼が多い低湿地帯であったらしい[5]。一方で，河姆渡・馬家浜文化諸遺跡の分布する長江下流・杭州湾沿岸地域は，長江下流域の沖積平野に相当する。新石器時代前期は，海岸線が現在よりかなり内陸部に入りこんでおり[6]，河姆渡文化の羅家角遺跡[7]，馬家浜文化の馬家浜遺跡[8]，草鞋山遺跡[9]，圩墩遺跡[10]などの位置は，当時かなり海岸線に近かったと思われる。

この時期，両地域ではすでに完成された農耕の存在が知られている。北辛文化の遺跡からはアワが，長江下流域・杭州湾沿岸地域の馬家浜文化，河姆渡文化の諸遺跡からはイネが発見されており，ほぼ淮河を境界にして北と南では栽培食物が異なっていたと推定される。ところで北辛，苑城遺跡からは大量の磨盤・磨棒と呼ばれる磨臼と石鎌が出土している。藤本強はこの石器組成から北辛文化が粉食中心の食形態であったと指摘している[11]。長江下流域からは磨臼などの石器の出土例はなく，両地域は栽培食物だけでなく食形態も異なると推定される。ではこの違いは土器組成にどのように反映したのだろうか。

北辛文化の土器は手づくねの夾砂紅陶で，三足上部の身の器形が甕形・深鉢形ないし浅鉢形の鼎，丸底の釜などの煮沸用土器，肩に耳をもつ双耳罐，長頸壺の貯蔵用土器，それに丸底埦の盛食用土器に分類される。器種は多くないが鼎の内身が甕形と深鉢形のものは，口径約10cm，高さ約10cmの小型品と，口径約15～30cm，高さ約20cm前後の中型品の2種類に分かれ，さらに浅鉢形のものは中・小型に加え口径約45cm，高さ約40cm近い大型の3種類に分類できる。埦にも同様の傾向が認められ，器種数よりも土器の大きさによる用途の多様性が窺える。土器構成は全体の約半数を盛食用土器が占め，煮沸用土器の占める割合も高いが，貯蔵用土器の占める割合は低いという特徴を示す。土器の紋様には，窄堆紋，劃紋，乳丁紋，指甲文などあるが，とくに窄堆紋は細い粘土帯を貼りつけ突帯状を呈する独特の文様である。

次に河姆渡遺跡の遺物をみてみよう。土器は叩き縄文によって形成され，胎土に炭化した籾殻や草の根を混和材に用いた夾炭黒陶である。煮沸用土器は釜と呼ばれる口縁部が広がり胴部の張る丸底の器形で，口縁部または胴部に鍔をもつのを特徴とする。北辛文化でみられたような鼎はないが，釜を火にかけるときに使用した土製の支脚が出土している。大型の煮沸用土器はなく，口径20cm前後のものが多いようである。貯蔵用土器は罐と呼ばれる器種がこれに相当するが，広口で肩に

半環耳をもつ。盛食用土器には坑のほかに圏足付きの盤，豆(とう)がある。両地域の土器の様相は全く異なり，別系統の文化といえるであろう。では墓制に，両地域の地域性が認められるだろうか。

北辛遺跡で，丸底の罐の口をあわせた小児甕棺墓と，小児の遺体の上を鼎で覆った墓がみつかっている。墓ではないが灰坑の底部に6個のブタの下顎骨を置き，その上に石板で覆いをするという特殊な遺構も発見されている。

一方，河姆渡文化の河姆渡遺跡第3層から発見された13基の墓の内9基が側臥屈肢葬で，側臥葬1基，仰臥葬1基，俯身葬1基，不明1基の内訳である。馬家浜文化では，俯身葬が流行する。馬家浜遺跡上層では25基の内11基が俯身葬で，6基が仰臥葬であった。草鞋山遺跡第9層では，106基の墓が発見され，正確な数は不明だが俯身葬が一般的であるという。圩墩遺跡中層では27基の内19基が俯身葬である。副葬品は少なく，むしろ遺物を全く副葬しない墓が大半を占める。長江下流域には甕棺墓はなく両地域の墓制のあり方が大きく異なる点が注目される。

新石器時代前期に山東地区と長江下流域では，アワとコメという栽培食物の相違はあるものの，すでに農耕を行なっていたという共通点をもつ。しかし食形態に関わる土器組成および土器の製作技術と石器組成は大きく異なっており，北辛文化の粉食形態，長江下流域の粒食形態という食生活上の違いも想像できる。さらに両地域の墓制のあり方は，社会構造の相違まで指摘できるであろう。張光直も述べているように，北辛文化はむしろ内陸部の磁山・裴李崗文化とのつながりが強く，前期の段階では山東地区と長江下流域の両地域は，別個の文化圏を形成していたと考えるべきであろう[12]。

2 新石器時代中期の諸文化

(1) 山東地区と長江下流域

山東地区では大汶口(ダーウェンコー)文化が，長江下流・杭州湾沿岸地域では，崧澤(ゾンザー)文化が新石器時代中期に比定される。大汶口文化は，早・中・晩期の三時期に分かれ，その年代はおよそ前4000年から前2500年前後と推定される[13]。一方崧澤文化は崧澤遺跡の中層で[14]，B.P.5860±245，B.P.5180±140という数値が得られている。崧澤文化諸遺跡の分布は，主として長江下流域の太湖周辺・杭州湾沿岸地域で，馬家浜文化の分布域とほぼ重なる。一方，大汶口文化の遺跡はすでに100ヵ所以上発見されているが，その分布は山東省内だけでなく，河南省東部，安徽省，江蘇省の淮河以北に及ぶ。大汶口文化の遺跡分布の特徴は，北辛文化と異なり山東省西部の内陸部だけでなく，海岸部まで分布が及んでいる点がとくに重要である。大汶口早期の大伊山(ダーイーシャン)遺跡[15]，白石村(バイシーツン)遺跡[16]，毓璜頂(ユーホワンデイン)遺跡[17]，紫荊山(ズージンシャン)遺跡[18]，晩期の三里河(サンリフー)遺跡[19]が山東半島南部から，烟台市周辺の海岸部で発見されている。そして大汶口文化系の遺物が発見された遺跡は，さらに遼東半島と山東半島の間の大黒山島北庄(ベイジョワン)遺跡[20]，山東半島の対岸に位置する遼東半島の先端，大連市郭家村遺跡下層，広鹿島小珠山遺跡中層と広がりをもつ。それでは大汶口文化と北辛文化とには，土器，石器，墓葬に連続性があるのだろうか。

劉林(リューリン)遺跡[21]，野店(イエデイエン)遺跡の第1～3期[22]，王因(ワンイン)遺跡[23]，大墩子(ダートンズー)遺跡早期墓[24]などが大汶口文化早期を代表する遺跡であるが，土器は北辛文化に較べ器種が格段に増加する。盛食用土器には，坏，觚(こ)，豆などの種類が加わり，廟底溝類型系の彩陶も出土している。興味深いことにこの時期，大汶口文化前期と崧澤文化の土器組成は類似する。崧澤文化には馬家浜文化にはなかった觚，豆が出現し，しかも坏，透かし文様のある豆の土器型式は大汶口文化のそれと類似性が非常に強く，両地域の土器変化に共通性が認められる。また馬家浜文化で小数であった鼎が，崧澤文化では煮沸用土器の中心となる。馬家浜文化の釜は丸底で胴部に鍔を付け，その縁に刻み目または指で押捺紋を施す。崧澤文化の鼎は胴部に刻み目付き突帯を施しており，馬家浜文化の釜の胴部にみられる鍔との関連が窺える。北辛文化の鼎は，器身が尖底，胴部にみみずばれ突帯を貼りつけるが，大汶口文化前期の鼎には，北辛文化の系統を引く尖底の器身をもつ鼎と，丸底で胴部に刻み目または指による押捺紋のある突帯をもつ鼎の2種類が存在する。おそらく後者は長江下流域の系統を引くと推定され，大汶口文化早期における鼎の出現には長江下流域の強い影響が窺える。それでは次に石器をみてみよう。

北辛文化は，磨盤，磨棒が出土しており，粉食系統の食形態が推定されることは先に述べた。ところが大汶口文化の遺跡からは，粉食の際に使用

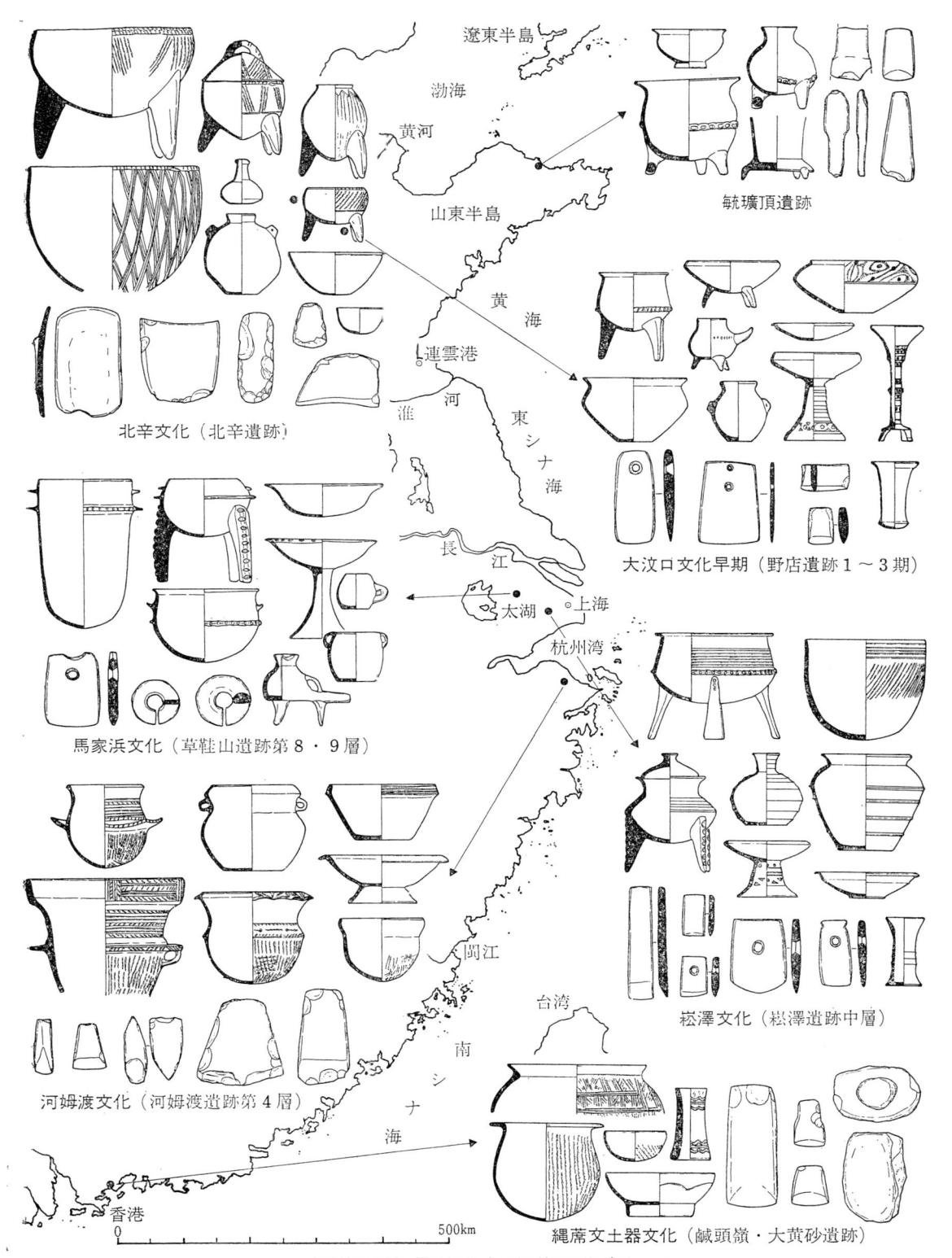

遼東半島

渤海

黄河

山東半島

黄　海

連雲港

淮　河

東シナ海

長江

太湖　上海

杭州湾

閩江

台湾

南シナ海

香港

0　　　　　　　500km

毓璜頂遺跡

大汶口文化早期（野店遺跡1～3期）

北辛文化（北辛遺跡）

馬家浜文化（草鞋山遺跡第8・9層）

崧澤文化（崧澤遺跡中層）

河姆渡文化（河姆渡遺跡第4層）

縄蓆文土器文化（鹹頭嶺・大黄砂遺跡）

各地域の土器・石器組成（土器の縮尺は約1/15）

する石器は出土しておらず，鏟，それに斧身の非常に薄い有孔石斧，錛が出土の大半を占め，また大汶口遺跡からは長方形，短冊形で無孔の石刀が，三里河遺跡からは長方形で有孔の石刀が出土している。崧澤文化でも，石器は有孔石斧，錛，鑿が出土しているが，長江下流域の有孔石斧は，時期の遡る馬家浜文化でも発見されている。土器，石器から両地域を概観した場合，崧澤文化と大汶口文化早期の遺跡間に，明らかに相互に非常に類似した遺物が存在している。また北辛文化から大汶口文化への転換期は，食形態からみれば粉食から粒食への変化期と推定される。ところで同じ大汶口文化圏でも，山東半島の海岸部の遺跡の石器組成は蘇北・山東省西部と異なる。毓璜頂遺跡では平基で基端に対して刃幅が広い両刃の局部磨製石斧，局部磨製扁平片刃石斧，磨石などが出土している点が特異である。それでは墓制に，時期と地域でどのような変化があるのだろうか。

大汶口文化は大規模な墓地を形成する例が多く，王因遺跡の568基，三里河遺跡の66基，大汶口遺跡の133基，野店遺跡の89基，劉林遺跡，大墩子遺跡が大規模な例で，三里河遺跡を除いてこれらの遺跡は山東省西部の内陸部に集中する。墓制の特徴は竪穴土坑墓が一般的であるが，中期になると大汶口，野店，陵陽河，杭頭遺跡で原木を組み合わせた木槨墓が出現し，それとともに二層台も出現する。埋葬方式は単人仰臥伸展葬が主流を占める。合葬墓も早期から存在するが，晩期には3人，5人合葬墓の多人数合葬が出現する。また頭蓋変形，抜歯も注目される。埋葬人骨の頭位は各遺跡で斉一性が強い。副葬品には土器・石器の他に，イヌやブタの下顎骨・頭蓋骨，それに骨角器の副葬が顕著である。大汶口遺跡では43基の墓に96個体のブタの頭蓋骨が副葬されていた。三里河遺跡では，1基の墓に37個体のブタの下顎骨を副葬した例も見つかっている。ノロの牙を用いた獐牙勾形器の副葬は，大汶口文化独自の風習で，亀甲の副葬も早期の王因，劉林，大墩子，大汶口諸遺跡で発見されている。ただ海岸部の遺跡は大伊山遺跡の箱式石棺，東海峪遺跡の石槨，毓璜頂遺跡の一次葬の遺体の上に二次葬の遺体を3体乗せる特殊な葬制などが営まれており，内陸部の遺跡と較べると異質である。

長江下流，杭州湾沿岸地域の崧澤文化の墓制の特徴は，青墩遺跡のような例外を除いて，墓坑をもたず，遺体は地面の上に置かれその上に土を盛る。馬家浜文化では俯身葬が埋葬姿勢の主流を占めたが，崧澤文化では仰臥伸展葬が大半を占める。たとえば崧澤遺跡中層で発見された89基の墓は，その内60基の埋葬姿勢が判明しているが，57基が仰臥伸展葬であった。また頭位は各遺跡で異なるが，崧澤遺跡中層墓は東南向き，青墩遺跡中層では東向きであった。副葬品の特徴は，馬家浜文化の特徴を引き継ぎ土器が主体で，装飾品の玉璜，玉環の副葬が目を引く。ブタの副葬は崧澤遺跡中層の墓で発見されているが，大汶口文化のように盛んには行なわれない。大汶口文化早期と崧澤文化では，土器・石器間に互いに影響が認められるのに対し，墓制はそれぞれの地域性を有しているといえる。

(2) 長江下流域と南シナ海沿岸

閩江下流の渓頭遺跡下層[25]が，現在この地域では最も古い新石器時代の遺跡として挙げられる。叩き縄文を主体とした土器成形を行なっていること，貝殻印紋，篦点紋を特徴とすることから，広東省から福建省沿岸，台湾にかけての沿岸部に点在する縄蓆文土器文化の流れをくむものと推定される。最近広東省深圳市，香港で，縄蓆文土器を主体とする遺跡が相次いで発掘された。香港の東湾遺跡で第4層[26]からおそらく新石器時代前期に属する可能性の高い遺物が発見されている。また深圳市の鹹頭嶺，大黄沙遺跡[27]は，前4000年前後で新石器時代中期に比定され，長江下流域では崧澤文化期に相当する。遺跡は，島や大陸の海岸部の砂丘地形に立地し，遺跡の陸地側に必ず後背湿地を有する。土器器種は少なく，器形は口縁部が外反し胴部が膨らむ丸底の釜，平底の坩，圏足付きの豆，盤それに，土製の支脚が主要な器種で，おそらく長江中流域の大渓文化の影響をうけたと思われる彩陶も出土している。石器は局部磨製の石斧，磨石，凹石が出土。現在のところイネを栽培していたかどうかの直接的な証拠は見つかっていない。

この地域の縄蓆文土器文化と長江下流域の関係は，土器の器種からは煮沸具が釜であり支脚を使用する点，また土器製作技術からは叩き技法の一種である縄蓆文を用いるという共通点が指摘できる。しかし土器組成が単純で，貯蔵用の壺がないこと，さらに食形態の相違を暗示する磨石が存在すること，また大規模な墓地を形成しない点が長

江下流域と異なり，稲作を基礎とした社会とは，別系統の文化が存在したと推定される。この地域に長江下流域の影響が濃厚になるのは，新石器時代晩期の良渚文化期に入ってからである。

3　小　　結

　環シナ海沿岸の各地域では，新石器時代前期には各地域に別個の文化が存在するが，中期になると，大汶口文化の前期と崧澤文化間には，土器・石器間に，共通要素が認められる。また北辛文化から大汶口文化にかけて，アワ栽培地域で粉食から粒食への食形態の変化がみられ，その変容と軌を一にするように土器・石器にも長江下流域と類似したものが現われる。こうした動向とは別に，福建・広東省沿岸では，別系統の縄蓆文土器主体の文化が分布するのも興味のある状況である。山東地区と長江下流域のこうした変化が文化の伝播のみによるものか，それとも人間の移動を伴ったかは問題だが，両地域で墓制がそれぞれの地域性を有し続けることは，両地域の文化の受容の仕方を暗示している。

　また大汶口文化期の海岸部の遺跡は，内陸部の大汶口文化の遺跡に較べて，墓制や石器に違いがみられ異質である。大汶口文化は，各時期で変容はあっても，その中心は山東半島の東部から蘇北地域である。山東半島対岸の遼東半島まで大汶口文化系の土器が広がっていることを考えると，今後大汶口文化の沿岸部の遺跡の性格を把握することが重要になってこよう。

註

1)　中国社会科学院考古研究所『中国考古学中碳一四年代数拠表　1965—1981』文物出版社，1933，夏鼐「碳-14測定年代和中国史前考古学」考古，1977—4

2)　中国社会科学院考古研究所山東隊・山東滕県博物館「山東滕県北辛遺址発掘報告」考古学報，1984—2

3)　浙江文物管理委員会・浙江省博物館「河姆渡遺址第一期発掘報告」考古学報，1978—1，河姆渡遺址考古隊「浙江河姆渡遺址第二期発掘的主要収穫」文物，1980—5

4)　山東大学歴史系考古専業「山東鄒平県苑城早期新石器文化遺址調査」考古，1989—6

5)　巫鴻「従地形変化和地理分布観察山東地区古文化的発展」考古学文化論集，1，文物出版社，1987

6)　林承坤「長江三角州古地理与新石器時代文化的関係」文物集刊，1，文物出版社，1980

7)　羅家角考古隊「桐郷県羅家角遺址発掘報告」『浙江省文物考古所学刊』

8)　浙江省文物管理委員会「浙江嘉興馬家浜新石器時代遺址的発掘」考古，1961—7

9)　南京博物院「江蘇呉県草鞋山遺址」文物資料叢刊，3，1980

10)　常州博物館「江蘇常州圩墩村新石器時代遺址的調査和試掘」考古，1974—2，同「常州圩墩新石器時代遺址第三次発掘簡報」史前研究，1984—2，呉蘇「圩墩新石器時代遺址発掘簡報」考古，1978—4

11)　藤本　強「石皿・磨石・石臼・石杵・磨臼（Ⅰ）一序論・旧石器時代・中国新石器時代一」東京大学文学部考古学研究室報，2，1983

12)　張光直「中国相互作用圏与文明的形成」『慶祝蘇秉琦考古五十五年論文集』文物出版社，1989

13)　邵望平「新発現的大汶口文化」『新中国的考古発現和研究』文物出版社，1984，山東省文物管理処・済南市博物館『大汶口—新石器時代墓葬発掘報告一』文物出版社，1974

14)　上海市文物保管委員会「上海市青浦崧澤遺址的試掘」考古学報，1962—9，同『崧澤—新石器時代遺址発掘報告』文物出版社，1987，黄宣佩・張明華「青浦崧澤遺址第二次発掘」考古学報，1980—1

15)　連雲港市博物館「江蘇灌雲大伊山新石器時代遺址第一次発掘報告」東南文化，1988—2

16)　烟台市博物館「山東烟台市白石村遺址調査簡報」考古，1981—1

17)　烟台市文管会・烟台市博物館「山東烟台鼃璜頂新石器時代遺址発掘簡報」史前研究，1987—2

18)　山東省博物館「山東蓬莱紫荊山遺址試掘簡報」考古，1973—1

19)　昌濰地区芸術館・考古研究所山東隊「山東膠県三里河遺址発掘簡報」考古，1977—4

20)　北京大学考古実習隊・烟台地区文管会・長島県博物館「山東長島北荘遺址発掘簡報」考古，1987—5

21)　江蘇省文物工作隊「江蘇邳県劉林新石器時代遺址第一次発掘」考古学報，1962—1，南京博物院「江蘇邳県劉林新石器時代遺址第二次発掘」考古学報，1965—2

22)　山東省博物館「山東野店新石器時代墓葬遺址試掘簡報」文物，1972—2，山東省博物館・山東省文物考古研究所『鄒県野店』文物出版社，1985

23)　中国社会科学院考古研究所山東工作隊「山東兗州王因新石器時代遺址発掘簡報」考古，1979—1

24)　南京博物院「江蘇邳県四戸鎮大墩子遺址発掘報告」考古学報，1946—2，同「江蘇邳県大墩子遺址第二次発掘」考古学集刊，1，1981

25)　福建省博物館「閩侯渓頭遺址第二次発掘報告」考古学報，1984—4

26)　区家発・鄭聡「香港大嶼山東湾新石器時代沙丘遺址的発掘」『記念馬壩人化石発掘三十周年文集』文物出版社，1988

27)　深圳博物館・中山大学人類学系「深圳市大鵬鹹頭嶺沙丘遺址発掘簡報」，「広東深圳市大黄沙沙丘遺址発掘簡報」文物，1990—1

韓半島新石器時代の地域性

韓国・国立全州博物館長
■ 韓 永 熙
（ハンヨンヒ）

櫛目文土器で代表される韓半島の新石器文化は中・西部，南部，東北，西北の4地域に区分され，それぞれが特性を有している

今日までの考古学的調査成果によって確認された韓半島の新石器時代遺跡はおおよそ160カ所に及んでいるが，このうち正式な発掘調査や地表調査によって遺跡の性格が比較的明らかにされたところは50余カ所にすぎない。またこれらの遺跡も80％以上は南部海岸地方，漢江・大同江流域，黄海中部島嶼地方，鴨緑江下流域，豆満江流域，東北海岸地方など，調査者の手の及ぶところに密集しており，そのほか慶尚北道，全羅道，忠清道，江原道南部，咸鏡南道ではまだ確実な遺跡の調査例が報告されていない。したがって地域間文化の比較検討につねに中間地点の文化が空白の状態として残っており，地域，地域間文化の流れをつなぐことができないのが実情である。

本稿では，韓半島の新石器時代文化を地域間にみられる特性によっていくつかの地域群に区分した後，各地域の文化が互いにどのような特徴をもっているかということを検討してみよう。

新石器文化の検討には当然，住居址，墳墓，石器，骨器，土器などを総合的な角度からあつかわなければならないと思うが，本稿では出土量が多く，地域によって器形と文様から特徴が明らかに区分されている土器を対象に叙述しようと思う。

1 地域区分

韓半島の新石器文化は櫛目文土器で代表されているが，最近釜山・金海を中心として活発に展開されている南海岸地方の新石器時代の研究成果によって，韓半島の新石器時代には櫛目文土器が使用される以前に隆起文土器を使用した種族がこの地域に存在していたことが確実になった。

隆起文土器は1960年代までは梁山，金海，南海島嶼など，慶尚南道地方にのみ出土するものと認識されていた。しかし1981年に発掘調査された江原道襄陽郡鰲山里遺跡の地表採集品中に隆起文土器が含まれており，注目されるようになった[1]。また西海南部の小黒山島貝塚でも細線隆起文土器片が数点出土し[2]，この土器文化が南海岸を中心とする南部地方から東海岸に沿って北上することもあるが，南海岸に沿って西進することもあったことがわかった。

最近では居昌郡壬佛里の内陸部の河川流域の遺跡でも出土し[3]，その分布範囲がいくらか拡散される可能性を示している。この土器は北方から南下した櫛目文土器の影響をうけて，しばらく併存して消滅する。

櫛目文土器は櫛のような施文具で，押えたり引っかいたりして作った点・線・円など幾何学的文様を配合して器表面に施文することが特徴で，地域や時期差によって土器の形態は異なり，文様の施文部位と配合内容に差異があり，韓半島新石器文化の地域区分や編年をするうえでもっとも重要な要素とされてきた。

櫛目文土器が地域を異にして表われるもっとも大きな差はこの器形である。前述した隆起文土器がだいたい平底であるのに比べ，櫛目文土器は平底と丸底の2種類の形態が地域を異にして明らかに区分される。

金元龍・金廷鶴先生は，器形にみられるこの差がそのままわが国の土器文化の起源および伝播問題と結びつくものとみて，平底櫛目文土器が出土する東北地方（咸鏡北道地方）と丸底櫛目文土器が出土するその他の地域の2つの文化圏に区分した[4]。

都宥浩は北韓（訳注：韓国で朝鮮民主主義人民共和国をこう呼ぶ。以下同じ）地域を土器の器形のちがいから東北地方圏と西北地方圏（平安北道地方は除く）に大別したのち，平安北道地方は東北地方と類似するが，差異点も多い地域文化とみて，3つの地域圏に区分した[5]。佐藤達夫は櫛目文土器を地域および時期によって中部地方，西北地方を含む一地域，東北地方，南部地方に区分して4つの地域圏，すなわち都宥浩の説に南部地方を加えて似た主張を開陳した[6]。韓炳三は上の中部地方（大同江，漢江流域の中・西部地方）に属する西海島嶼地方が後期であれば，内陸地方と相異なっ

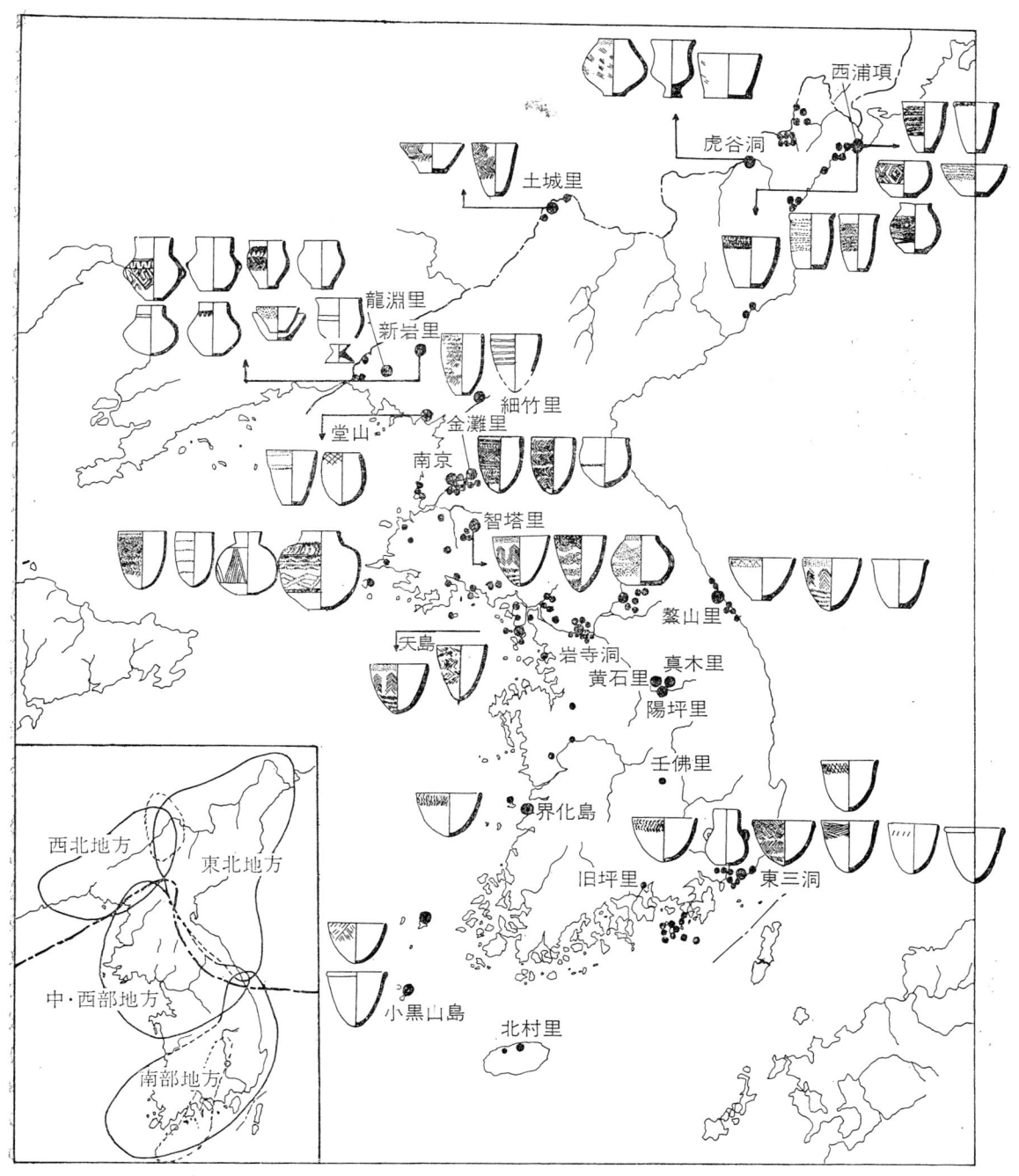

図1　櫛目文土器の分布と地域性

た土器文化をもつことになり，同じ文化領域でも時期差によって小領域としての区分設定が可能であることを主張した[7]。しかしいままでの地域区分はすべて土器の器形と文様の差異にみられる概括的な検討から得られた結論で，地域間の文化接続がどの地域で，どのような様相として現われるかについての具体的な研究はなされていない。

筆者は韓半島中・西部地方の新石器文化を考察する過程で，韓半島新石器文化を当時の考古学的成果にしたがって東北地方，西北地方，南部地方，中・西部地方群に分けたのち，中・西部地方について具体的な地域区分を試みた[8]。

韓半島の各地域の新石器時代遺跡から出土した平底・丸底の櫛目文土器は図1のようである。図

31

1でみるように，2つの土器様式は平安北道定州郡堂山貝塚と寧辺郡細竹里遺跡，そして襄陽郡鰲山里遺跡での共伴例を除いて，それ以北は平底，以南は丸底地域に区分される。したがって，これら2つの器形の共伴遺跡についての検討が2つの文化圏を区分する端緒となるであろうと思われる。

堂山貝塚では鴨緑江，豆満江流域と東北海岸地方で出土する雷文土器および深鉢形土器とともに魚骨文，格子文が施文されている大同江系の丸底櫛目文土器が出土しており[9]，細竹里第1文化層では清川江以北の深鉢形土器と弓山貝塚，龍磻里貝塚，智塔里などの丸底櫛目文土器にみられるW帯文と金灘里第1文化層，半円洞貝塚の土器にみられる線帯文が出土している[10]。とくに細竹里で出土した清川江以南系土器の胎土には滑石と石綿が混入している反面，以北系の深鉢形土器には砂粒がまざっている粘土を胎土として使用しており，相互に異質な2つの土器文化が，ともに別の文化的パターン上で結びついたことがわかる。

東海岸の鰲山里では口縁部に短斜線文が，胴部には魚骨文が施文されている漢江系の丸底櫛目文土器が東北地方系の平底土器と伴出しており[11]，現在の資料でみると，東海岸地方にあらわれた丸底系土器文化の最北例である。

上でみたように，新石器時代韓半島の西部地方では清川江，東北地方では鰲山里を境にして，それ以北と以南の地域に各々平底と丸底の櫛目文土器を作って使用した種族集団が存在したことが明らかであろう。

一方，丸底土器圏でも口縁部，胴部，底部に互いに違った文様を施文する土器が代表的な形態となる大同江，載寧江，漢江流域の中・西部地方と[12]，そこでみられない押引文，沈線文系統の土器，丹塗磨研土器，二重口縁土器などが出土する[13]釜山・金海・南海島嶼地方の土器が明らかに区分される。

中・西部地方ではこのような三部位文様土器のほかにも線帯文，鋸歯文，虹蜺文，魚骨文などを交互に配して全面に施文する金灘里Ⅰ式[14]，口縁部から胴部まではジグザグに長い線を互いにクロスさせて引いて構成した粗雑な横走魚骨文や格子文を施文しているが，底部は空白にしたままの西海島嶼地方の矢島式[15]，全面に横走魚骨文を入れるが，胴部に1条の隆起文を巡らす土器ととも

に，器形は同じで何ら文様も施文しない土器が共伴する金灘里Ⅱ式[16]などいくつかの類型の土器をみることができる。しかしすべて中・西部地方内に分布圏をもっているために地域差も区分することはむずかしいようである。むしろこのような文様上の差異は，地域差よりは同じ地域内での時期差を反映するものと考えられ，新石器時代の編年研究でしばしば論議の対象となってきた。

南部地方でも文様が口縁部と胴部の一部にだけ施文される土器，全面施文土器，二重口縁土器などが出土しているが，このような土器相の差異は，またこの地方での時期差を反映するものと考えられる。

現在の資料でみると，中・西部地方の土器は堂山・細竹里・鰲山里で北の方の平底櫛目文土器と共存しており，南の方では南漢江流域の陽坪里[17]・黄石里[18]・真木里[19]で出土したものが下限に位置する。

南部地方の丸底櫛目文土器は金海・釜山・南海島嶼地方を中心に，西の方では黒山島[20]・界化島[21]，北の方では鰲山里まで似た類型の土器が出土している。このような分布の様相は南部地方の早い時期の土器である隆起文土器の分布圏と一致しており，この地域の新石器時代文化の特性をよく反映している。

平底櫛目文土器の地域は丸底櫛目文土器にみられるような明らかな差はみられない。とくにこの地域で発掘された遺跡のうち，明らかに前期に編年される文化層が調査されたところは西浦項貝塚[22]だけである。したがって新石器時代前期の文化が地域によってどのような様相であるかはいまだにはっきりしない。またこの地域の後期の文様を代表する雷文は，その施文方法においてはいくつかの差はあるが，ほとんど全地域で出土しており，平底櫛目文土器の単一文化圏を語りうるものといえよう。しかし，これより遅い晩期，すなわち青銅器時代文化と接触する段階と考えられる東北地方の西浦項第5層，虎谷洞第1文化層と，西北地方の龍川郡新岩里と龍淵里の土器は器形と文様において大きな差をみせている。西浦項第5層は雷文土器が消滅する代わりに，口縁部を二重に作り，その上に装飾文様を入れる深鉢形土器および無文土器が文様の簡略化された櫛目文土器とともに出土しており[23]，虎谷洞第1文化層では櫛目文土器のほかに孔列土器が新たに登場し，器形

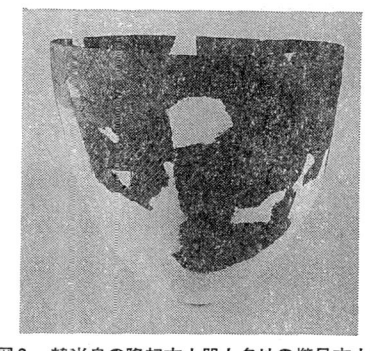
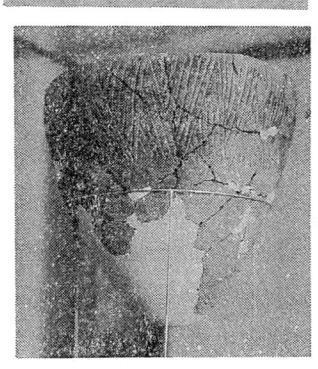

図2　韓半島の隆起文土器と各地の櫛目文土器

（上段左より，鰲山里〈隆起文〉，智塔里，西浦項，下段左より岩寺洞，鰲山里，上老大島山登出土品）

も深鉢形のほかに外反口縁壺，台付盞などが作られるようになる[24]。

　反面，新岩里第1文化層では有頸壺，台付盞，鉢形土器の表面に雷文，三角文，ボタン文などが施文されており[25]，東北地方とは大きな差異をみせている。こうした点からみると，平底土器圏も東北，西北地域としての区分が可能であるといえよう。

　西北地域は前に述べたように，前期に該当する遺跡がほとんどなく，その文化様相を確実に把握することがむずかしいが，この地域の早い時期の唯一の遺跡である義州郡美松里洞窟遺跡の下位文化層から出土した櫛目文土器片の文様に東北地方にはみられないジグザグ文（訳注：ロッカーパターンの連続弧線文土器）が含まれており[26]，東北地方とは異なる地域的特性を示している。

　これまで韓半島新石器時代の地域性を各遺跡から出土する土器の器形と文様を中心に中・西部地方，南部地方，東北地方，西北地方の4領域に区分してみた。このような4領域説は佐藤達夫がはじめて開陳して以来，一般的な地域性として受けいれられている。しかしはじめに言及したように，未調査地域で新しい資料が出現して，既往の資料について研究の深化がなされるとき，修訂補完される可能性は高いといえよう。このような可能性は最近発掘調査された陜川鳳渓里[27]，泗川郡旧坪里[28]，北済州郡北村里[29]遺跡でこれまでしられた南部地方の櫛目文土器と文様上異なる土器が出土しており，南部地方内での小地域設定の可能性が検討されている。また鴨緑江中・上流の中江郡土城里と長城里遺跡では底の一部を除いた器表面に魚骨文が施文されており，胎土に滑石を混入した深鉢形または浅鉢形の櫛目文土器が出土し，東北地方の土器と差異を示す[30]。このようなちがいをあげ，北韓の学者らは鴨緑江中・上流域の新石器時代文化が東北地方とは異なって1つの領域として区分される可能性について言及している[31]。このような新しい区分の可能性，そして同じ地域内での小領域の設定は未調査地域での発掘調査が活性化され，これについての研究業績が積まれるとき，本格化すると思われる。

2　地域文化の特性

　前章で韓半島新石器時代文化を既存の説にしたがって4地域圏に区分し，ここに新しい地域文化の設定の可能性について言及してみた。現在，わ

が国の考古学の新石器時代遺跡と文化についての発掘調査および研究は，率直に言ってまだ不振な現状であることは認めざるをえない。今後の研究の活性化を期待しながら，上で設定した4地域の文化特性について簡単に言及することによって本稿をしめくくりたい。

中・西部地方は韓半島の典型的な櫛目文土器である三部位文様土器で代表されており，シベリア地方のものと最も密接な関係を示す。この地域文化は自生説とシベリア起源説として述べられているが，2つの主張はいずれも論理的な裏付けに乏しい。中・西部地方は韓半島の中央部に位置し，半島の文化中継地的な特性をもっており，隆起文土器を製作・使用した南部地方に影響を与え，櫛目文土器を成立させた。

南部地方は隆起文土器を使用した地域で，中・西部地方の影響で櫛目文土器文化圏に入っていった。しかし，この地域は半島の端に位置する地理的特性によって，隆起文土器の段階以来，海路を通して東北地方および日本の九州地方との交流ももち続け，いくつかの文化が複合され，構成された独特な地域文化を形成する。

東北地方の平底土器は大部分の口縁部と底部の一部に空白部分をおいて施文したものが特徴である。この地域の土器は中国東北地方，豆満江中流以北の山林地帯，沿海州，アムール河流域などの文化と密接な関係の中で成立したものとみられる。

西北地方は他の地域より発掘された遺跡が少なく，文化の特性を把握することがむずかしい。しかし，美松里洞窟遺跡と新岩里遺跡の土器を通してみるとき，内蒙古と遼寧地方，そして長山列島との文化の接触から生まれた地域文化と考えられる。
（中山清隆・訳）

註
1) 任孝宰『繁山里遺蹟』ソウル大学校考古人類学叢刊第九冊，1984
2) 1979年，済州大学島嶼地方の学術調査のさい，金鍾徹・李白圭氏が貝塚の断崖部の最下層から採集。
3) 安春培「居昌壬佛里先史遺蹟発掘」嶺南考古学，5，1988
4) 金廷鶴「幾何文土器の編年」考古学ジャーナル，183，1980
   金元龍「韓国文化の考古学的研究」『韓国文化史』Ⅰ，1964
5) 都宥浩『朝鮮原始考古学』1961
6) 佐藤達夫「朝鮮有紋土器の研究」考古学雑誌，48—3，1963
7) 韓炳三「櫛目文土器」『世界陶磁全集』17，1979
8) 韓永熙「韓半島中・西部地方の新石器文化」韓国考古学報，5，1978
9) 都宥浩，註5）前掲書
10) 金政文「細竹里遺蹟発掘中間報告(1)」考古民俗，64—2，1964
    金永祐「細竹里遺蹟発掘中間報告(2)」考古民俗，64—4，1964
11) 白弘基「江原道東海岸の櫛文土器文化」歴史学報，87，1980
12) 韓永熙，註8）前掲書
13) L. L. Sample『Tong sam dong』Arctic Anthropology，Ⅺ—2，1974
14) 金用玗『金灘里原始遺蹟発掘報告』考古学及民俗学研究所，1965
15) 韓炳三『矢島貝塚』国立博物館古蹟調査報告第八輯，1970
16) 金用玗，註14）前掲書
17) 崔夢龍・林永珍「堤原・陽坪里B地区発掘調査報告」『82忠州ダム水没地区文化遺蹟発掘調査略報告書』1982
18) 李隆助「堤原・黄石里B地区遺蹟発掘略報告」上掲書
19) 金秉模・金明辰「堤原・真木里A・B地区遺蹟発掘報告」上掲書
20) 金元龍・任孝宰『南海島嶼考古学』東亜文化研究叢書Ⅰ，1968
21) 全榮来「扶安界火島山上遺蹟新石器時代遺物」全北遺蹟調査報告第10輯，1979
22) 金用玗・徐国泰「西浦項原始遺蹟発掘報告」『考古民俗論文集』4，1972
23) 金用玗・徐国泰，上掲書
24) 黄基徳「茂山虎谷洞遺蹟発掘報告」『考古民俗論文集』6，1975
25) 李淳鎮「新岩里遺蹟発掘中間報告」考古民俗，65—3，1965
26) 金用玗「美松里洞窟遺蹟発掘中間報告(1)」『考古学資料集』3，1961
27) 沈奉謹『陝川鳳渓里遺蹟』東亜大学校博物館，1989
28) 鄭永鎬ほか「旧坪里貝塚遺蹟の新石器時代土器」博物館紀要，3，檀国大学校中央博物館，1987
29) 李清圭『北村里遺蹟』済州大学校博物館遺蹟調査報告第4輯，1988
30) 金鍾赫「中江郡長城里遺蹟調査報告」文化遺産，61—6，1961
    李炳善「中江郡土城里原始及古代遺蹟発掘中間報告」文化遺産，61—5，1961
31) 社会科学院歴史研究所『朝鮮全史』Ⅰ，1979
＊文献のうちハングルのものは便宜上日本語に直して掲載した。（訳者）

アジアのなかの沖縄先史文化

那覇市教育委員会
金 武 正 紀
（きん・せいき）

沖縄先史時代は早期・前期・中期が縄文時代に相当し，爪
形文，曽畑式，市来式などの土器が本土からもたらされた

沖縄の先史時代は沖縄先史時代早期・前期・中期・後期に区分されている。早期・前期・中期が縄文時代に相当し，後期が弥生から古墳・古代に相当する。今回は縄文がテーマであるので，沖縄先史時代早期・前期・中期について，とくに近年の成果を中心に概観する。なお，編年については高宮廣衞氏の新しい「暫定編年」が提唱されているが[1]，ここでは従来の編年を使用する。

1 沖縄先史時代早期

縄文早期から縄文前期までを沖縄の編年では「沖縄先史時代早期」としている。1975年読谷村渡具知東原遺跡で縄文前期の曽畑式土器が発見された。従来，沖縄最古の土器は縄文後期に比定される伊波式土器と考えられてきたが，それを1,000〜2,000年も遡ることになり，沖縄考古学史上一大発見となった。この曽畑式土器をもとめて読谷村教育委員会は沖縄国際大学高宮廣衞教授のもとで，1975年から3次にわたって発掘調査を実施した[2]。発掘の結果，曽畑式土器の層よりも下層から縄文早期に比定される爪形文土器（ヤブチ式土器）が検出され，またまた大発見となったのである。ヤブチ式土器は与那城村藪地島の洞穴遺跡で，国分直一・三島格氏らの手で発掘された土器で，1965年に「ヤブチ式土器」として発表された[3]。しかし，時期を決定する資料が不十分で，長い間黙視されていたが，この渡具知東原遺跡の発掘で一躍注目されるようになった。

1981年には，沖縄県教育委員会によって野国貝塚群B地点が発掘され，爪形文土器の破片が約5,000点検出され，沖縄における爪形文土器が全国的に注目されるようになった。野国貝塚群B地点の爪形文土器について「口縁は直口もしくは外反をなし，尖底の深鉢形が考えられ，器壁はきわめて薄く，器面全体に指頭もしくは爪で押しつけて文様を施しているのが一般的特徴」と述べている[4]。爪形文土器は九州や奄美などでも検出されており，どの系統の爪形になるかは今後の細かい検討が必要と考えられるが，縄文早期の土器が沖縄でも定着していたことは確実である。

2 沖縄先史時代前期

沖縄では現在のところ明確な縄文中期の土器は発見されてなく，沖縄先史時代前期は縄文後期に比定されている。

1970年，浦添市の浦添貝塚で市来式土器が発見されて一大ニュースになった[5]。それは，沖縄の伊波式土器や荻堂式土器などが縄文系の土器であろうとは言われていたが，明確な縄文土器が検出されたのは初めてだったからである。市来式土器とは鹿児島県日置郡市来町川上貝塚出土の土器を標式とするもので，縄文後期に位置づけられている。この発見によって，沖縄先史時代前期に九州の土器が移入されたことが証明された。しかし，沖縄先史時代の土器は伊波式・荻堂式・大山式土器などが中心である。なお，近年，面縄前庭式，嘉徳式などの奄美系土器が増加しつつある。

この時期の遺跡は，伊波，荻堂，大山貝塚のように琉球石灰岩崖下に形成されているのが多いが，古我地原貝塚のように琉球石灰岩崖上に形成されているものや，キガ浜貝塚，久里原貝塚のように砂丘地に形成されているのもある。

1970年代から諸開発に伴う発掘調査が急増し，従来の点的調査から面的調査へと変わってきた。そのために，これまでの遺物中心の研究から，遺構も含めた「生活とその文化の復元」という視点で研究されるようになった。1977年に発掘された津堅島キガ浜貝塚では沖縄で初めて竪穴住居跡が検出された[6]。竪穴は2.8×2.5m，深さ30cm，中央に炉跡をもつ隅丸方形の竪穴住居跡である。この遺跡から検出された木炭によるC[14]年代が第Ⅳ層$3,180 \pm 95$，第Ⅴ層$3,200 \pm 65$，第Ⅵ層（竪穴住居跡内）$3,420 \pm 100$（いずれもY.B.P）と測定された。

キガ浜貝塚のあとに竪穴住居跡が検出されたのは1983〜1984年に発掘調査が実施された石川市の

古我地原貝塚である[7]。琉球石灰岩丘陵上の赤褐色土（琉球石灰岩の風化土で，方言でマージ）に5軒の竪穴住居跡が検出された。長径2〜3mの楕円形または円形状で，深さが15〜30cmの竪穴住居である。竪穴内から仲泊式，面縄前庭式，嘉徳I・II式などの奄美系土器が多く検出され，奄美との関係がうかがわれる。この調査の最大の成果は丘陵上に集落が形成されていたことを証明したことである。この時期の貝塚の多くは崖下に形成されており，崖上が生活の場ではなかったかという考えはあったが，その確証はなかった。その意味で画期的な成果であり，今後崖上で集落が検出される可能性が大きくなった。

3　沖縄先史時代中期

　この時期は縄文晩期に比定される。くずれたカヤウチバンタ式土器や宇佐浜式土器などのように肥厚口縁の尖底土器と，肥厚しない外反口縁の尖底土器などが多く検出される。これらの土器は無文がとくに多い。

　この時期の遺跡は琉球石灰岩台地上の赤褐色土に形成されている。近年の発掘調査でこの時期は竪穴住居が定着化し，広い平坦地に集落を形成しており，沖縄先史時代前期の小規模な遺跡とは大きな相違が見られることがわかった。とくに竪穴住居内の壁面を琉球石灰岩を積んで壁面化粧している点は，本土には見られない独特な形態である。

　1983〜1984年に発掘調査が実施された与那城村宮城島のシヌグ堂遺跡の成果からこの時期の遺跡を概観し，生活を想像してみよう[8]。

　集落形態　シヌグ堂遺跡は琉球石灰岩丘陵上の5つの自然段丘に形成されている。竪穴住居跡は第1段丘（標高112m），第3段丘（標高110m），第4段丘（標高109m）で検出された。とくに第4段丘では41軒の竪穴住居跡が検出され，環状集落のような集落形態も把握できるかと期待したが，長期にわたって集落として利用されたため，竪穴住居の切り合いが複雑であった。3，4軒の切り合いは普通で，最も多いのは8軒の切り合いが確認され，集落形態は把握できなかった。ところが，本遺跡から南へ約700mの所に所在する高嶺遺跡では広場を囲んで数軒の竪穴住居跡が馬蹄形状に廻っている環状集落が検出されている[9]ので，シヌグ堂遺跡もそのような集落形態であった可能性

が強い。

　竪穴住居跡　43軒の竪穴住居跡が検出された。竪穴は2〜3m四方の方形が多いが，3×2mぐらいの長方形も見られる。また，地形（岩盤）に左右され，五角形に近いものや，楕円形に近いものも見られる。竪穴の深さは，15cm程度の浅いもの7軒，20cm前後のもの12軒，25cm前後のもの5軒，30cm前後のもの6軒，35〜40cmのもの7軒，45〜70cmの深いもの6軒である。なお，深い竪穴には階段（地山を削ってつくり出したものと石灰岩を並べたもの）が付くのが確認された。竪穴住居で最も沖縄の地域性を示すと考えられるのが，竪穴の壁に石を積んで壁面化粧をしていることである。四面とも残っているのは数軒であるが，全くないのはわずかで，ほとんどは1〜3面に残っている。壁面化粧の石積みが，当時の地表面よりさらに上まで及ぶものがいくつか見られることから，基本的には地表面より高かったと考えられる。そしてその高い所に盛土をすれば，雨が降っても竪穴内に流れ込まないことになる。つまり，排水溝がみつからないことへの疑問はここで理解できる。さらに注目されるのは竪穴の床面で炉跡と柱穴が検出されたことである。石囲いのない炉跡（地炉）がほぼ中央にある。炉は移動するので焼土面が広がる。高嶺遺跡の第6号竪穴住居跡では5つの炉が切り合って検出されている[9]。柱穴は壁面に沿って廻っている。一辺に3本単位で合計8本の柱が立つのが基本型であるが，岩盤があって掘れない所は基本型がくずれている。このように，石積みによる壁面化粧，柱穴，炉跡，階段などがセットで検出され，この時期の竪穴住居の下部構造が解明された。

　土器　シヌグ堂遺跡ではくずれたカヤウチバンタ式土器と肥厚しない外反口縁土器が最も多く検出された。これらの土器は無文尖底土器で，器面はヘラ削りとヘラ磨き（磨研）で調整されており，明確に一型式が設定できる。なお，壺形土器の破片に丹塗りと見られるものが2点あり，特殊土器と考えられる。

　石器　石器は石鏃（2点），小型扁平利器（9点），石斧（75点），敲石（16点），磨石（15点），凹み石（2点），石皿（10点）などが検出された。石鏃はチャート製の打製無茎石鏃である。陸産の大型動物はイノシシだけが発掘されており，弓矢での狩猟は，主にイノシシであったと考えられる。石斧

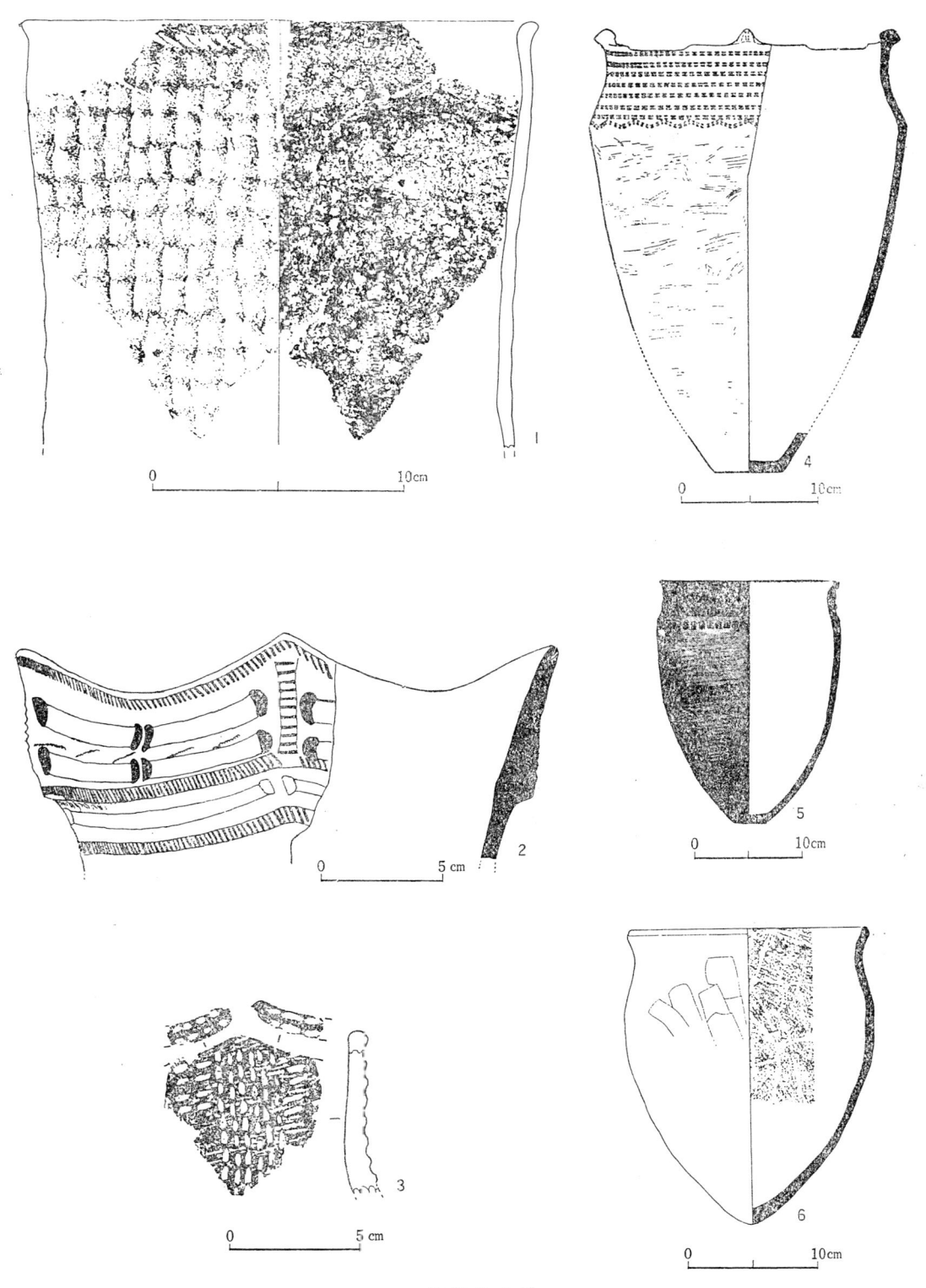

沖 縄 の 土 器

1 爪形文土器（野国貝塚群B地点），2 市来式土器（浦添貝塚），3 伊波式土器（キガ浜貝塚），4 荻堂式土器（嘉手納貝塚），
5 大山式土器（大山貝塚），6 無文尖底土器（シヌグ堂遺跡）

は全面磨製と局部磨製がある。また両刃と片刃の石斧があるが，両刃が片刃より多く検出されている。

骨歯製品　骨針（23点），骨錐（16点），ヘラ状製品（6点）などの実用品とイヌの犬歯有孔製品（2点），イノシシの牙有孔製品（5点），サメの歯有孔製品（1点）などの装身具が検出された。実用品はイノシシやジュゴンなどの硬い骨が利用されている。装身具の有孔製品はペンダントのようなものと考えられる。

貝製品　スイジガイ製利器（12点），イトマキボラ製利器（3点）などの利器，夜光貝などを使った匙状製品（20点），ホラガイ有孔製品（4点）などの実用品，サメ歯模倣の有孔製品（8点），ゴホウラやサラサバティ製貝輪（5点）などの装身具が検出された。スイジガイ製利器とは，スイジガイの6本の突起のうち5本を打ち欠き，1本だけを研磨してノミ状または錐状に仕上げたものである。ノミ状に仕上げたものが本遺跡の第32，48号竪穴住居跡の炉跡近くから各々1点ずつ発掘され，前述の高嶺遺跡の竪穴住居跡の炉跡近くからも2点検出されていることから，調理用に使用されたものと考えられる。

食料残滓　木の実などの炭化物は発見できなかったが，貝殻や獣・魚骨は多く検出された。貝殻はチョウセンサザエ，マガキガイ，イソハマグリなど海産貝も多く検出されたが，陸産マイマイ（かたつむり）がとくに多く検出された。陸産マイマイは30数年前までは食料にしていたし，古代人もかなり好んで食べたと考えられる。

シヌグ堂人の生活　筆者はシヌグ堂人の生活をつぎのように想像したことがある。「よい漁場とよい湧き水をもっているこの島は，古代人にとって住みよい島であったにちがいない。生活するのに必要な水は崖下の湧き水に求め，貝類や魚類は東の海に求めた。また，島で手に入らない石器の材料は遠く国頭郡に求めていた。当然舟があっただろう。彼らの生活圏は，島内とリーフ内の海に限定されず，遠く国頭までも範囲内であったようだ。彼らの住居は竪穴住居である。一辺が2.5メートル前後の方形が多い。柱を壁沿いにめぐらして立て，その上に屋根を葺き，雨水が住居内に流れ込まないように，壁面化粧の石積みの上に土を盛っていた。住居のほぼ中央に炉があり，家族単位で生活していた。腕輪・耳飾り・首飾りなどの装身具で身を飾り，イノシシ狩りには石鏃をつけた弓矢を使い，ヤスのようなものを使い魚をとった。そして，それらの獲物を竪穴住居内の炉の側で，スイジガイ製利器などを使って調理し，深鉢型の土器で煮炊きして食べた。そんな光景がシヌグ堂遺跡の発掘成果から想像される。」[10]

4　おわりに

縄文時代に比定される沖縄先史時代早期・前期・中期には爪形文土器，曽畑式土器，市来式土器などの縄文土器が本土からもたらされている。沖縄の伊波式土器，荻堂式土器などにも縄文土器の影響が見られる。しかし，ただちに縄文文化とは言い切れないと思う。狩猟・漁撈の形態，住居の形態，貝製品・骨歯製品など飾具の形態などに多くの相違があり，沖縄の地域性が見られる。今後あらゆる角度から検討されることを期待したい。

また，大陸との交流を示すものとして最も古いのは，現在のところ，那覇市城嶽貝塚[11]であり，大陸との関係の検討も今後の重要な課題である。

註
1)　高宮廣衞「沖縄諸島の暫定編年」南島考古，11，1991
2)　高宮廣衞ほか『渡具知東原』読谷村教育委員会，1977
3)　国分直一・三島格「ヤブチ式土器—琉球と奄美大島における文化交流の一証跡」水産大学校研究報告，10，1965
4)　岸本義彦・島袋洋ほか『野国—野国貝塚B地点発掘調査報告—』沖縄県教育委員会，1984
5)　新田重清「沖縄浦添市浦添貝塚出土の市来式土器について」古代文化，23—9・10，1971
6)　金武正紀・比嘉春美ほか『津堅島キガ浜貝塚発掘調査報告』沖縄県教育委員会，1978
7)　島袋洋・比嘉春美・島弘ほか『古我地原貝塚』沖縄県教育委員会，1987
8)　金武正紀・比嘉春美ほか『シヌグ堂遺跡』沖縄県教育委員会，1985
9)　金武正紀・金城亀信ほか『宮城島遺跡分布調査』沖縄県教育委員会，1989
10)　金武正紀「沖縄の縄文時代住居」『原像日本』5，旺文社，1988
11)　橋本増吉「那覇市外城嶽貝塚出土の明刀に就いて」史学，7—1，1928

縄文文化と大陸文化

> 縄文文化と大陸文化はどうかかわっている
> だろうか。日本と大陸の遺物を比較した場
> 合，その流れをどう考えればよいだろうか

沿海州・サハリン系文化の南下と北海道／北海道の石
刃鏃文化と東北アジアの文化／縄文文化と大陸系文物
／日韓の文物交流

沿海州・サハリン系文化の南下と北海道

北海道開拓記念館
■ 野村　崇
（のむら・たかし）

> 北海道の縄文文化は本州縄文文化の北進によってもたらされたも
> のであるが，サルゴリ文化の南下による影響も充分に考えられる

列島北端に位置する北海道の先史文化が，沿海州，樺太方面からの影響を相当程度受けているであろう，という議論が出はじめるのは1930年代の後半に入ってからである。

1935年の河野広道氏による「北海道石器時代概要」[1]や1938年の河野広道・名取武光両氏の「北海道の先史時代」[2]にみられるように北海道の考古学編年体系が着々と整備され，次の段階として，周辺地域の把握が問題となってくる。このような状況において樺太の考古学的調査も進み，1940年の馬場脩氏による「樺太の考古学的概観」[3]や，1942年の伊東信雄氏の画期的労作「樺太先史時代土器編年試論」[4]などの公表があいついだ。

このような状勢を背景として，北海道とその周辺地域の先史文化の比較を試みる風潮がさかんになる。そのさきがけとして，1936年の雑誌『ミネルヴァ』の座談会「北海道・千島・樺太の古代文化を検討する」[5]があり，また，1941年の新岡武彦氏による「樺太発見の所謂大陸的遺物の二，三に就きて」[6]なども，樺太出土の遺物のなかに大陸系文化の匂いをかぎとろうとしたものであった。

1945年8月の第2次世界大戦の終結をもって，樺太はソ連邦の占領するところとなり，千島諸島を含めてロシア共和国サハリン州となった。以降，40数余年，樺太（サハリン）は日本人研究者の手の届かない地となり，彼の地の研究状況はソ連人研究者によるわずかなレポートによって垣間見るにすぎなかった。

しかるに，この数年間におけるソ連邦の開放政策により，国境警備隊の厳重な監視下におかれていたサハリンの遺跡も，ペレストロイカ，グラスノスチの進展によって1988年以降は，日本人研究者にも，徐々に開放されてきている。

私は，1987年夏以来，5回にわたって，沿海地方，サハリンなど極東地域を訪れ，遺跡の実地調査と遺物の研究を，主として博物館を中心とした学術交流によって行なってきたところである。

本稿では，1989年の5月と8月に，サハリン中部東海岸ネフスコエ湖（旧，多来加湖）岸において実施された日ソ共同調査[7]のなかから，本誌特集のテーマにそった資料を選び，それを通して，サハリンを中継地とした縄文時代の大陸と北海道の関係を考えることにした。なお，当該地域において密接な文化交流の状況を示す「石刃鏃文化」については，別に適者が執筆する予定があるので触

れないこととする。

1　1989年のネフスコエ湖岸の調査

　この年，私は，サハリン州郷土博物館，V．O．シュービン副館長が主催したフィールドワークに2回にわたって参加する機会があった。その1回目の5月17日から20日までの東海岸プガチョヴォ（旧，馬群潭）調査のあと，戦前，多来加湖とよばれたネフスコエ湖岸における遺跡調査が21日から24日まで行なわれた。この調査中，シュービン氏から面白い情報を聞き込んだ。ここから50kmほど北東のレオニーダヴォ（旧，上敷香）の中学校長のV．D．フェドルチェック氏が，前年の春に同校の郷土研究部の生徒とともに，新石器時代の土器，それに多数の骨角器や獣骨を発掘したという。さっそく帰りの5月23日，ポロナイスク市北方20kmのレオニーダヴォ中学校を訪れた。その遺跡はベリジャンスキー湖遺跡で，厳密にはIおよびIIの2地点があるという。

　本遺跡は，ポロナイスク市から北東に11km，ポロナイ川とタラン川が接近する地点の中間で，サハリン中部特有のツンドラのなかに島状に形成された高さ1〜1.2mの谷地坊主状の微高地上に立地する。出土遺物は多くの土器と石器，それに骨角器，獣骨類であった。

　土器は一見して今まで見たサハリンの土器とは異なっていて，いわば縄文土器（縄文はついていないが）のあるものに通ずる風貌をもっている。

　この時は，時間がなかったので遺物の実見と写真撮影にとどめ，遺物の実測や拓影は同年8月11日〜16日まで行なわれたネフスコエ湖岸のプロムイスロヴォーエII遺跡の本調査の際に，同行した北沢実氏の協力を得て作成したもので，その概要はすでに報告[8]したとおりである。

2　ベルジャンスキー湖遺跡の遺物

　出土した土器は，やや外反する口縁部と円い胴部をもち壺形をなすものと，同じく外反する口縁をもち，甕に近い器形のものがある。口縁部には，いずれも内側から細い丸棒を刺突して，表面に小さな突瘤文（とっきゅうもん）を作るのが特徴である。文様は櫛目文，列点文が主で，色調は茶褐色ないしは灰褐

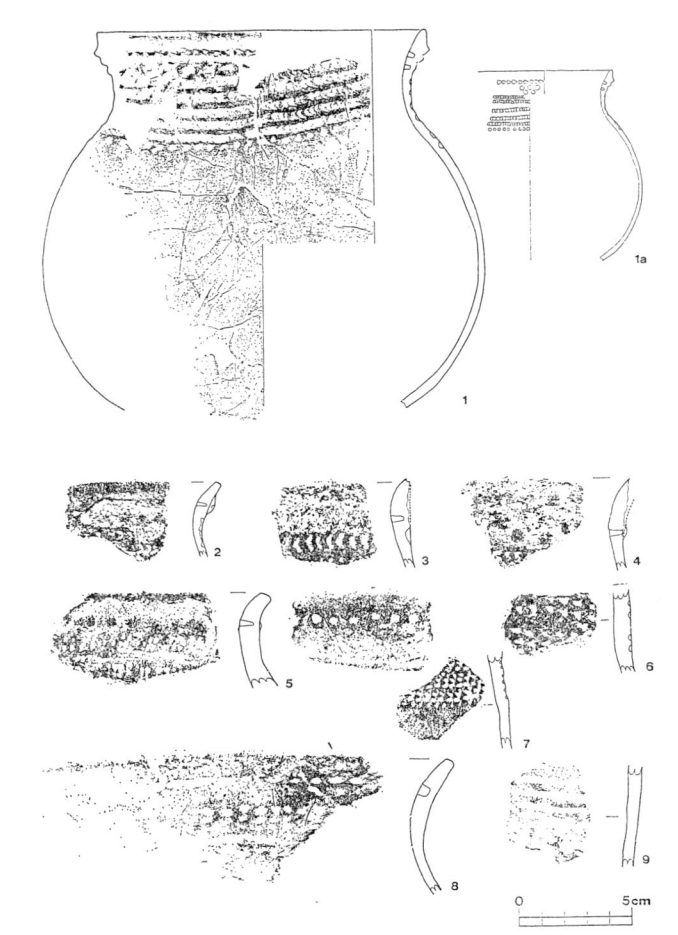

図1　ベルジャンスキー湖 I 遺跡（1〜7），ベルジャンスキー湖 II 遺跡（8・9）

色，器厚は5〜8mmで焼成はあまり良くない（図1−1〜9）。このなかの代表的なほぼ完形の土器（1）について見てみよう。推定器高19cm，口径は14.8cmで，円い胴をもつ壺形の土器である。口縁部には1本の肥厚帯が走り，その上に三角形状の押引き状の列点文が連続的に付される（1a）。その下に裏からの刺突による突瘤文が2段にわたって交互に付される。頸部のくびれたところから，円形の押し引き状の連続刺突文が5列にわたって付される。さらに胴部に移行するあたりに円い刺突文が付される。下部にいくにつれてカーボンの付着が多く，丸底と思われる。

3　サルゴリ文化の東方への進出

　このような土器を出土する遺跡は，私たちが踏査したザパトナヤV遺跡やドンスカヤIII遺跡など，ネフスコエ湖岸にいくつか見られた。シュービン氏によると，このような丸底の壺形土器をも

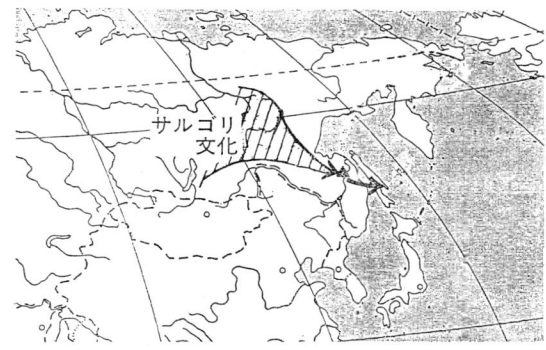

図2 サルゴリ文化の東方への進出（▲サルゴリ遺跡）

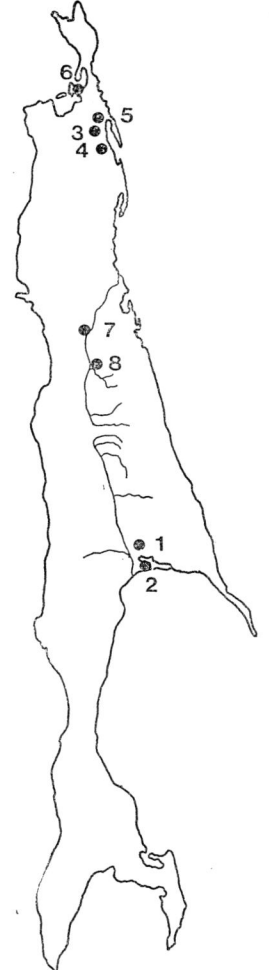

図3 サハリンにおけるサルゴ
リ文化遺跡の分布
1：ベルジャンスキー湖遺跡
2：ドンスコエ湾遺跡
3：サーボ村遺跡
4：カドウラニア村遺跡
5：ルサ村遺跡
6：ネクラソフカ村遺跡
7：ヌシュ村遺跡
8：アド・ティモア村遺跡

ち，口縁に内側から丸棒を刺突して作った突瘤文が盛行し，それに刺突文，押引き文，櫛目文などをもつ土器群は，アムール川下流域のサルゴリ文化がサハリンに南下したものであるという（図2）。

サルゴリ遺跡は，アムール川下流域の新石器時代遺跡で有名なコンドン村から数kmのところに所在し，ジェビャトカ川の右岸の段丘上に位置している。遺跡の下層は新石器時代の文化層があり，ラセン文土器などが出ていることなどからコンドン文化などと同じとみられている。さて，その上層は青銅器時代の文化で，土器は丸底，突帯文，斜めの刻文，爪形文や円形の押型文（裏側からの刺突による突瘤文と思われる）が特徴であるという9）。また，長さ14.5cm，幅1.8cmの青銅製刀子が発見され，柳葉形石鏃，半月形石器，搔器などとともに出土した10）。これらの遺跡は前2,000年紀末とされている。ソ連の研究者は，アムール川流域に，前2,000年紀の後半に出現したこれら青銅器製品はバイカル湖周辺のグラスコーヴォ期文化の東方進出と考えている。その証拠として，一つは新石器時代を通じて平底土器の盛んだったこの地域に丸底土器の出現したことをあげ，ステパニハ谷遺跡の土器などとともにサルゴリ遺跡の丸底土器を重視したのである。シュービン氏がベルジャンスキー湖Ⅰ遺跡の壺形土器をもって，サルゴリ文化のサハリンへの南下と考えたのもむべないことであった。なお，サハリンでは，ベルジャンスキー湖遺跡以外に，ドンスコエ湾，サーボ村，カドウラニア村，ルサ村，ネクラソフカ村，ヌシュ村，アド・ティモア村各遺跡の合計8カ所に分布している（図3）。

4 縄文文化との関連において

さて，紀元前2,000〜前1,000年紀といえば，北

海道では，縄文時代の後・晩期に相当する。

周知のように，縄文土器の器形は，中期まで甕形・円筒形が主体で単純であるが，後期に入ると，壺形や注口形・皿形など多彩な器形が加わり複雑になってくる。北海道でも事情は同じで，後期中葉の手稲式から，後半の堂林式にかけて各種の器形が出そろう。このような現象の起こる前提として，外部からの文化的刺激による影響も考慮する必要があろうとかねてから考えてきたところであった。

北海道の縄文後期後半の堂林式土器から多出する土器口縁の内側から外に向けて細い丸棒を突いて，表面に小さい瘤文を付す，いわゆる突瘤文土器は，古くは八幡一郎氏11），戦後は松下亘氏12）によって，北方大陸的色彩の濃い手法として論じられたが，ベルジャンスキー湖遺跡群などにみられる突瘤文と，まったく無関係とは考えられない。そのほか，大塚和義氏13）や加藤晋平氏14）らによって注意された礼文島船泊遺跡や同島オションナイ遺跡などの貝製平玉なども北サハリンのリブノフカ付近，ムズィマから出土しており，沿海地方からアンガラ流域，セレンガ流域，レナ流域に広がり，多くはグラスコーヴォ期の墓の副葬品として出ているようである。そのほか北海道から東北地方にかけて広がるストーン・サークル系墳墓なども同様な一連の北方大陸系文化の南下と関係のあ

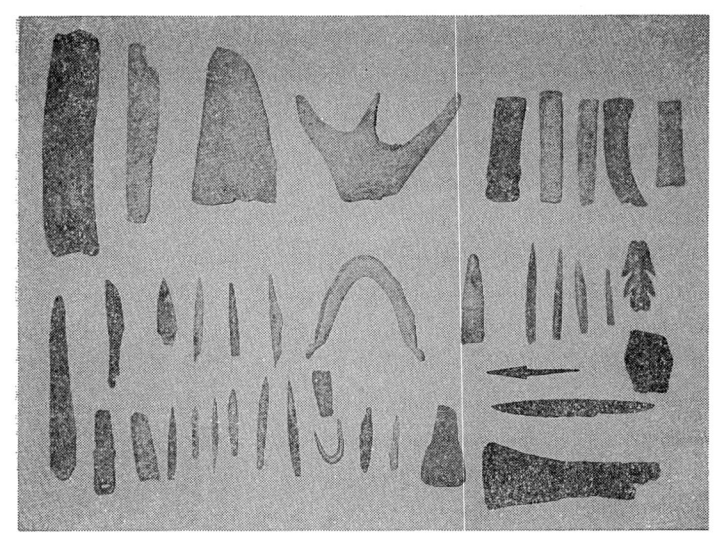

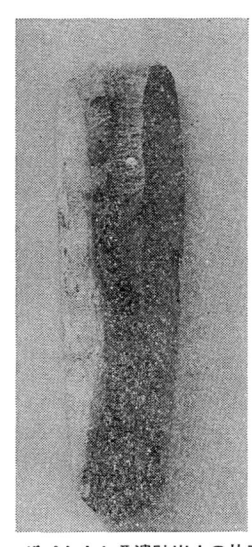

図4　ベルジャンスキー湖I・II遺跡出土の骨角器と石器　　図5　ザパトナヤII遺跡出土の片刃石斧

ることが従来から諸先学によって論じられてきたところである。

　思えば，サルゴリ系文化の土器を伴出したサハリン中部東海岸のザパトナヤV遺跡出土の，私が持ち帰った黒曜石をフィッション・トラック年代（噴出年代）およびウラン濃度をもとに，その原産地を推定する研究を興水達司氏[15]が行なったところ，北海道白滝（しらたき）および置戸（おけど）産出の黒曜石原石であることがわかった。すなわち，モノとヒトの移動は，決して一方的でなく相互の関係にあるということなのである。

5　おわりに

　本稿では，私のわずかな体験をまじえて，縄文時代において，北方大陸系文化が北海道に波及する可能性を考えてみた。もちろんサルゴリ文化がサハリンまで進出したからと言って，いまただちにその影響が北海道に及んだと言っているのではない。北海道の縄文文化の，基本的性格は，本州縄文文化の北進によってもたらされたものである。しかし，「石刃鏃文化」以外にも北方大陸系文化の波及があったことは充分考えられるし，その場合，サルゴリ文化の南下の問題は，今後，充分に検討されるべき課題である。

　最後に，本文の執筆にあたって，V．O．シュービン，菊池俊彦，臼杵勲の各氏から多くの助言を得たことを感謝申し上げる。また，1991年度文部省科学研究費（一般研究C）「新石器時代におけ

る北海道と樺太・千島との文化交流史的研究」（課題番号03610217）の成果の一部である。

註

1)　河野広道「北海道石器時代概要」ドルメン，4—6，1935

2)　河野広道・名取武光「北海道の先史時代」『人類学・先史学講座』6，1938

3)　馬場　脩「樺太の考古学的概観」『人類学・先史学講座』17，1940

4)　伊東信雄「樺太先史時代土器編年試論」『喜田博士追悼記念国史論集』1942

5)　馬場　脩ほか「北海道・千島・樺太の古代文化を検討する」ミネルヴァ，1—5〜7，1936

6)　新岡武彦「樺太発見の所謂大陸的遺物の二，三に就きて』1941

7)　野村　崇ほか『サハリン発掘の旅』1990

8)　野村　崇「サハリン中部ネフスコイェ湖岸遺跡群出土の考古資料」北海道開拓記念館研究年報，18，1990

9)　サルゴリ文化に関しては，菊池俊彦氏と臼杵勲氏に，多くの原書の教示をいただいたが，煩雑になるので省略する。

10)　加藤晋平『シベリアの先史文化と日本』1985

11)　八幡一郎「北海道の突瘤土器」『考古学論叢』2，1936

12)　松下　亘「北海道の土器に見られる突瘤文について」物質文化，5，1965

13)　大塚和義ほか「礼文島船泊オショ ンナイ遺跡，とくに貝製平玉をめぐる問題」郷土の科学，35，1962

14)　註10)に同じ

15)　興水達司・野村　崇「サハリンの遺跡出土黒曜石のルーツ」考古学ジャーナル，315，1990

北海道の石刃鏃文化と東北アジアの文化

札幌大学教授
木村英明
（きむら・ひであき）

石刃鏃文化は北海道からサハリン，アムール河下流域，アルダン河流域へという大きな流れのなかにとらえることができよう

1　北海道の石刃鏃文化

石刃鏃文化は，遺物の組合せに特色がある。石刃技法によって生産された大量の石刃，それを素材とした各種の石器，すなわち石刃鏃や石刃槍・掻器・削器・彫器などと，尖頭器・石斧・石錘・砥石・石皿・敲石・凹石・石鋸・装身具など石刃技法によらない石器とがある。しかも多くの場合，浦幌式・女満別式など，土器を伴う。

浦幌式土器は，条痕文を表裏に施し（技術的文様），口縁部から口頸部にかけて絡条体圧痕文による文様帯を構成する（装飾的文様）。しばしば口唇部にも絡条体圧痕文がみられる。器形は，緩やかに開く鉢形である。浦幌遺跡，同共栄B遺跡を好例として，もっとも一般的な土器である。装飾的文様の絡条体圧痕文にかわって，菱形の押型文を配したのが，女満別式土器である。女満別豊里遺跡，東釧路遺跡第2地点に例がある。また，円形の竹管文が並ぶ朝日トコロ貝塚下層のトコロ14類土器と，円形や短冊形の刺突文が連続する標茶二ツ山遺跡第1・第3地点の土器は，女満別式土器のヴァリエーションと見なされる。この他湧別市川・標茶綱井両遺跡で，縄文・絡条体圧痕文・組紐圧痕文・貼付隆起文の組合せを特徴とする東釧路Ⅲ式土器の共伴が確認されている。

土器の特徴から，石刃鏃文化がおよそ縄文時代の早期に位置することは，間違いない。ただし初源の時期，あるいは存続期間をめぐっては，異なった見解がある[1]。

ところで石刃鏃は，基部が凹む二等辺三角形を成し，稀に茎を作りだした例もある。いずれの場合も素材の形状を比較的よく残し，他の石鏃とは一見して識別可能である。それ故，石刃鏃文化の広がりを理解するための格好の資料となる。先にあげた遺跡のほか，数カ所の遺跡でまとまった資料が得られているものの，多くは石刃鏃が単独で発見されているに過ぎない。しかし，100遺跡を優に越えており，しかもごく一部を除くと，その分布は，石狩低地帯の北東に限られている。こうした広がりが，大陸文化との関連を説くひとつの根拠となっている。

2　石刃鏃文化の広がり

1991年8月2日〜24日，筆者らはユージノサハリンスク教育大学のV．A．ゴルベフ教授の招待を受け，サハリンでの研究の機会に恵まれた。その折，北海道の石刃鏃文化と関連する興味ある知見を得ることができた。

南千島のエトロフ島キトヴォエ遺跡において，浦幌式土器が採集されている[2]。また薄手で，柳葉形の尖頭器は，標茶二ツ山遺跡の例と同じである。石刃鏃こそ採集されていないが，石刃鏃文化が北海道を越えてエトロフ島に達していたことを示す確かな証拠である。

一方，A．A．ヴァシリェフスキーらの精力的な調査によって，サハリンにおいても石刃鏃を出土する遺跡がかなりの数にのぼることが判明している[3]。調査が比較的進んでいる南サハリンで言うと，ほぼ全域に広がるとみられる。いずれも，海岸に近い低位段丘上に立地する傾向があり，北海道の立地条件とよく符合する。西海岸の中程，旧国境に近いポリエーチェ（旧称幌千）遺跡群，同じく南端に近いクズネツォーヴォ（宗仁）1遺跡，東海岸の南部にあるスタロードゥプスコエ（栄浜）3遺跡やタコエ2遺跡から比較的まとまった資料が発見されている。今回共同発掘が行なわれたポリエーチェ4遺跡で，表裏に条痕文をもつ土器の共伴が確認された。今までのところサハリン最古の型式にあたるこの土器は，文様の特徴から，浦幌式土器の系統とみられる。さらに注目されるのは，北海道の黒曜石（肉眼判定）が大量に持ち込まれている事実である。産地が知られていないサハリンにおいて，石刃鏃発見の遺跡から例外なく検出されている。サハリンの石刃鏃文化も，南千島

表1　東北アジアにおける「石刃鏃文化」の編年

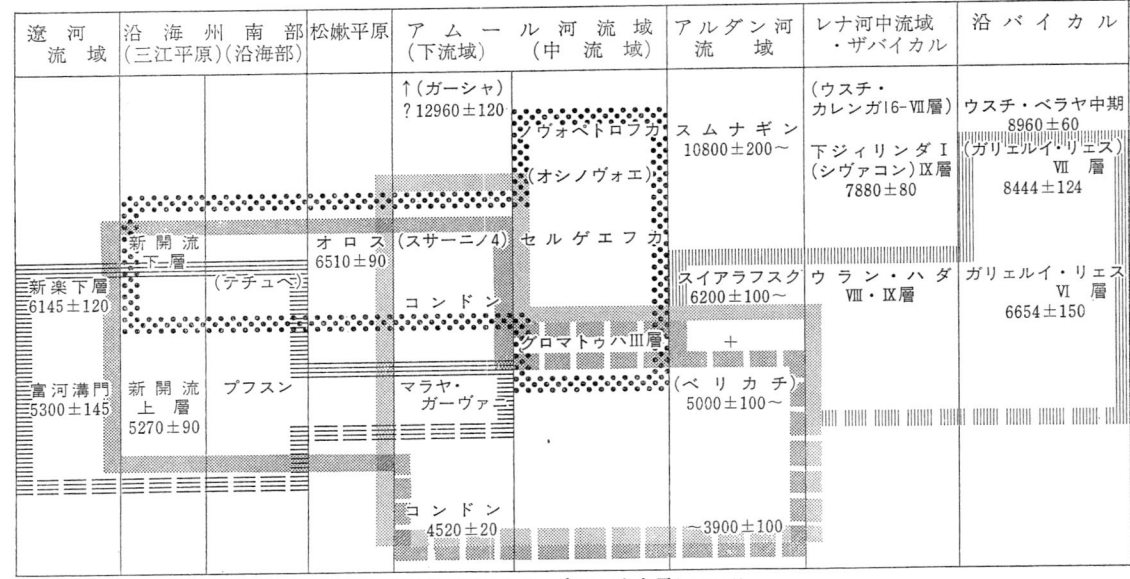

遼河流域	沿海州南部(三江平原)(沿海部)	松嫩平原	アムール河流域(下流域)(中流域)	アルダン河流域	レナ河中流域・ザバイカル	沿バイカル
			↑(ガーシャ)?12960±120	スムナギン10800±200～	(ウスチ・カレンガ16-Ⅶ層)下ジリンダⅠ(シヴァコン)Ⅸ層7880±80	ウスチ・ベラヤ中期8960±60
			ノヴォペトロフカ(オシノヴォエ)			(ガリエルイ・リエス)Ⅶ層8444±124
新楽下層6145±120	新開流下層(テチュベ)	オロス6510±90	(スサーニノ4)セルゲエフカ	スイアラフスク6200±100～	ウラン・ハダⅧ・Ⅸ層	ガリエルイ・リエスⅥ層6654±150
			コンドン			
富河溝門5300±145	新開流上層5270±90	ブフスン	マラヤ・ガーヴァ	グロマトゥハⅢ層(ペリカチ)5000±100～		
			コンドン4520±20	～3900±100		

*遺跡名につく括弧は，これまでの調査で石刃鏃が出土していないことを示している。

同様，北海道の石刃鏃文化の広がりの中でとらえることが許されよう。ただし伴う石斧が，サハリンに特有な有角の石斧（局部磨製を含む）が多く，擦り切り磨製石斧を主体とする北海道とはいくらか異なっている。今後の課題となろう。

なおタコエ2遺跡において，石刃鏃石器群と楔形細石刃核・細石刃とが出土しているが，サハリンでの研究が進展しつつある今日，両者は区別すべきものと考える。

3　東北アジアにおける石刃鏃文化の位置づけ

衆知のごとく，極東およびシベリア，北部中国において，石刃鏃を出土する遺跡が多数知られている。とりわけアムール河中流域のノヴォペトロフカ遺跡は，集落遺跡として充実した資料を提供している[4]。かつて，このノヴォペトロフカ文化と北海道の石刃鏃文化とを比較し，共通する技術基盤などから系統関係を説いたことがある[5]。しかし，北東アジアにおける石刃鏃とそれに伴う遺物は，遺跡ごと，地域ごとにかなり複雑な様相を呈しているのが実状である。多くは，文化層の二次的攪乱に由来すると思われるが，他方，当時の複雑な文化動態を少なからず反映しているらしく，新たな理解が求められている。

表1は，土器型式論を基礎に，若干の層位的事例を勘案し作成した東北アジアにおける石刃鏃を有する文化（以下，「石刃鏃文化」と一括略称）の編年である。

当然ながら，石刃技法（含む細石刃技法）の存在は，「石刃鏃文化」の起源が旧石器時代後期，もしくは中石器時代にまで遡る可能性を示している。事実，沿バイカルのウスチ・ベラヤⅡ～ⅩⅢ層とA．P．オクラドニコフ提唱のバイカル編年上のヒン文化，アルダン河流域のスムナギン文化は，土器の共伴もなく，その有力候補である。なかでも，G．Ⅰ．メドヴェーデフが中石器時代とする前者は，前段階の遺物組成（楔形細石刃核，ヴェルホレンスク山型彫器，鏃付き錐など）を比較的純粋に残しており，「石刃鏃文化」出現の初期的様相を物語っている。しかし，北東アジアでの土器出現の様相は，充分に解明されておらず，そもそもそれらに土器がなかったと断定するには尚早である。例えばスムナギン文化は，石刃・石刃製品の出現頻度と組成（円錐・円筒形石核，植刃，石錐，彫器など）がノヴォペトロフカ文化によく類似している。

ともあれ，多くの遺跡で石刃鏃は土器を伴う。「石刃鏃文化」の主体が，北海道同様，新石器時代前半にあるとみて差し支えなかろう。その伴出土器によって，隆線文土器を特徴とするグループ（ノヴォペトロフカ文化），菱形押捺のアムール編目文土器を特徴とするグループ（ブフスン下層文化），櫛歯，もしくは弧線ジグザグ文土器（之字形篦点

紋）を特徴とするグループ（新楽下層文化），網目・絡条体圧痕文土器を特徴とするグループ（スィアラフスク文化）に大別することができる（図1）。

第1のグループは，ノヴォペトロフカ，セルゲーエフカ，オシノヴォエ湖，グロマトゥハ，コンドン，昂々渓，オロス，新開流など，アムール河中流域・同下流域・中国東北部（旧満洲）に広がる。さらにこれらは，粘土紐の貼付による貼付隆起線文土器と工具の押しびきによる微隆起線文土器とにおよそ二分される。前者は，アムール河中流域に，後者は，中国の北東部とアムール河下流域に広がっている。後者が次の第2のグループ，菱形押捺文土器と共伴しており（新開流上・下層，コンドン），前者を古く置くのが妥当であろう。なお，グロマトゥハの「隆起線文」土器について，楔形細石刃核との共伴を前提としつつ古く位置づける傾向[6]があるが，Ⅲ層出土土器の主体は第4グループの絡条体圧痕文（もしくは櫛目文の置換）土器であり，スィアラフスク文化後半の前後に位置づけることが適当であろう。第1グループでの編年的理解が正しいとすれば，「石刃鏃文化」のアムール河中流域から下流域への展開が予想される。

菱形押捺文土器に特徴づけられる第2のグループは，アムール河下流域（コンドン）と沿海州（プフスン）を中心に分布する。しかし菱形押捺文土器についてみると，アムール河中流域（グロマトゥハ）や中国北東部（新開流上層）にまで広がり，他のグループと関係することが知られている。菱形押捺文土器のみが単純に出土する例はなく，遺跡ごとに複雑な出土状況を示している。代表的なコンドン遺跡の場合[7]，菱形押捺文そのものにも文様帯の広がりや構成の点でいくつかのヴァリエーションが認められる。その他，各種の土器，例えば微隆起線文土器，押捺あるいは押し引きなどによる櫛目文土器，竹管工具による「魚鱗文」土器，爪形文土器，列点文土器，沈線文土器などが混出している。それらすべてが石刃鏃を伴うものであるのか，あるいはそれぞれの土器がどのように共伴するのか決定は難しいが，大貫良夫が指摘する[8]ように，文様モチーフ，とりわけ胴下半から垂下するモチーフの共通性によって，少なくとも菱形押捺文土器の一部が先の微隆起線文土器と共存するであろうことは認められよう。ただし文様帯の下部への広がりは，後出の要素と思われる。一方，プフスン遺跡下層では，菱形押捺文に

挟まって次の第3グループの特徴である弧線ジグザグ文が同時施文されており，両者の融合がみられる。アムール河口に近いスサーニノ4遺跡には，「アムール編目文」を口縁に施した資料とともに，第4グループに関係ある絡条体圧痕文を同時施文した珍しい例がある[9]。これまでのところ，石刃鏃の伴出は確認されていないが，両者が近接した関係にあることが知られる。いずれにせよ，石刃鏃を伴う菱形押捺文土器群は，3段階以上に分けられる可能性が強いが，アムール河下流域および沿海州を中心に分布する一方，他のすべてのグループのものと関係している状況こそが重要である。

櫛歯・弧線ジグザグ文の第3のグループは，中国北東部（新開流，新楽遺跡下層，富河溝門）にみられる。しかし，コンドンにわずかながら類例があり，また菱形押捺文と同時施文されたプフスンの例もあることからアムール河下流域や沿海州にまで広がると考えられる。新開流遺跡での層位的事実[10]からすると，隆起線文土器よりも新しく，菱形押捺文土器以降に編年されることは間違いない。レナ河中流域のウスチ・カレンガⅩⅥ遺跡[11]に，楔形細石刃核を伴うもっとも古い様相があり，それからの東進が考えられるが，中間が不明である。

網目文，あるいは縄蓆文と呼ばれる文様，卵形・砲弾形の丸底を特徴とする第4のグループは，レナ河中流域を中心に広がり，スィアラフスク文化と呼ばれる[12]。これまでのいずれもが平底土器であるのに比べ異色であるが，明らかにバイカル湖周辺のものに関連がある。後半になって，口縁部の文様帯として絡条体圧痕文，もしくはモチーフの同じ櫛目文土器が多出するという。石刃伝統の次のベリカチ文化でさらに発達するが，今までのところこの段階には石刃鏃が知られていない。元来ないものであるのか，たまたま発見されていないのか，興味あるところである。この絡条体圧痕文・櫛目文土器の広がりは，アムール河中流域（グロマトゥハ3層）・同下流域（コンドン）に及んでいる。

4 東北アジアにおける「石刃鏃文化」の動き

すでに触れたように，東北アジアにおける「石刃鏃文化」は，仮に一括したに過ぎない。紙数の

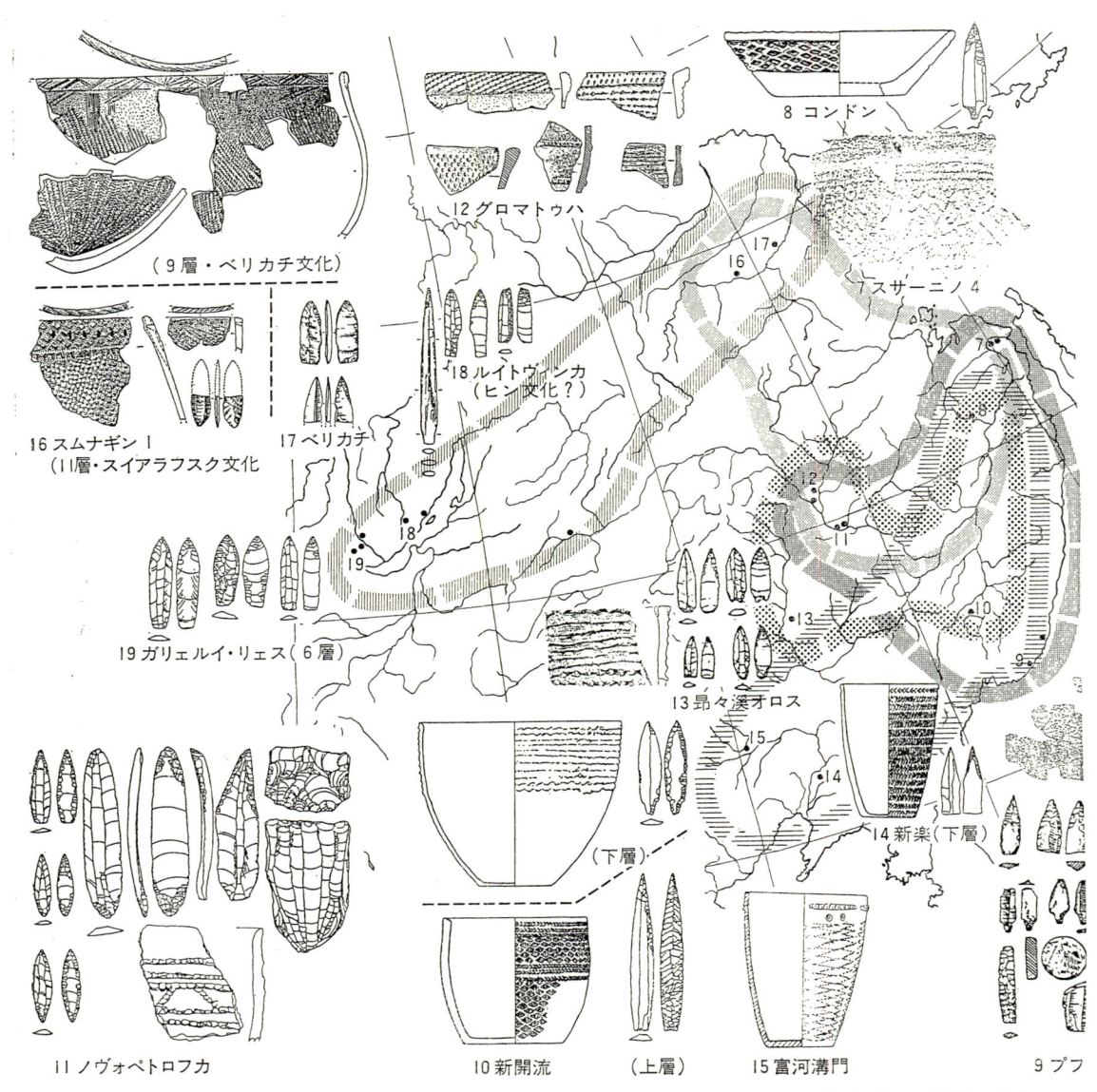

図1　東北アジアにおける「石刃鏃文化」の広がり（ブフスンを除き，完形土器約1/12，土器片約1/5，石器約1/3）

都合で詳述できなかったが，石器群（組合せ）や伴出土器の相違は，比較的単一の様相を示す北海道（含む南千島・サハリン南部）の石刃鏃文化と異なり，ひとまとまりの集団によって担われたものではないことを示唆している。土器のグループに象徴されるそれぞれの地域に自立性を保持したいくつかの集団の拡散と交流の反映と考えるのが妥当であろう。編年上の相互関係が今ひとつ不明な点もあるが，すべての要素が混在するアムール河下流域（含む沿海州）を中心として見た場合，周辺から中心へ展開するグループ（第1と第3，第4）と，逆に周辺に向けて展開するグループ（第2）とが

ある。北海道の石刃鏃文化も，当然ながらこうした動きの一端に位置する。石刃石器群の占める割合の高さから，比較的古いステージ，例えばノヴォペトロフカ（ないしスムナギン）文化段階に対比できるであろうし，女満別式土器はアムール編目文に，浦幌式土器はスィアラフスク前後の土器に関連があり，編年上，何型式かの期間を考慮せざるを得ない。

　ところで，先に紹介したスサーニノ4の土器は，菱形の長軸が縦に並び，しかも文様帯が上部に限られる。アムール編目文の中でも古期の特徴と考えるが，女満別式土器に共通する。また絡条

46

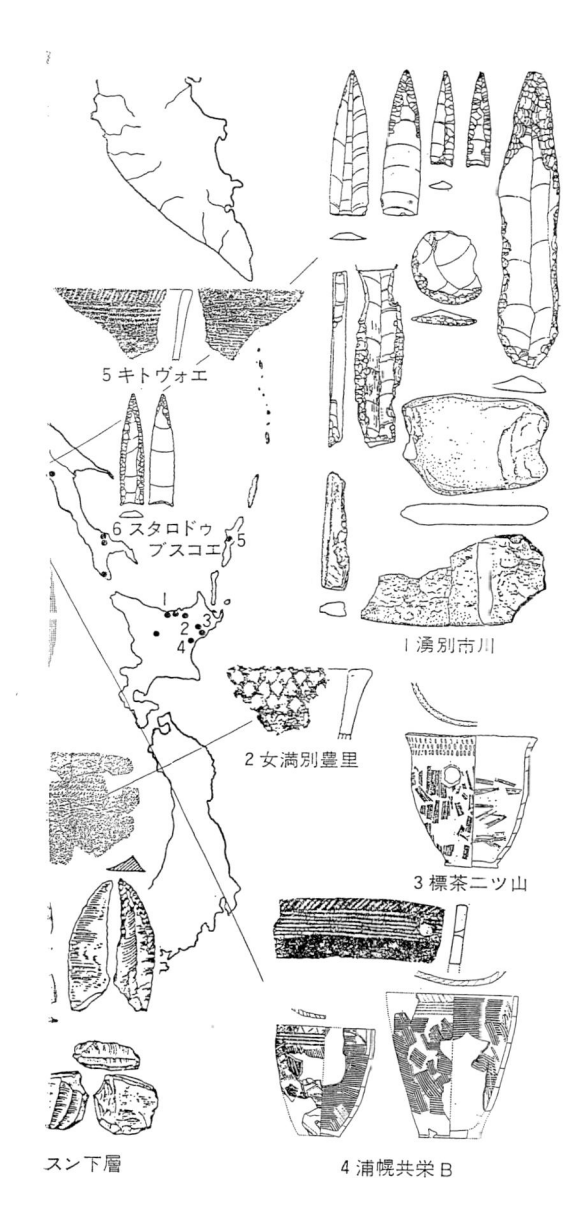

5 キトヴォエ

6 スタロドゥ
ブスコエ

1 湧別市川

2 女満別豊里

3 標茶二ツ山

スン下層

4 浦幌共栄 B

跡（含む絡条体圧痕文土器）にまで達している事実がある[13]からである。いずれにせよ，これらの東北アジアでの「石刃鏃文化」の展開は，交易を契機としたものであることが想像される。アムール河下流域は，このネットワークの要衝の役割を果たしていたに違いない。

註

1) 澤　四郎「釧路川流域の先史時代」『釧路川』釧路叢書第11巻，1969
　　木村英明「北海道先土器時代文化終焉に関する一理解」古代文化，19—2，1967
2) Chantsev O. A., Fetisov A. V. 'Nekotorye rezul'taty osmotra arkheologicheskikh pamyatonikov tsentral'noi chastiz apadnogo poberedz'ya o. Iturup.' "Issledovaniya po arkheologii Sakhalina i Kuril'skikh ostrovov."1989
3) Vasilevskii A. A. の教示による。
4) Derevyanko A. P., "Novopetorovskaya Kul'tura Srednego Amura.", 1970
5) 木村英明「石刃鏃文化について」『江上波夫教授古稀記念論集』考古・美術篇，1976
6) Okladnikov A. P., Derevyanko A. P., "Gromatkhinskaya kul'tura.", 1970
7) Okladnikov A. P. "Keramika drevnee poselenie Kondon.", 1984
8) 大貫良夫「昂々渓採集の遺物について」『東京大学文学部考古学研究室紀要』6，1987
9) 木村英明「ノヴォペトロフカ文化と北海道の石刃鏃文化」『日本人と文化の起源をたずねて』1987
　　Konopatskii A. K. 'Keramika epokhi neolita v pamyatnike Susanino-4' "Drevnyaya keramika Sibiri", 1990. なお拙著において，遺跡名をマラヤ・ガーヴァニとしたが誤りである。両者が至近の距離にあり，区別されていなかったことによるが，これをもって訂正としたい。また Konopatskii は，本資料をおよそコンドン文化とし，沿海州のチョルトヴァ・ヴォロータ（C14年代が，6555±45，6805±45）の年代に近いものとしている。
10) 黒龍江省文物工作隊（楊虎・譚英杰）「密山県新開流遺址」『考古学報』1979
11) Vetrov V. M. 'Keramika Ust'-Karengskoi kul'tury na Bitime' "Drevnee Zabaikal'e i ego kul'turnye svyazi" Irkutsk, 1985
12) Mochanov Iu. A. 'Osnovye etapy drevnei istorii Severo-vostochnoi Azii'"Beringiya v Kainozoe", 1976
13) Konopatskii A. K., Miliutin K. I. 'Shnurobaya keramika v neoliticheskikh Nidznego Amura'
なお，紙数の都合で，一部引用文献を省略した。

体圧痕文の同時施文は，女満別式土器にはみられないものの，北海道の共伴土器全体の性格を合わせ持つ特徴と言えよう。ちなみに，東北アジアでの第4グループ中の絡条体圧痕文土器を取り出すと，当初の展開とは逆転する動きを示す。あえて北海道の石刃鏃文化に一般的で，年代的にいくらか古く置かれる可能性をもつ浦幌式土器を介すると，北海道からサハリン・アムール下流域，アルダンへという大きな流れが浮かびあがってくる。もちろん即断できる状況にはない。しかし考慮に値する仮説であることは，北海道の黒曜石がサハリンやアムール河口に近いマラヤ・ガーヴァニ遺

縄文文化と大陸系文物

女子聖学院短期大学
■ 中山清隆
（なかやま・きよたか）

縄文文化が大陸文化に出会ったさいにとった態度はどうであったのか。縄文在来の伝統からながめてみよう

本稿では，縄文時代に，直接・間接にわが国に及んだ大陸製品もしくは，その影響と考えられてきたいくつかの考古資料について，再検討を試み，大陸の側の資料を横目でにらみながら，問題点などについて私見を述べてみたい。

1 山形県三崎山遺跡出土の青銅刀子
—青銅刀子の分布と系譜—

三崎山の青銅刀子は，大陸からの直接渡来を示すものとして注目されるが，わが国ではこれ以外に出土例がなく，「志賀島の金印」のごとく孤立的存在である。詳細は柏倉亮吉氏の報告（1961）に譲るが，検討にあたり，同氏の考察の域を出るものでもない。発見のさいの経緯を疑うむきもあるが，日本考古学協会々場での供覧等をへて，同地の出土であることはとりあえず承認されている。

ここでは，青銅刀子の系統や分布などを踏まえ，わが国にもたらされた背景などを大陸に探ってみたい

三崎山の青銅刀子は，柄の先端を環状につくり，内反りの形状をしめす。この種の青銅刀子は北方ユーラシアのアンドロノヴォ期に出現していたが，直接には，南シベリアのカラスク期のものに共通する特徴がみられ，セイマ文化やトゥルビノ文化にも同種の刀子があって分布の範囲は広い。中国殷代の遺跡でも出土例が多く，すでに二里頭期には出現している。本来匕首として使われたものと思われ，殷墟などでは多数出土する。周代以降も継続してみられ，削とも呼ばれるようになり，あるものは，明刀銭の祖型となったであろう。青銅刀子は中原のみならず，内蒙古や遼寧地方でも発見される。

遼寧式銅剣に代表される遼寧青銅器文化以前（おおよそ春秋以前），中原の殷青銅器文化が遼寧一帯に広がっていた。山湾子などの一括青銅器群は，商代の青銅礼器が拡散していたことを端的にしめす例である。前11世紀頃，召氏一族が河北に燕公として封ぜられたのを契機とみる説がある

が，やはり商の祭儀を受けいれる基盤があってのことだろう。

とくに遼寧省東部の撫順市望花遺跡出土の青銅刀子（「青銅環首刀」）は，安陽の殷墟，山西石楼出土のものと近似し，注目される。望花遺跡に代表される撫順地方の青銅器文化は，中原や夏家店下層文化と深い関わりをもつ土着系文化で，鼎などの三足器を主に壺・甕など廟後山文化類型と共通する点が多く，前二千年紀中頃に置かれる。族属問題に触れるなら，その文化の荷担者は史書にみえる東夷諸種族のうち貊（あるいは濊・穢）と呼ばれた系統の先祖（プロト貊）であろう（佟冬ほか1987）。彼らはのちに遼寧青銅器文化を担い，殷末周初の頃，朝鮮の西北地方に青銅器を齎らした公算が大きい。鴨緑江下流に近い朝鮮民主主義人民共和国平安北道新岩里遺跡（第2文化層）から青銅刀子が青銅釦とともに出土している。長さ18.6cmほどで柄部をつくり，環頭をもつ内湾ぎみの型式のものである。伴出土器のなかには遼東半島との関係を示すものがある。平安南道价川龍興里でも内湾刀子が出土しているが，伴出関係が明らかでない。新岩里のものは，夏家店下層から上層にかけての頃にあてられ，遼西から松花江流域にかけて分布する石棺墓の副葬品とも類似している。この頃半島南部では，まだ青銅器文化の洗礼を受けていなかった。

中国江南地方でも殷末周初の頃，印文軟陶などに伴って青銅刀子が発見されることがある。このように青銅の環頭刀子は，殷周代，カラスク文化，オルドス前期の諸文化にみられ，華中地区にも及んでいる。獣頭をもった刀子など，他の青銅製品と伴存することが多く，一器種単独で編年を組立ててもあまり意味がないのかもしれないが，基本的に二里崗期の青銅環頭刀子は，柄のある庖丁形をしめし，北方系の環頭をもつ内反りの青銅刀子の影響を受けて，小屯期の頃シナ風の環頭刀子が成立するものと考えられる（林澐1987）。春秋期以降，派生して削刀もしくは，戦国燕の明刀銭

へとうけつがれていくものと推察される。

三崎山の青銅刀子（全長26cm）は，環頭（欠失）を
もつ内反り形式で，柄と刃部の間に鋸歯文を，柄
に平行して一本の細隆起線が陽鋳で表現されてい
る。型式からみて殷墟小屯期以降のものといえ
る。遼寧から朝鮮北部に，広がった青銅器文化の
展開とともに，その飛沫が日本列島に及んだ具体
的な証拠物であり，鋳つぶされることなく，大切
に扱われたのであろう。その原郷を想定するため
にも鉛同位体比等による分析結果がまたれる。

2 「黒陶」―黒色磨研土器の問題

九州では縄文後期末になると，装飾文様として
の縄文は消え，黒色に研磨された光沢ある精製土
器が主体となってくる。土器を丁寧にミガいて仕
上げたうえで，燻して炭素分を沈着させ，最後に
空気を遮断して蒸し焼きにすると，黒色を呈する
ようになる。あたかも中国竜山文化に盛行する黒
陶（ロンシャン）の影響が九州に及んだ結果，在来の土器づくり
の伝統に変革をもたらしたかの印象を与え，1960
年代のはじめに，九州縄文晩期の黒色磨研土器の
成立に中国先史土器が深く関わったとする考えが
賀川光夫氏によって提起された。同じ頃，韓国でも
金元龍氏が，漢江岸の岩寺洞遺跡（アムサドン）で採集された
類似器形の黒色土器を紹介するや，竜山文化の亜
流とみなされた韓国岩寺洞の黒色土器，九州の大
石遺跡出土の黒川式土器が，点と線でつながり，
賀川氏の晩期農耕論も俄かにいきおいづいた観を
呈したが，乙益重隆，佐原眞氏らの批判もあり，
今日ではこの問題もあまり議論されなくなった。

岩寺洞出土の金元龍氏のいう"黒陶"浅鉢は，
黒川式のそれと器形は似るが，朝鮮全体の櫛目文
土器，無文土器をみても類品は見当らず，半島先
史土器の系譜や変遷の枠からはずれた孤立的なも
ので，保留すべき土器である。韓国でもその位置
づけの結論は出ていない。

竜山文化が直接に朝鮮の新石器土器に与える影
響は少なく，むしろ無文土器の後半にあらわれる
黒色磨研土器を黒陶と呼ぶ方があたる。韓国中南
部の大田槐亭洞（テジョンケチョンドン）出土の壺形土器はよく知られてい
るが，この種の黒陶系土器は，中国遼寧省東部か
ら吉林省にかけて分布する美松里型土器（ミソンリ）に由来す
る。公貴里（コンキリ），細竹里（セジュクリ），咸鏡北道一帯で時おりみら
れる黒色磨研土器もこの系流を汲むものであろ
う。しかしこの黒色磨研土器と九州の黒川式のそ

れとの対比は，あまり現実的ではない。

列島内では，縄文後期の堀之内式以後加曽利B
式頃の焼成法の変化にともなって，黒色磨研土器
が縄文在来の中から成立をみる。九州でも後期の
磨消縄文の磨り消す方法から土器の研磨が発達
し，三万田式（みまんだ）のある段階から黒色磨研土器が出現
し，以後晩期に盛行する。土偶，石棒，石剣，単
式釣針，切目石錘など東日本の縄文文化を構成す
る諸要素が九州に波及するのもこの頃である。

3 有脚土器と大陸の鬲

黒色磨研土器とともに賀川氏が，中国先史土器
の影響として挙げたのは，鬲底（れき）を模したとみられ
る有脚土器片である。先年，青森県今津遺跡（いまづ）で三
足そろった鬲状土器が発掘調査によって検出され
たので，あわせて俎上にのせてみたい。そのまえ
に中国の陶鬲（鬲形土器）について簡略に触れてお
くことにしよう。

陶鬲は，中原では，竜山早期（廟底溝第二期）（ミャオデイコウ）に
出現し，殷から西周初期の頃盛行するが，周中期
以降衰退してゆく。この間，内蒙古東部から遼寧
省に中心をもつ夏家店文化（上層・下層），吉林省一
帯の西団山文化（シドアンシャン）などの土着系文化にも鬲・鼎など
の三足器は受容され，遼東半島を含む中国東北地
区では，殷周の頃，鬲は土器群を構成する一器種
として，のちの甗が進出してくる頃まで使用され
た。華中の青蓮崗（チンリェンガン）・良渚（リアンジュ）文化は広義の竜山文化
に属するが，鬲も器種構成の一つとして広く分布
する（江南ではすでに稲作文化が石庖丁などと結びつい
て展開していたが，のちの湖熟文化は山東の岳石文化
とともに，朝鮮半島や日本の稲作農耕文化成立に少な
からず，関与したと思われる）。ところが，朝鮮では，
石庖丁などの生産・収穫具は竜山文化と一部共通
しながらも，基本的に鬲は受けいれていない。美
松里型土器の一部に伴う可能性はあるものの，と
くに南部朝鮮では鬲を欠くといってよい。

鬲の成形については，古くは三つの尖底袋状の
壺を組合せたものと考えられていたが，殷代の陶
鬲の多くは型づくりによった。縄や紐あるいは籠
目の痕跡は，型入れのさい粘土をしっかりしめあ
げる工夫の一つと考えられる。元来灰陶文化から
生まれたもので，縄蓆叩き文を施すのが普通でし
ばしば煤の付着がみられることから炊器とみてよ
い。中国独特の器形と考えられてきたが，モンゴ
ル，ザバイカル，コーカサス，イランなどに広く

分布し，遊牧民の革袋がヒントとなって生まれた
とする意見もある。

中国では裴文中（裴1947），蘇秉琦（蘇1948）氏ら
の陶鬲に関する研究があるが，蘇氏は陝西省宝鶏
闘鶏台の資料をもとに分類し，あわせて中国の分
布と変遷などを論じており，古い論文ではあるが
参考となる。

青森県今津遺跡出土の鬲形土器　今津の「鬲状
三足土器」には，中国陶鬲に通常みられる縄蓆叩
き文が施されていない。炊器として火を受けた跡
もなく，かえって雲形文と変形工字文を施し，器
面には赤色酸化鉄の塗布が認められるなど精製土
器と呼んでもよいもので，施文文様から大洞C$_2$式
—間違いなく亀ケ岡文化の所産である。したがっ
て，火の熱効率を考えた三足土器ではなく，祭祀
など特別な場合の用途が考えられる。

報告者の「足部の内面に微かに輪積痕が観察さ
れ，それぞれ独立して作られた後に胴部に接続し
たもの」という記述から判断すると，中国で一般
的な鬲のつくり方とは違うようである。形態から
みて，殷後期以降（前13c〜）の陶鬲に近いと思
われるが，上述の理由などから中国陶鬲の影響と
いうより亀ケ岡文化圏の在来文化から生まれたと
みることも可能で，以下その例をあげてみよう。

亀ケ岡文化は，土の造形としては世界に例をみ
ない土器文化で，多様な器種，器形，文様を生ん
だ。なかには異形土器と称すべき特殊なものを見
うける。青森県玉清水遺跡の二足土器，水筒形土
器，同長森遺跡の双胴形注口土器，同尾ノ上遺跡
の四足高杯など，創意工夫された造形が多い。玉
清水遺跡の水筒形土器は皮袋を模したものであろ
う。皮袋を模倣したと推定される土器，土製品は
列島はもちろん大陸でも知られている。なかには
皮の縫合せをリアルに表現したものさえある。

皮袋・皮製品の模倣は時・空を越えて生じうる現
象で，時代は降るが古墳時代の提瓶や中国遼代の
鶏冠壺はそのよい例である。土器以外に目をむけ
ると亀ケ岡文化の木器の中には，高杯形の精巧な
台付皿があって，中国江南のそれをほうふつさせ
るが，高杯形の土器はすでに縄文中期にあり（青森
県三内遺跡など），大陸の影響を考えなくてもよい。
「似たモノ」は，探せば世界各地にあるだろう。

鬲状の三足について，亀ケ岡文化に内在的要素
を求めるとすると，籃胎漆器の底部に袋足に近い
趣きで外に突出した形状があるし，遮光器土偶の

足や異形土器にも袋状の中空にしたものがあっ
て，今津の三足土器は，縄文在来の技術で十分製
作可能である。三足にこだわるから大陸系と思い
こんでしまうのである。たとえ大陸の陶鬲をモデ
ルに模倣したとしても，偶然渡来した搬入品をみ
ようみまねで亀ケ岡人が模倣した作品ということ
にすぎず，文化を構成する様式に三足土器が影響
を及ぼして，亀ケ岡式土器様式が一部変容したわ
けでもないのである。

九州の縄文〜弥生の移行期にみられるような社
会の構成要素の変化は，縄文時代全般を通じて人
とモノの往来があるていど恒常的な交流網を形成
した結果，高度な稲作の技術体系を受けいれる基
盤が彼我の間で整っていたからにほかならない。
土器の製作技術の変化（家根1987）や新しい墓制
（支石墓）の導入などは渡来人の存在をぬきには考
えられないことであろう。

土器にかぎれば，伝統的な縄文の土器づくりの
社会に，散発的な外来との接触によって，土器の
様式構造に変化をもたらすことなどありにくいこ
とである。まして，地理的にも遠く離れ，偶発的
で片務的な漂着としか考えられない中国あるいは
極東の鬲が，亀ケ岡文化の構成要素にとり入れら
れるというのも説得的ではない。亀ケ岡文化圏は
東北日本が世界に誇りうる縄文文化の華やかな工
芸品を生んだ保守的な土壌なのである。

亀ケ岡土器文化には，鬲以外の大陸系土器の器
種をはじめ，他の基本要素がみられないことも，
大陸との関連を説くには不利で，今津の「鬲状三
足土器」は，亀ケ岡系土器としては異質であるけ
れども，土器以外の皮器かあるいは他の有機質の
容器を模倣したものとみた方が自然であろう。

大分県秋葉遺跡出土の鬲底部　秋葉遺跡出土の
鬲底を模したとされる底部土器破片は，縄文晩期
の山ノ寺式土器とともに採集されたものらしい
（賀川1972）。砂礫を含む陶質のものといわれ，賀
川氏は，黒色磨研土器と共伴する大陸系の鬲底と
考えているようだ。この破片を梅原末治氏は復元
し（『日本古玉器雑攷』），九州各地の縄文後晩期土器
にみられる攻玉技術とあわせ，殷文化の影響と説
いた。

この破片について乙益重隆氏は，船元式，竹崎
式にみられる脚付土器の存在をあげ，後期の市来
式にもそれと推定しうるものがあることを指摘し
て，九州縄文の在来文化から生じうる可能性を示

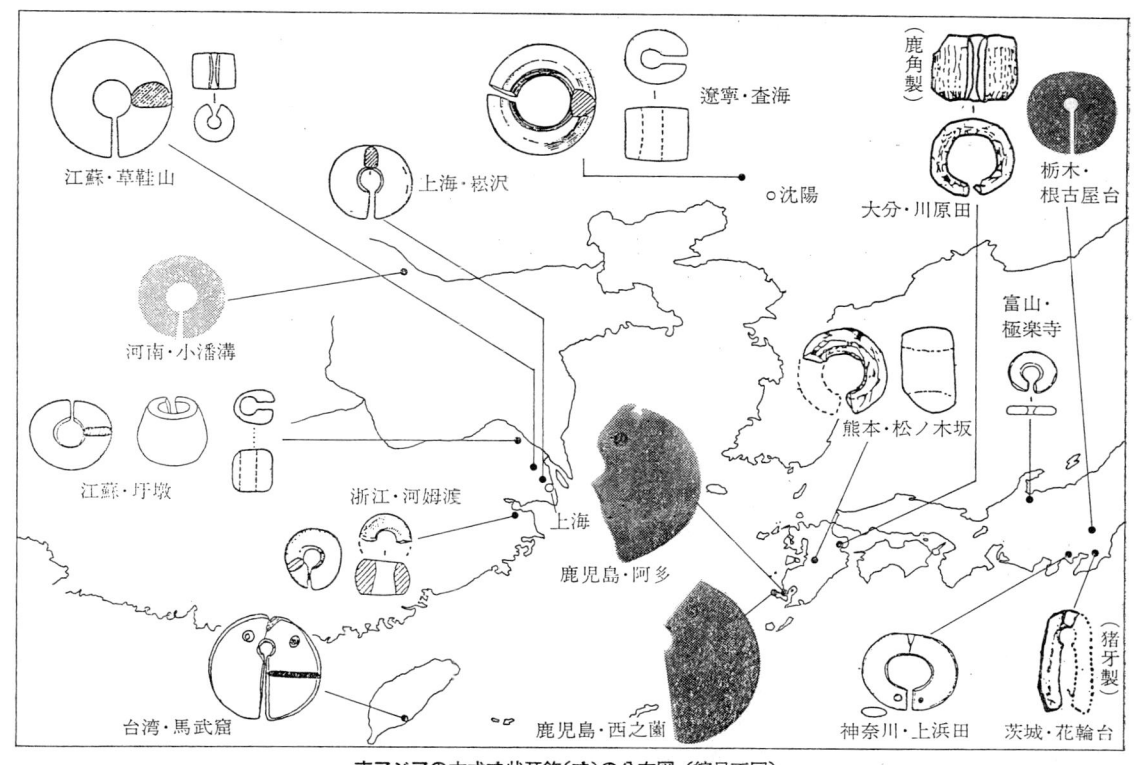

東アジアの古式玦状耳飾（玦）の分布図（縮尺不同）

唆した（乙益1967）。筆者も賛成である。賀川氏も秋葉以外の晩期の該当資料を提示したが，秋葉例のように袋状を呈するものではないようだ。

　秋葉の鬲形土器片を，賀川・梅原両氏とも中国の陶鬲の模倣品と考えたようであるが，その祖型（範型）となった搬入品としての陶鬲（あるいは鼎）は，まだ九州で確認されていない。

　中国の先史古代に一般的な陶鬲が，九州縄文後晩期の土器群の構成要素の一画を占めるとすればもっと随所に竜山〜殷代文化の基本要素があらわれてもよく，先進地帯の石器などを導入することはあっても種族・集団の異なる同士で，土器の要素が形態・機能面に反映することは土器づくりの保守性を考えるとき，ありにくいことであろう。中国大陸ではすでに江南の浙江省河姆渡文化や，山東の北辛文化に農耕の証拠が確認されており，その余波が縄文時代を通じて九州に及んでいたと思われるが，社会基盤や生業の違い，文化階梯の差などから，そのままの形で受容されることはなく，本格的な稲作農耕は，縄文晩期までまたねばならなかった。その直接の原郷は南部朝鮮であり，鬲を組合せにもつ農耕社会ではなかった。

　「他人の空似」ということがある。土器分類の

難しさの一面でもあるが，中国でも鬲など三足のうち一脚の破片が出た場合，鬲の一部なのか，尖底土器の底部なのか判断に躊躇するという。秋葉遺跡は弥生後期の大きな集落遺跡で，青銅鏃范の出土地としても知られている。同遺跡を含む大野川中・上流域には，器壁の厚い，重量感のある粗製の尖底に近い甕が在地の土器として存在する。これとの混同が万一ありはしないかと危惧される。表採品だけに気になることであり，実物にあたって整形，胎土など確認したい点である。

4　玦状耳飾の起源について

　玦状耳飾は，沖縄をのぞく日本列島のほぼ全域で縄文前期をピークに盛行する装身具の一つである。すでに早期からあり，最古の例は北海道浦幌町共栄B遺跡出土の破片2点であろうか。断面が偏平の，本州でいえば縄文前期後半のタイプをしめし，石刃鏃と浦幌式土器に伴ったものという（藤田1990）。東部シベリアから極東あたりからの渡来品かもしれない。古く鳥居龍蔵氏は，北部朝鮮の豆満江流域やハバロフスク博物館陳列の黒龍江畔出土の玦を指摘したことがあり（鳥居1923），最近では甲元眞之氏が，ザバイカル〜ヤクーチャに

日本の玦状耳飾に類似する骨製玦があることに注目している（甲元1987）。

本場の中国では，玦は殷周のころ，黄河流域の玉器文化に普遍的な文物であるが，新石器時代には，河南省小潘溝などの例をのぞいて稀で，むしろ長江下流の江南の諸遺跡では新石器時代の早期から存在し，その量も多く，日中の研究者が，日本の玦状耳飾の祖型を江南に求めるゆえんである。つぎに，華北・華中の玦を簡単にながめておこう。

長江下流の新石器文化には玦が広く分布している。最古の玦は，浙江省河姆渡遺跡第4層出土の玉玦4点であろう。河姆渡ではほかに3層と1層（崧沢文化）からも玉玦・石玦が数点出土している。つづく馬家浜文化に属する草鞋山，馬家浜，圩墩，北陰陽営，崧沢下層の諸遺跡でもまとまって出土しているが，崧沢文化，良渚文化期になると数も少なくなる。編年案が提示されないのは，型式的な変化が明瞭にあらわれないからであろう。江南地方以外の黄河流域や東南地区での玦資料は少ない。殷〜春秋戦国期には工芸的にもすぐれた玉器が登場し，殷墟婦好墓や上村嶺虢国墓などで優品をみることができる。江蘇省磨盤墩（崧沢〜良渚文化期）では，玦の未製品や攻玉に使われたと思われる穿孔用の石器が出土している。

最近，遼西地区の遼寧省阜新査海遺跡で新石器早期の玉玦が知られたのは特筆される。『中国文物報』（90．2．28付）によると玉玦は4点あり，白色に浅い緑斑をおびたもので，そのうち最大のものは，径が4cm，厚さが1cmという。写真でみると3点は肉厚の環状のもので厚みが径をこえ，筒形あるいは指貫に近い形状を示すものが1点ある。後者に類似したものは，江南の草鞋山9・8層や圩墩中層などにあり，馬家浜文化に属する。査海遺跡は，紅山文化に先だつ興隆窪類型まで遡る可能性がある（『遼海文物学刊』91―1）。

日本のばあい，縄文早期の玦状耳飾は，さきにあげた共栄B例のほかに，大分県川原田洞穴と茨城県花輪台貝塚などの例がある。川原田洞穴のものは，指貫形をした鹿角製で，芹沢長介氏が玦状耳飾の祖型としたものである（芹沢1965）。早期押型文土器に伴出した可能性がつよいというが，共伴関係が判然としない。西口陽一氏は茨城県興津貝塚における共伴事例からこれを前期後半のものとみている。しかし，賀川光夫氏は『大分県の考古学』（1971）ほかで，早期押型文期であることを

明記しており，それに従いたいと思う。なお，九州では熊本県松ノ木坂遺跡で滑石製の指貫形玦状耳飾が採集されており，前期の可能性がある。

花輪台貝塚のものは猪牙製玦状耳飾の半欠品で，型式的には前期末以降にあらわれるものである。玦状耳飾以外の骨角製品――たとえば結合釣針の軸部などとみることも無理で，やはり報告者（吉田格）の判断が妥当であろう。早期末から前期初頭になると，埼玉県打越遺跡，神奈川県上浜田遺跡，東京都比丘尼橋遺跡等で条痕文系土器に伴って肉厚環状の玦状耳飾が出現し，富山湾沿岸では攻玉遺跡も発見されている。藤田氏は大阪府国府，神奈川県上浜田遺跡などの玦状耳飾の装着法を中国東海岸のばあいと比較し，習俗的な関連があるとして，玦状耳飾の起源を中国江南に求め，その初期の製作地を富山湾一帯とみたが（藤田1989），そのさい，祖型と原型，つまりモデルとコピーが示されていないので，石製の玦の搬入品がどれなのか，はっきりしない。縄文前期段階で，中国からの直接渡来を示す遺物はほかに知られていないので，重要なポイントである。早期以来骨角製の玦状耳飾は前期以降，後期頃まで継続して使用されており，前期後半には土製の玦状耳飾が関東を中心に分布する（西川1973）。鹿児島県石坂遺跡ではアカホヤの下から土製耳栓が出土しているし，中国でも土製の玦をアンダーソンが紹介したことがある。こうした石製以外の耳飾との関係も明らかでなく，隣接する朝鮮で確実な玦の出土をみないことも問題として残るだろう。

玦状耳飾は出現当初から単純な形態ではなく，材質も石以外のものが存在していた。起源地も一地域に絞ることは難しく，複眼的に内外に目をむけておくべきで，まして，中国江南と富山湾との関係を問題にするには，中間地域の距離がありすぎ，これを直線で結ぶには別の操作が必要であろう。藤田氏は，海人集団による海浜的文化としているが，それならば本場である北部九州でもっと攻玉遺跡がみつかってもよい。原石の産地はあるのだから。九州でも前期前半の轟式に確実に伴う玦状耳飾が4点ほどあるが，すべて鹿児島県の例である。材質もまちまちで，いずれも扁平なもので，形態も一様でない（上田1981）。長崎県姫神社貝塚で良質の玦状耳飾が出土しているようであるが，未報告である。

※紙幅の関係上，引用・参考文献，註等は省いた。

中国の先史土偶

■ 松浦 宥一郎
東京国立博物館

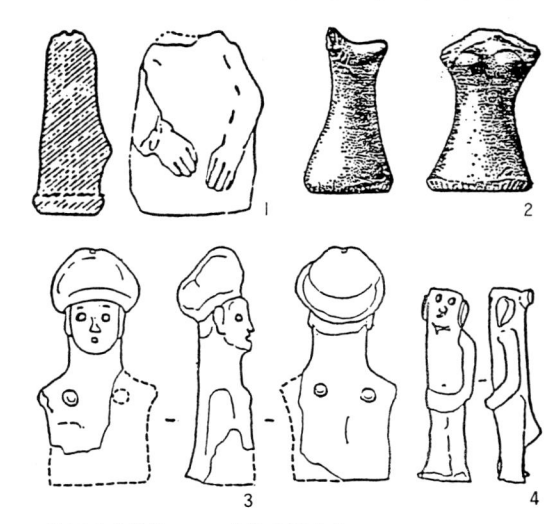

1 陝西省北首嶺　　2 赤峰市西水泉
3 陝西省鄧家庄　　4 河南省不召寨

中国先史時代における人像は彩文陶上の絵画として描かれたり，壺を人体に見たてた人頭壺として表現される。また，「陶人像」，「陶塑人像」，「人形陶塑」，「人形塑像」「雕（彫）塑人像」等々と称される素焼きの彫像，すなわち「土偶」としても存在する。しかしながら，後者の土偶は典型的な仰韶文化や竜山文化においてはその類例は少なく，あまり発達した様子が認められない。西アジアや，同じアジアの東縁に位置するわが国の縄文時代に盛行した土偶は中国では本来作られなかったとみるべきである。したがって，わが国の縄文土偶のように時期によって一定の様式をなすといった状況はみられない。散発的に発見された資料を集成してみても，形態的・型式的類似性を求めることはできないのである。

強いて日本の縄文土偶に形態的に近い資料を挙げれば，現状では以下に紹介する程度の資料しか存在しないと思われる。

①陝西省宝鶏市北首嶺遺跡出土品

下層文化（仰韶文化半坡類型）期の灰坑（袋状土壙）内の堆積土層中より出土したもの。大きさなどの詳細は不明。胴下半を製作しない上半身像であるが，頭部を欠損。腹部に置かれた両手とも沈刻によって指を表現。やや肉厚であるが板状を呈する。^{14}C では B. P. 5750〜7100 という年代が出され，最古の資料となっている。

②陝西省臨潼県鄧家庄遺跡出土品

1期文化（仰韶文化廟底溝類型）層中より出土。胸の一部が残存する上半部のみの半欠品。両腕のない上半身像と推定される。現存高は6.4cm。長野県棚畑遺跡出土の縄文土偶のように頭に円帽を被り，両髪を耳までたらし，顔に目・鼻・口の表現がある。また胸と背中に2個乳房を表わす小突起が見られる女性像である。

③内蒙古自治区赤峰市西水泉遺跡出土品

紅山文化の遺跡より出土したもの。仰韶文化後崗類型に相当する時期で，^{14}C で B. P. 5500 という年代が出されている。頭部を欠損する上半身像で，その現存高は3.8cmである。肩の表現はあるが，両腕はない。胸に2個の突起があり，乳房を表現している。下端部は臀部を肥厚させ，その裾部に線刻をめぐらしている。女神像と推定されている。肉厚で板状ではないが縄文の板状土偶に近い表現のものである。

以上のほかに詳細は不明であるが，河南省澠池県不召寨遺跡出土の全身土偶があり，また遼寧省喀左東山嘴遺跡では紅山文化晩期の祭祀遺跡と推定される石壁のある

方形基壇の建物跡が発見されており，その周囲の土層中より20数点の全身像の残欠品が出土している。後者の破片はすべて肢体部分だけで，頭部は発見されていない。これらは小型の妊婦像と大型の女神像とに分類される。前者は両肢，隆起した腹部，肥大した臀部などの破片で残高約6cmほどのものである。後者は人の約½の大きさに作られたものと推定され，約22×12〜18cmほどの中空の破片となっている。今から約5500年前頃のものと考えられる。

なお，浙江省余姚県河姆渡遺跡の約5000年前の層から人頭部だけの彫像が発見されているが，甘粛省ではこの発見例が非常に多く特色ともなっている。山東省濰坊県姚官庄遺跡や陝西省扶風県姜西村では人面を表現した土面，甘粛省玉門市では人形の土製容器（土偶形容器ないし容器形土偶），湖北省荊州天門からは象形や兎形などの動物形土製品（動物土偶）が発見されている点が注目される。

このように中国新石器時代の土偶例は少ないが，半身像と全身像とがあり，故意に頭部を欠いたと思われるものが認められる。また妊婦を表現したもの，女神を表現したものがあり，その用途を推察することができる。人頭像を土偶と見看すか否かは別にして，意図的に作られ，盛行した様子が窺われる。土偶の分布の特徴としては陝西省以北，しかも紅山文化期の遺跡に多く，稲作農耕地帯にはほとんど見られないのである。なお，中国の先史土偶の出現とその発達についてたどることは現状では不可能であろう。

日韓の文物交流

熊本県教育委員会
■ 島 津 義 昭
（しまづ・よしあき）

縄文時代を通じて朝鮮半島南部と九州の間には交流の路がつくられてきたが，それは土器や骨角器，石器，土偶などに認められる

朝鮮半島は日本列島に最も近い大陸である。この地の先史時代については，両国の近代における非正常な関係から，注目されることが少なかった。すなわち，考古学研究の主テーマは文献，とりわけ日本列島に残る古文献上の出来事を彼の地で探す，という偏ったものであり，三国時代の墳墓研究が調査の主流を占めてきた。先史時代の研究は光復後，初めて目的意識的に実施されるようになった。歩みはけっして早くない。しかし，確実である。近年の両地域間の先史時代の研究の成果を整理し，文物の交流と，その背景について考えてみたい[1]。

1　土器の分布

朝鮮有文土器と縄文土器の関係については，古くから諸説が提出されている[2]。釜山市東三洞貝塚を発掘した横山将三郎は，出土遺物の朝鮮半島での位置づけを行なうとともに，石鋸を長崎県五島のものと関連ありとしたが，「九州文化群」とは系統関係がないとした。及川民次郎は，隆起文土器が南九州の縄文土器の影響を受けている可能性を指摘した。

熊本県曽畑貝塚をいち早く学界に紹介した中山平次郎は，曽畑式の「細形刻紋」が朝鮮半島や南島の土器と関連するとしている[2]。また小林久雄も轟式と東三洞貝塚土器・瀛仙町（瀛仙洞）貝塚土器との類縁を指摘した。藤田亮策は櫛目文土器の九州への波及を想定した。この間の議論は，もっぱら関係の有無が注目され，その内実については，東三洞貝塚の様相が，沿海州から朝鮮半島に沿い南下するリマン海流が文化のルートと考えられる，と横山将三郎が言及したのみである。

朝鮮半島の有紋の土器には，隆起文土器と櫛目文土器があることは古くから知られていた。近年の編年研究は，小地域ごとに前後関係を探り，そののち総合するという，緻密な議論が展開されている。日本列島に近い韓国慶尚道（嶺南地方）にあっても調査・研究の進展により，隆起文土器から櫛目文土器への変遷が型式学的整合性をもって辿れるようになりつつある[3]。嶺南地方では隆起文土器である瀛仙洞式に，区画文様・全面施文の土器（典型櫛目文土器）が影響を与え，最古の櫛目文土器である水佳里式土器が成立する。九州にあっては野口タイプの土器が影響を受け，曽畑式土器が西北九州で成立したとみられる[4]。朝鮮半島南部の隆起文土器の発生と系譜について諸説がある。大別すれば，隆起文土器の系譜について，①日本列島の草創期との関連でみる説，②轟式との関連でみる説，③中国東北との関連でみる説，④独自に発生したとみる説，などがあり，①は北上伝播説，②③は南下伝播説といい換えることができる[5]。

曽畑式土器は日本列島の土器のなかでは，最も分布の範囲が広い土器群のひとつで，北は朝鮮半島の南端から，南は沖縄本島まで広がり，分布距離は南北950kmに及ぶ。このことは，後述するとおり，朝鮮半島南部の石器時代人と曽畑人の生活が，海との強い繋がりを持っていることを示している。

彼我の中間に位置する長崎県対馬では，縄文土器とともに朝鮮半島の有文土器が出土することは知られていたが，近年西九州での資料が整理され，大まかな分布域がわかってきた[6]。対馬越高・越高尾崎では隆起文土器と轟式，夫婦石遺跡，ヌカシ遺跡，佐賀貝塚では櫛目文土器が出土。九州島では，古くから有名な佐賀県西唐津海底のほか，佐賀県，長崎県の10数ヵ所から出土している（表・図参照）。東は博多湾の西に位置する福岡市桑原飛櫛貝塚，南は長崎県脇岬遺跡での出土が知られている。逆に，九州島の土器は，慶尚南道烟台島貝塚・上老大島貝塚で轟式，釜山市東三洞貝塚で曽畑式，阿高式系，鐘ヶ崎式，新岩里遺跡で阿高式土器が出土しており，両地域の強い結びつきを示している。朝鮮半島の出土例は九州島での発見に比べて少ないが，今後，類例の増加と分布範囲の拡大が予想される。木村幾多郎による

表　韓国有文土器系土器・類似土器の出土地一覧（木村幾多郎作成）

遺跡名＼韓国有文土器＼縄文土器	早期 隆起文 I	II	III	前期 刺突・押引文 I	II	中期 水佳里I 初	前	中	後	後期 水佳里II	晩期 水佳里III
越高遺跡	●	●	●								
越高尾崎遺跡		●	●					●			
夫婦石遺跡					●	●	●				
佐賀貝塚								●			
ヌカシ遺跡										●	
松崎遺跡			○	△		●					
つぐめのはな遺跡		△		△							
姫神社遺跡				△							
伊木力遺跡			△								
深堀遺跡			△	○							
脇岬遺跡				○							
白蛇山岩陰遺跡			△								
盗人岩遺跡					△						
赤松海岸遺跡	○	●					○				
小川島遺跡											●
西唐津海底遺跡			△	○		△					
菜畑遺跡				○							
天神山貝塚			△							△	
桑原飛櫛貝塚										△	

● 搬入土器　○ 韓国系土器　△ 韓国系土器類似土器

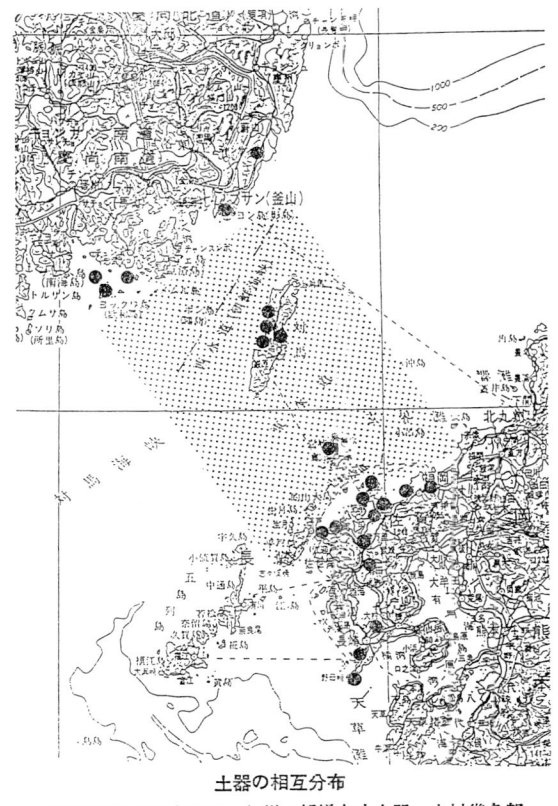

土器の相互分布

（朝鮮半島の縄文土器・九州の朝鮮有文土器，木村幾多郎原図）

と，日本列島で出土する朝鮮半島の有文土器は，①搬入土器，②韓国系土器，③韓国系土器類似土器に分類できるという。各類の分布範囲は朝鮮半島からの距離に比例し，①→②・③の順に分布範囲が拡大している。これは，朝鮮半島との関係において，直接交流地と二次交流地があったことを反映しているとみることができる。直接交流地は朝鮮半島の南部から対馬・壱岐を経て，壱岐水道に面する佐賀県東松浦半島，松浦湾一帯，二次交流地は北松浦半島を西に越え，南下して長崎半島に達している。出土地は2カ所の洞窟遺跡を除いて海岸であることから，船を使用する生活が想定できる。事実，長崎県西彼杵半島の基部，大村湾の南奥に位置する伊木力遺跡では，轟・曽畑式の層から，センダンで作った丸木舟の底部が出土している。残長6.5m，幅0.75mで5〜6人乗ることのできる大型の舟である[7]。

　なお，近年九州島では，南九州を中心として，壺形土器が早期の段階で出現していることがわかってきた。日本列島の他地域とは異なる様相である。いち早く，壺の出現をみる中国大陸・朝鮮半島との関係は未知であるが、注目すべき事実である[8]。

2 骨角器・石器の分布

北九州の玄界灘および中九州の東シナ海沿岸には、独自の骨角器が分布する[9]。釣針においては「西北九州型結合釣針」とよばれる、軸部と針部を別造りし、組み合わせて用いる長さ7cm以上の極大型の釣針で、軸部は鹿骨、針部はイノシシの牙を使用する。佐賀県菜畑遺跡で曽畑式に伴うのを上限として、弥生前期まで17点が出土している。弥生中期には中国・四国地方まで広がる。一方、朝鮮半島でも隆起文・櫛目文土器時代の遺跡から「鰲山里型（オサンニ）」とよぶ石製軸部を持つ結合釣針が出土している。韓国江原道鰲山里遺跡では47点の頁岩製の軸部が出土している（口絵参照）ほか、釜山市東三洞貝塚では16点以上の骨製針部と1点の頁岩製軸、慶尚南道上老大島貝塚では6点の軸部、慶尚南道欲知島（ヨクチド）では軸と針部が1点ずつ出土している。韓国での釣針の軸と針部の接合法は、磨いた平坦面を面合わせにして緊縛するのに対し、西北九州型結合釣針では軸の下に針を重ね繋ぐという違いはあるが、両者に強い関連があるのは間違いない。出現時期についてみると、鰲山里遺跡の年代は曽畑式より古く、西北九州型の祖形を朝鮮半島とみることが出来よう。また「西北九州型離頭銛頭」は開窩式回転銛頭で、シカ中手・中足骨を利用して製作されており、九州ではほぼ「西北九州型釣針」と同様の分布をしめすが、韓国にあっては欲知島で出土している（口絵参照）。

石銛は単独で用いるのではなく、組合せの道具であることは古くから推定されていた。その用途については鎌の刃であるなどの説もあったが、出土場所が海岸部の遺跡であることや、鹿角製の回転式離頭銛の先端に石鏃を装着したものがあることなどから、銛と考えられる。石銛の出土地は九州では52カ所がしられているが、すべて西北九州の海岸に分布する。また石銛とともに石鏃形や槍形の銛頭とみられる石器が出土する[10]。黒曜石とサヌカイトがあり、前者は薄く良く加工されているものがある。出土場所は、ほぼ石銛の分布と重なるが、南下し薩摩半島の西海岸の遺跡からも出土している。長崎県つぐめのはな遺跡からは200点以上が出土しており、盛んに使われたことを示している。出土地の立地をみると、海を望む丘陵端に遺跡があることが多い。このような立地は他の遺跡にも共通する。漁撈活動の基地としては恰好の場所である。阿高式期を主体として後期に続く。

石鋸は朝鮮半島の南端部、結合釣針の出土している東三洞貝塚（口絵参照）および上老大島貝塚でも出土している。さらに北上して咸鏡北道雄基貝塚、油坂（ノンポドン）（農圃洞）貝塚、アムール川流域、ザ・バイカル周辺地区からも発見されている[11]。これらが、一系列であるかどうかはよくわからないが、朝鮮半島南部のものは西北九州と関連があるとみられる。石鋸と石銛は素材の石質に相違が見られる。前者には黒曜石が多く、後者はサヌカイトが多い。組合せ道具である石鋸には、薄く剝離し、同大のものを数多く作り出せる黒曜石が適当であるし、単独で使う銛にはサヌカイトが適合している。石鋸はサメ類などの大型魚類を対象とし、石銛はクジラ・イルカ・アシカなどの海獣を対象としていたと考えられる。

さらに石鋸・石銛の分布する地域に重なるように礫を両面から打欠き、尖頭部を1カ所作り出したものと、中央部が凹み両側に尖頭を持つ特殊な礫器がみられる[12]。およそ60数カ所のうち、大半は貝塚からの出土であり、貝の捕獲・処理と関連がある石器とみられる。アワビやカキの捕獲・調理用具とみられるが、具体的な使用法はよくわかっていない。轟・曽畑式土器の時期から弥生時代後期まで使用された。

また、玄武岩で直角三角形状に整形し、その底部に刃を持つ、漁獲物の処理用具とみられるスクレイパーも、石鋸・石銛の分布と重なる[13]。

このような、結合釣針、骨銛、石鋸、石銛、特有の礫器・スクレイパーの分布は、縄文前期から弥生時代までみられ、西北九州地域の特徴となっている。これらの漁具とそれに付随する文化は「西北九州型漁撈文化」[14]とよべるものである。この文化は玄海灘を挟み、朝鮮半島南部も共通の文化圏としていた。

石器の原材料である、黒曜石の問題についてふれておこう。朝鮮半島での分布は西谷正によれば74カ所である[15]。大きく見れば、朝鮮半島の東北部、中央部、南岸部にわかれる。

東三洞貝塚のものは佐賀県腰岳産の可能性が高く水佳里貝塚のものは腰岳産であることが判明している。欲知島貝塚出土の石鏃も肉眼観察の印象では腰岳産と思われた。しかし、中央部東海岸に位置する、江原道鰲山里遺跡のものは分析の結

果，白頭山産であった。南部地域では腰岳産のものが広く使われている可能性は高い。

3 貝面と土偶

生産用具の同一性は，イデオロギー面にも共通のものを生み出している。熊本県阿高貝塚，同黒橋貝塚ではイタボガキに目，口を穿った貝面が出土，東三洞貝塚ではホタテガイの貝面が出土した（口絵参照）[16]。貝面の具体的な使用法は明らかにしえないが，貝を用いる点での共通性は，偶然ではなく，共通の儀礼があったとみたい。

長崎県宮下貝塚からイノシシ形土製品の頭部側の半分が出土し，韓国慶尚南道欲知島でも水佳里Ⅰ期の2個のイノシシ形土製品が出土している（口絵参照）[17]。このような，ミニチュアのイノシシ形土製品の出土は東日本や中国東北地方にもみられるが，それぞれの地域がもつ表現上の共通性がある。宮下例と欲知島例は非装飾で具象性の少ない点で共通である。豊饒を祈る形代であろう。

4 文物交流の背景

日本列島西北部と朝鮮半島南部の類似・同一資料の分布は，どのような人間活動の結果であろうか。漁撈文化にみるように，同一技術をもつ集団が両地域にいたのは間違いないが，両集団の関係はどのようなものであっただろうか。この問題を考えるために両地の生産基盤について考えてみたい。まず調査の多い九州島の例から述べる。

広域に分布する曽畑式の生活は，標式遺跡の熊本県曽畑貝塚の発掘調査によって，その実態がわかってきた[18]。ここでは平面形が楕円あるいは円形をなす，62基の貯蔵穴が調査されたが，後・晩期とみられる4基を除いて，曽畑期のものである。大きい貯蔵穴は150cm，小さいものは70cm前後と復元される。底にはドングリや編み物が残っていた。ドングリは大部分が，そのまま食べることの出来るイチイガシであるが，1基のみはアク抜きを必要とするクヌギ・アベマキが出土した。また，貯蔵穴の側からギボシ（擬宝珠）型のヒョウタンが完全な形で出土した。栽培されていた可能性が高いとされている。貯蔵穴とみられる層から植物茎を数10本束ねた直径10cmと23cmの輪が出土しており，頭上運搬に用いる敷物ではないか，と考えられる。このように曽畑期の生活は伝統的な植物食料採集生活のうえに築かれているこ

とに注意しておきたい。漁撈活動は，植物食料採集活動の片面の姿であるが，生活の主力は後者である。このような生活は，中期から後期前半にも引き継がれている。この期にも植物性食料獲得活動を示す遺構は多く発見されている。長崎県中島では貯蔵穴を12確認した。カシの実が出土している。佐賀県西有田の中〜後期初頭の21基の貯蔵穴は，大型が長径250cm，標準的なもの150cm，深さは最深120cm，平均70cmで，明らかに前期の曽畑期より，大型化している。素掘りの穴に粘土を張っているものや，貯蔵穴のうえに簡単な小屋を設けているものもあり，貯蔵法の充実と進歩をみることができる[19]。

一方，中期，阿高式および土器型式上それを引き継ぐ後期，南福寺式，出水式の海に対する働きかけは相変わらず盛んである。それをよく示すのはこの期の深鉢形土器の土器底部にみられる鯨の脊椎骨の圧痕である[20]。鯨の脊椎骨を土器製作台として作られた土器は，有明海の周辺をはじめ西北九州で多く発見されている。土器のほかに，実際に鯨骨や，それを利用した骨製品も出土している。捕鯨がなされたと考えられる。鯨骨の出土は朝鮮半島にも例があり，東三洞貝塚では大量に出土している。玄海灘に面する，五島列島，平戸，生月，壱岐，対馬，呼子，小川島，越前大島などには鯨場が多く，近年まで，鯨猟が盛んであった。回遊するヒゲ鯨類を多く捕獲していたと思われる。

朝鮮半島における石器時代の生業を具体的に示す遺物として，慶尚南道陜川郡鳳渓里出土の植物遺体は重要である（本誌p.86〜88参照）。後期，鳳渓里Ⅲ期に属する第9号住居跡から出土したもので，オニグルミとコナラ属のドングリが出土している[21]。処理方法の違いはあるものの，両地域とも植物性食料の主力にドングリが選択されている可能性が高い。今後，朝鮮半島での植物採集活動を示す資料の増加が期待される。

朝鮮半島の島嶼域の代表的な貝塚である上老大島貝塚の生産形態の分析を行なった広瀬雄一によると，島の生活はA〜Cの3タイプに分類できるという[22]。Aは短期使用。集団の一部が移動してきて，釣り，採貝などの基地や避難地として使用される。Bは季節的に集落単位の移住を繰り返すもの。Cは生産の基盤を島においた，集団の定着生活。上老大島の場合，前期前半の隆起文土器の段

階はA〜Bタイプ，後期はB〜Cタイプと考えられる。このような，生活形態の分類は上老大島ばかりでなく，南海岸の島嶼部の貝塚に当てはめることができる[23]。埋葬人骨が発見された山登貝塚（サンドン），烟台島烟谷里（ヨンデド ヨンゴンニ）貝塚などは，典型的なCタイプであろう。

　朝鮮半島の南部の島嶼域は、北上する対馬海流と南下するリマン海流が錯綜する，魚影の濃い水域である。朝鮮半島と九州島の石器時代人の最初の接触は，魚場を共通とする漁撈活動のうちに行なわれたと考えられる。このような経験は相互の技術の交流に発展し，さらには不足する資源の獲得が海を越えて行なわれるようになった，と考えられる。佐賀県腰岳の黒曜石は九州島の産物のなかで最も求められたものである。

　近年，九州島近隣に生息しないホタテガイが九州島の貝塚で出土することがわかってきた。今日では，北緯38度付近から北の東海岸で産出するが，東三洞貝塚では多く出土し，九州島では熊本県轟貝塚で出土している。この事実に注目した江坂輝彌は，朝鮮半島からの移入を考えた[24]。

　考古学資料が両地域に共通分布する現象の背景には，交易によって分布する場合と，人が直接往来し，その結果として分布する場合がある。対馬佐賀貝塚のキバノロ製品は前者，黒曜石やホタテガイは後者だと考える。縄文時代をつうじて，朝鮮半島南部と九州島の間には「交流の路」がつくられてきたとみることができる。弥生文化の形成には，その存在が前提となっていたのであろう。

註

1)　任孝宰「新石器時代」『韓国の考古学』1989，金元龍『韓国考古学概説』（第3版），国立中央博物館編『国立中央博物館』（展示解説）1986，などで，最新の韓国の新石器時代についての概要を知ることができる。任孝宰「新石器時代の韓・日文化交流」韓国史論，16，1986，は石器時代の交流をテーマにしている。

2)　中山平次郎「肥後国宇土郡花園村岩古曽字曽畑貝塚の土器」考古学雑誌，8−5，1918
　　及川民次郎「南朝鮮牧ノ島東三洞貝塚」考古学，5−4，1931
　　横山将三郎「釜山府絶影島東三洞貝塚報告」史前学雑誌，5−4，1933

3)　韓永熙「地域的比較」韓国の考古学，1・下，1983
　　任孝宰「土器の地域的変遷過程」韓国の考古学，1・下，1983
　　宮本一夫「朝鮮有文土器の編年と地域性」朝鮮学報，12，1986
　　小原哲「朝鮮櫛目文土器の変遷」『東アジアの考古と歴史』上，1987
　　木村幾多郎「曽畑式土器様式」縄文土器大観，1，1988
　　広瀬雄一「韓国嶺南地方櫛目文土器前期の土器変遷」『考古学の世界』1989
　　広瀬雄一「韓国南部地方櫛目文後期の変遷」九州考古学，63，1989

4)　水ノ江和同「曽畑式土器の出現」古代学研究，117，1989

5)　広瀬雄一「韓国隆起文土器の系譜と年代」異貌，12，1986

6)　木村幾多郎「日本出土の韓国系土器と縄文時代」九州文化史研究施設研究発表要旨，1990

7)　同志社大学考古学研究室編『伊木力遺跡』1986

8)　新東晃一「縄文早期の壺形土器」南九州縄文通信，5，1991

9)　田中良之「縄文時代西北九州の離頭銛頭について」フロンテイア，1，1978
　　雨宮瑞生「先史時代環東中国海諸地域における骨角牙製漁撈具」物質文化，48，1987
　　渡辺誠「西北九州の縄文時代漁撈文化」列島の文化史，2，1988

10)　山崎純男「西北九州漁撈文化の特性」季刊考古学，25，1988
　　橘昌信「石銛」史学論叢，10，1989

11)　甲元眞之「先史時代の対外交流」日本の社会史，1，1987

12)　安楽勉『堂崎遺跡』1982

13)　横山順・田中良之「壱岐・鎌崎海岸遺跡について」九州考古学，54，1989

14)　渡辺誠『縄文時代の漁撈』1973

15)　西谷正「朝鮮半島の黒曜石について」『賀川光夫先生還暦記念論集』1982

16)　黒橋貝塚は熊本県教育委員会・野田拓治の御教示による。

17)　国立晋州博物館・統営郡『欲知島』1989

18)　江本直編『曽畑』熊本県教育委員会，1988

19)　森醇一朗「縄文中期〜後期の貯蔵穴の一例」考古学ジャーナル，170，1979

20)　三島格「鯨の脊椎骨を利用せる土器製作台について」古代学，10−1，1961

21)　渡辺誠「鳳溪里遺跡出土の植物遺体」考古学歴史学志，5・6合号，1990

22)　広瀬雄一「韓国離島域の生産活動の諸問題」考古学の世界，5，1986

23)　木村幾多郎「韓日石器時代研究者の交流」Museum Kyushu，35，1990，では島嶼域の貝塚の踏査記録を詳しく紹介して，貝塚の概要を知ることができる。

24)　江坂輝彌「朝鮮半島と西九州地方の先史・原史時代における交易と文化交流」松坂大学紀要，4，1986

貝輪と埋葬人骨

■ 木 村 幾 多 郎
大分市歴史資料館

いわゆる装身具としての二枚貝製貝輪は，日本列島内縄文時代遺跡（主に西日本）に，普遍的に出土している遺物である。それらのほとんどは包含層中に完形または破片として出土し，装身具として考古学的状況を示す例（埋葬人骨に着装された状態で出土）は，貝輪出土点数からすればわずかでしかない。

北部九州の縄文時代貝塚出土例を観察すると，丁寧に研磨された貝輪のほとんどは破片として出土しており，着装例および完形品として残存している貝輪には，内孔面を丁寧に打ち欠いただけのものや未製品が多く，生前着装していた貝輪と，埋葬にあたって着装した貝輪とは異なっていた可能性が高い。また縄文・弥生時代とも貝輪はそれぞれの年齢に応じた大きさの貝輪を着装し，一定の年齢に着装したまま一生着装を続けるものでもなく，必要に応じて脱着できるものである。

縄文時代における貝輪の着装は，基本的に性差の表現であると思われ，着装埋葬人骨は女性がほとんどを占める。数少ない男性人骨の場合も，山鹿貝塚例[1] などからしても女性的性格を付与された男性と推定される。さらに，着装部位は左右前腕に認められるが，左側のみや左側が数量的に多い例が多く，左側に着装することに意味があったと考えられる[2]。

弥生時代になると，引き続き二枚貝製貝輪が一部残存するとともに，主に北部九州地方では，新しい貝輪の素材を入手すると，縄文時代以来貝輪着装風習のあった女性は，主にイモガイ横切型の貝輪を左手に数個着装し，古墳時代までこの風習が続くことが確認されている。縄文時代，原則として貝輪を着装することのなかった男性は，ゴホウラガイ製貝輪を主に男性としての右手に着装するようになるが，古墳時代にはわずかに残存するにすぎない。

1 韓半島における貝輪

さて，日本列島内において以上のような性格の認められる貝輪は，韓半島では解放前には数遺跡で出土が知られていたにすぎない。解放後新石器時代の調査も進んでいるが，そう類例が増加しているとはいえず，韓半島新石器文化の中で主体的な位置を占めていたとは考え難い。出土遺跡は，韓半島南部海岸地域と北部豆満江流域周辺に，地域的に極めて限られた分布を示している（図2）。ただ韓半島内陸部丹陽島潭里地区遺跡[3] から 5 個

のベンケイガイ製貝輪（いずれも半欠）が出土しており，分布域を広げるものとして注目される。

貝輪の素材は，日本列島内と同じくベンケイガイが多く，アカガイ・タマキガイ・サルボウなどがあり，腹足綱ではマツバガイ・ユキノカサなどが報告されている。

2 貝輪と埋葬人骨

韓半島中部以南における埋葬人骨発掘例として，校洞遺跡（キョドン）・厚浦里遺跡（フポリ）の新石器時代例，無文土器時代として勒島遺跡（ヌクト），原三国時代として朝島貝塚（チョド）・礼安里遺跡（イェアンリ）などが知られていたが，貝輪着装人骨は皆無であった。最近になり南部海岸地域島嶼部貝塚の調査に伴い，有文土器時代の貝輪着装または着装されていたと推定される埋葬人骨も知られるようになった。

山登貝塚（サンドゥ）[4] 1988年2〜3月，釜山水産大学博物館によって調査された有文土器時代後期から終末期の貝塚である。埋葬人骨は，推定年齢13〜15歳の女性で，両手足を真直ぐ伸ばした仰臥伸展葬である。左側前腕にベンケイガイ製貝輪2個，マツバガイ製貝輪1個が着装されていた。2個のベンケイガイ製貝輪は完形で最大内径約50mmを測る。写真で観察する限り内孔面は丁寧に打ち欠いただけで，丁寧な研磨は加えられていないようである。この点北部九州埋葬人骨に見られるのと同じである。マツバガイ製貝輪は復元内径50×42mm を測る。

山登貝塚検出人骨は，女性でしかも左手前腕に貝輪を着装しており，日本列島内の貝輪着装における習慣と類似しており極めて注目される例である。ただ北部九州埋葬人骨には両手足を真直ぐ伸ばした伸展葬は見られず，伸展葬といっても，山鹿貝塚に見られるように手の肘を曲げ胸または腹部に置いて，足の膝も若干折り曲げているのが普通であり，埋葬姿勢に違いが見られる。

烟台島貝塚（ヨンデド）[5] 1988〜89年，国立晋州博物館によって調査された有文土器時代早・前期の貝塚で，5基の墓が確認されている。5号墓は，下肢骨が頭部付近で検出されたことから屈葬ではないかと推定されており注目される。他は両手足を真直ぐ伸ばした伸展葬である。その内

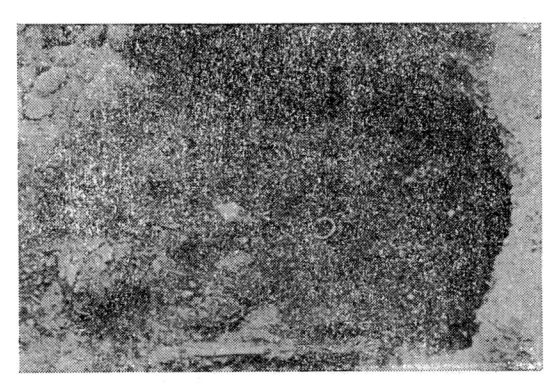

図1 山登貝塚出土の貝輪着装人骨（註4文献より）

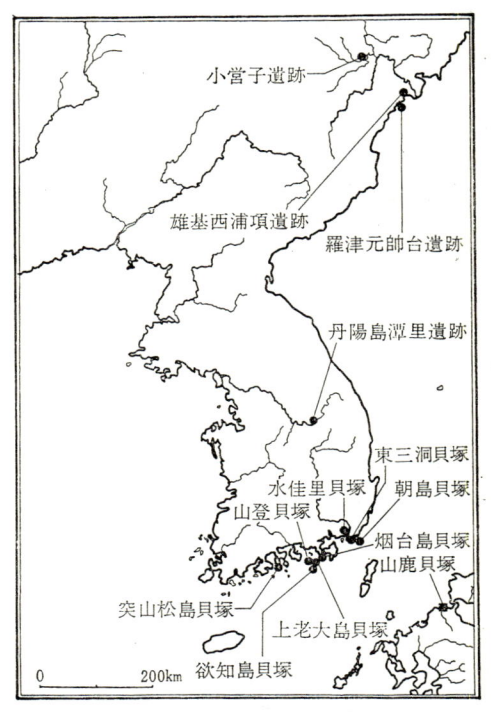

図2　韓半島貝輪分布図

の1体の左手首部分に二枚貝製貝輪片が検出された。前腕骨は残存せず明確に着装されていたとは言い難いが，状況からして着装されていたと推定されよう。性別については不明である。

3　貝輪着装の意味

　以上の貝輪着装人骨をどのように解釈すべきであろうか。韓半島における貝輪の分布は，前述の通り地域的片寄りが見られ，着装埋葬人骨は南海岸地域島嶼部貝塚より検出されている。この地域は，対馬海峡を挟んで北部九州とともに環対馬海峡文化圏を形成している地域であり，文物・経済的に共通認識を持っていたと推定される地域である。したがって文物としての貝輪が両地方に出土しても当然のことと言える。しかし貝輪着装風習は単なる流行としてのアクセサリーではなく，精神的慣習の意味を持つものである。貝輪の女性左手着装風習が共通しているということは，物質的な面だけでなく，精神的な面まで共通認識を持っていたことを示している。しかし，埋葬姿勢は前述の通り若干異なって韓半島に通有な姿勢であり，すべての面で共通認識を持っていたとは言えないことも事実である。

　年代は若干さがるが，無文土器時代人骨が多量に出土した勒島遺跡では，上顎両側犬歯抜歯を伴う女性人骨が検出されている[6]。報告されている31・32号人骨の事例では，埋葬姿勢も伸展葬ではあるが，両手を胸や腹部にのせた北部九州の伸展葬に近い姿勢を示している。抜歯風習は縄文時代から弥生時代にかけて広く行なわれた風

習で（一部後代まで残存），埋葬姿勢の類似性も含めて，精神的な面での繋がりも大きかったことの証になると思われる。

　では，北部豆満江流域の様子はどうであろうか。埋葬人骨とともに貝輪が出土している中国吉林省延吉小営子遺跡[7]は，貝輪出土石棺19基，その内性別の判明しているもの男4，女2（全体の性別判明人骨は，男6・女8）となっている。貝輪は大形巻貝を輪切りにしたものとされているが，貝種は明確にされていない。写真から見る弧線・厚さからすれば腹足綱でもユキノカサ科・ツタノハ科か，または二枚貝でもよいかとも思われる。貝輪はこの地域に見られるだけで，中国東北地方・沿海州地方には見られないとのことで，韓半島内でも中央部丹陽まで出土しておらず，限られた地域に分布するものと言える。貝輪と性別に関しては，男4：女2と男性に多く，貝輪以外の装身具類も男性に多いということであり，日本列島内とは違いを見せている。着装部位については示されておらず不明である[8]。埋葬姿勢は，両手足を伸ばした伸展葬が主体のようである。

　以上の点よりすれば，韓半島南部海岸地域の貝輪および貝輪着装人骨を，環対馬海峡文化圏を通して日本列島内文化と密接な関係にあったと考えるのが妥当性があると言える。こういった精神的な面まで共通認識を持っていたことは，韓半島南部と日本列島（とくに北部九州）とは，想像以上に密接な関係を持っていたことを示していると考えられる。

註

1)　木村幾多郎「福岡県山鹿貝塚―厚葬の女性たち」『探訪縄文の遺跡』西日本編，1985

2)　左右を性別と関連づける風習は世界的に認められている。

3)　孫寶基『丹陽島潭里遺蹟発掘調査報告―1983・84年度―』1984

4)　慶尚南道統営郡上老大島山登所在。東亜大学校金東鎮教授の教示。金東鎮・朴九秉『山登貝塚』1989

5)　慶尚南道統営郡烟台島烟谷里所在。国立全州博物館韓永煕館長，国立晋州博物館金誠亀館長，任鶴鐘，金正完氏らの教示による。権相烈「慶南統営郡烟谷里貝塚発掘調査概報」博物館新聞，211，1989，任鶴鐘「統営郡烟谷里（烟台島）貝塚2次発掘調査概報」博物館新聞，223，1990，「新石器時代の人骨初出土―韓国・統営郡で4体分」統一日報，1990・12・19日付

6)　金鎮晶・小片丘彦・峰和治「三千浦勒島遺蹟出土人骨予報」伽倻通信，17，1988

7)　三上次男「豆満江流域における箱式石棺墓」『満鮮原始墳墓の研究』1971

8)　写真（三上次男1971，第79図）を見ると，A30号（♂）は，右前腕に確実に2個，左手肘に貝輪らしきものが写っている。

玄海・日本海をめぐる
大型石斧 （口絵参照）

■ 中山清隆
女子聖学院短期大学

秋田県東成瀬村上掵で擦切技法で作られた大型石斧4点が一括出土している（国指定重文）。そのうち最大のものは，長さが60.2cm（重さ4.4kg）で，これまでわが国で出土した石斧としては最大のものであろう。硬い緑色凝灰岩製で，よく研磨された逸品である。大きさからみても実用品というより，儀器・宝器的な性格のもので，単独で出土したということから，デポとみてよい。

石斧の取扱いで注目されるのは長崎県宮下貝塚では貝塚に穴を掘り，磨製石斧1本を含む10本の比較的大型の石斧を納め，蓋石で覆った状態で検出された。大型品ではないが福岡県大牟田市荒田比貝塚で石で囲った穴に磨製石斧が置かれていた例がある。上掵の石斧とは地縁的にも時間的にも関係はうすいと思うが，大型石斧の扱いを考える上で注目される。

長崎県対馬では，地元産の頁岩を用いた石斧の生産がさかんで，縄文後期の佐賀貝塚などでは多数出土している。ところで対馬には大型石斧の出土例がいくつかある。詳細はわからないが，『対馬』（1974）によると，豊玉町糸瀬で6本一括，同佐保で4本，同水崎では他の種類とあわせて10本一括で出土している。ほかに厳原町久田道，吉田遺跡や加志々でも一括例があるという。対馬のばあい，確実に墓の副葬品とみられる例はないようで，埋納・デポに関係するものであろう。さきの五島宮下例以外にも九州本土の長崎県松浦市姫神社貝塚で大型石斧の埋納例（縄文後期か）がある。埋納・デポという性格上，発見例数は少ないが，対馬から五島，九州本土での事例は，注目しておく必要がある。

朝鮮半島では，中朝国境付近（咸鏡北道）から半島南部の日本海寄りに大型石斧の出土例がある。そのうち，半島南部東海岸に位置する厚浦里遺跡では長大な磨製石斧が数多く副葬された状態で発見された。報告書は未刊であるが，ソウルの国立博物館に復元展示されており，同館の図録に簡単な説明がある。それによると，径4mほどの円形土壙から人骨に重なった状態で20〜50cmの長大な磨製石斧130余点と石製管玉，しゃもじ形石核が出土したという。石斧は20〜30cm内外のものが主流で，5cm未満のものもあり，副葬品とみなされる。人骨には数回の改葬が認められ，集団洗骨葬というべき性格の共同墓地である。

こうした大型石斧は，戦前から咸鏡道方面で知られていた。会寧郡煙台峰の墓地では長さ29cmの大型斧が出土していたし，榧本亀次郎氏は鍾城郡上三峰遺跡の例などを紹介したことがある。解放後韓国春川市校洞遺跡で発掘された資料が報告されるや朝鮮南部でも注意されるようになった。春川校洞遺跡は墓地であった可能性がつよく，出土土器には，咸鏡道方面の影響がみられる。最近南海岸の烟台島貝塚の崖面から大型打製石斧が数本重なった状態で出土していることを知った。筆者も国立晋州博物館に展示されていた金海郡美音里出土という大型磨製石斧を見たことがある。朝鮮のばあい，厚浦里の例などからみて，長大な磨製石斧が副葬品として用いられることがあったのは確実である。

日本の北部に目を移すと津軽海峡圏の北海道と東北北部に大型石斧が知られている（青森・亀ヶ岡，北海道・函館公園内など）。擦切技法はおそらくシベリアの新石器・青銅器時代のセロヴォ，キトイ文化の流れがおよんだものであろう。いまのところ日本列島の太平洋側には大型石斧の一括出土例はあまり聞かない。日本海側に多い傾向は今後も変らないものと思われる。

朝鮮半島南部と北部九州で出土する大型石斧をみると，前者は副葬品として，後者は埋納・デポとして扱いの上で違いがあることは，重要な意味をもつ。玄界灘を挟む両地域は，縄文時代を通じて人の往来やモノの交易が漁民などによってさかんで生産，生業道具の交易はもちろん，土器の変遷や構造レヴェルでも同一歩調をとることさえある先史時代の日韓交流ゾーンであった。そこでの大型石斧の扱われ方が異なるということは，精神文化の根底では，それぞれの伝統的な，埋葬や祭祀のやり方があったということを示唆するからである。

日本では，縄文時代の初頭からデポの風習があった。山内清男氏はこれをデポ収蔵遺跡と呼んだが，最近，田中英司氏が「収蔵・複合デポ」という概念で，デポを神子柴遺跡などの分析からそのあり方を考えている。土肥孝氏も福井県鳴鹿山鹿のデポ一括を復元した（『古代史復元』3，1988）。

筆者は葬祭未分化の社会では，神も人の霊魂も同じやり方で礼拝し，畏敬の念をいだいていたことを，関東の縄文後・晩期の石剣の例で考えたことがある（『板倉町史』別巻9，1991）。それにしても大型石斧にどのような精神的価値を付与したのであろうか。万能の道具としての石斧を生産の象徴とみてのことか，あるいはある種の財産・財宝とみたのかもしれない。いずれにしても狩猟などの生活や信仰に関わる精神文化の所産であろう。埋納・デポとしての石斧が個人の所有であったのか，家族もしくは集団の管理におかれていたかなどにも関心が寄せられる。

縄文土器と大陸の土器

> 日本の縄文土器と東シベリア，朝鮮半島の
> 土器はどういう点で関連があるだろうか。
> 土器の起源や影響の問題も含め検討しよう

東シベリアの土器／縄文草創期と九州地方／
韓国櫛目文土器の編年／曽畑式土器の成立

東シベリアの土器

玉川大学講師
■ 戸田哲也
（とだ・てつや）

> 東シベリアと縄文土器の関連はいくつかの要素について指摘されて
> いるが，さらに時間的細分，異系統の共存を検討する必要があろう

1989年10月，筆者と山形県教育委員会佐々木洋治氏2名は，北方ユーラシア学会の斡旋により，シベリア中部ノボシビルスク市のソ連科学アカデミーシベリア支部，歴史・文献学・哲学研究所に約2週間滞在し，研究交換を行なう機会を得た。滞在中はA．P．デレビアンコ所長の暖い歓迎を受け，V．I．モローディン青銅器・鉄器時代研究主任の研究室と，V．E．メドヴェージェフ博士の研究室において，近年調査の進んでいるアムール川中・下流域新石器時代土器群（コンドン，ガーシャ，スチュー，グロマトゥハ出土資料）について観察研究させていただいた。本稿ではそのうち，報告書として最も完成されているコンドン遺跡の内容紹介と土器群の説明と所見を記したいと思う。

1 コンドン遺跡

コンドン遺跡はアムール下流，ハバロフスク地方コムソモール地区コンドン村に存在しており，エボロン湖から発するジェビヤトカ（フィン）川沿いの低地に位置する。多くの住居址，遺物の発見された地点は旧コンドン郵便局の建物近くにあり，1962年，1963年，1971年，1972年の発掘により約2,000m²の面積から14軒の竪穴住居址が発見

され，そのうち12軒が完掘された。報告書は2分冊となっており，A．P．オクラドニコフ『古代集落跡コンドン』（責任編集者A．K．コノパッキー，科学出版シベリア支部，ノボシビルスク市，1983年）[1]において住居跡の報告・分析と出土石器群が掲載され，A．P．オクラドニコフ『古代集落跡コンドンの土器』（責任編集A．K．コノパッキー，1984年）[2]において各住居址出土土器群の報告と，土器文様分類が行なわれている。

発見された竪穴住居址は直径8m（3号）〜13m（7号）の円，楕円形プランのものと，4号，10号，13号，14号の直径7m前後の方形プランをもつものとに分かれるようである。住居址はいずれも黄色粘土層を1m前後掘り下げ，3号を除いて住居址中に地床炉を持つ。柱穴は20〜30本認められ，住居内に掘られるものと，壁傾斜面に掘られるものとがあり，さらに柱穴の配列から見て明らかに重複あるいは拡張されたと考えられる住居址（6号，9号）も存在する。覆土は2〜3層に分層されているが，覆土層中に炉跡，貼り床と考えられる記述もみられ，遺物の混在を想定しなくてはならない。この点については，報告書中においても，4万片を超える土器片について覆土各層での接合，違う住居址間での接合が語られ，文化層が著

しく混同していることは執筆者も指摘していると
ころである。

　コンドン遺跡では^{14}C により住居址の年代が
4520±60B.P.と出されている。この数値は一つ
の目安になるものであり，コンドン遺跡を紹介さ
れた加藤晋平氏は「おそらく，住居址に伴う土器
は，地文に垂直方向の櫛目ジグザグ文をもち，そ
のうえに箆による沈線で渦巻文が描かれた完形の
土器群が当てられよう。」（口絵グラビア参照）と指
摘され，その他の土器群は石刃鏃などの出土も含
めてより古い年代として推定されている[3]。4500
B.P.は日本で言えば縄文中期中～後葉加曽利E
1式，大木8a式前後にあたる。もし文様だけを
単純に比較すれば横位に展開する沈線渦巻文は加
曽利E式期あるいは堀ノ内Ⅱ式期の東日本各地の
文様と類似する。コンドンではさらに磨消風の櫛
目渦巻文が縦位に繋がっていく文様がみられ，こ
れは日本での中期後葉大木9式，曽利Ⅲ式あるい
は後期初頭の文様と類似し，磨消風の手法として
みれば縄文後期のものと類似する。近年櫛目地文
土器の磨消文の施文をもつ土器群が注目され[4]，
山田昌久氏はさらにふみ込んで，縄文中期後葉か
ら後期の磨消縄文系土器群の文様変化にコンドン
渦巻文土器の様相を対応させる考えを示している
[5]。たしかに口絵グラビアに示した顔面（獣面？）
把手付浅鉢形土器なども，器面に施される羽状の
櫛目文と口縁部内向きにつけられた把手の有様は
縄文土器（加曽利B段階浅鉢形土器）との類似が感
じられる資料である。

　混在の考えられるコンドン資料ではあるが，口
絵グラビアに掲げた3号住居址の出土状況は，床
面および壁際に遺存した多くの完形土器群のあり
方を示している。全部で15個体前後の完形に近い
土器が出土しており，この組合せの中には，地文
の櫛目ジグザグ文は別として，いわゆる櫛目文系
の土器群は含まれていない。一つの時期を示すも
のであろうが，磨消風の手法を持つ土器も少量存
在しており，沈線渦巻文土器との時間差を考える
うえでは問題を残している。なおこの3号住居址
は炉跡が存在せず，床面中央部より石棒，そして
傾斜壁部から首と胴の折れていたモンゴロイド少
女土偶が出土しており，報告者は集落内の特殊な
住居として考えている。

　沈線渦巻文土器はその他の住居址中からもいく
つか出土しているが，この土器群を一つの手がか

りとして考えると，図1に示した8号住居址出土
土器群などは著しく様相が異なる。櫛目文系土器
群，その他を含むが完形，大形破片のあり方か
ら，近い時期の組合わせを示している感が強い。
ただし，アムール編目文（後述）と櫛目文が併用
される資料は存在しない（他の資料にもない）ことは
時間差，系統差を考えるうえで注意しておかねば
ならない。加藤晋平氏も指摘する4520±60B.P.
以前に属する土器群はこれらの類にあろう。

2　土器文様の分類

　さてコンドン1984年報告書中には，あくまで便
宜上のものとしながらも，土器文様のタイプにつ
いて分類が行なわれている。これは大変重要な試
みであり，ソ連の新石器時代土器型式学的研究の
一端を見ることができる。図2に示したものはそ
の分類の大要であるが，報告書にはもっと多くの
バラエティが図示されている。分類は，施文具と
文様要素，モチーフの三者を混ぜて行なわれてお
り，かつバラエティが多過ぎて型式学的にはなお
検討の余地が多々見られるものである。紙数の関
係で本稿では詳細を論じられないが，縄文土器研
究から導き出されてきた土器型式学的研究の手法
により，コンドン報告書の分析を改めて行なう準
備を進めている。ここでは原著に見る分類基準を
説明しておく。なおコンドン土器分類については
梶原洋氏によりすでにその一部は紹介されてい
る[6]。

　文様は13類に分けられており，文様の説明にお
いての括弧内は縄文流，あるいは文様を見たうえ
での意訳表現である。

　Ⅰ類―櫛型文（櫛目文）。4バラエティに分けら
れている（図1―3・7・10）。いわゆる櫛目文の類
であり，櫛目垂直ジグザグ文を含む。施文原体
は，土製のローラー形専用施文具により，半回転
連続押捺手法をもつ。

　Ⅱ類―菱形・三角形文（菱・三角押捺文）。54バ
ラエティに分けられ，最も数が多い（図1―9）。
石製その他の専用施文具により，一つ一つスタン
プのように押捺して施文される。Ⅰ類の文様と交
互に帯状施文される例が多い。

　Ⅲ類―アムール編目文。18バラエティに分けら
れる（図1―5・8・11）。Ⅱ類の菱形押捺文と同種
の施文具を用いるが，市松状に密接して胴部に幅
広い文様帯を持つものが多い。前述のようにⅠ類

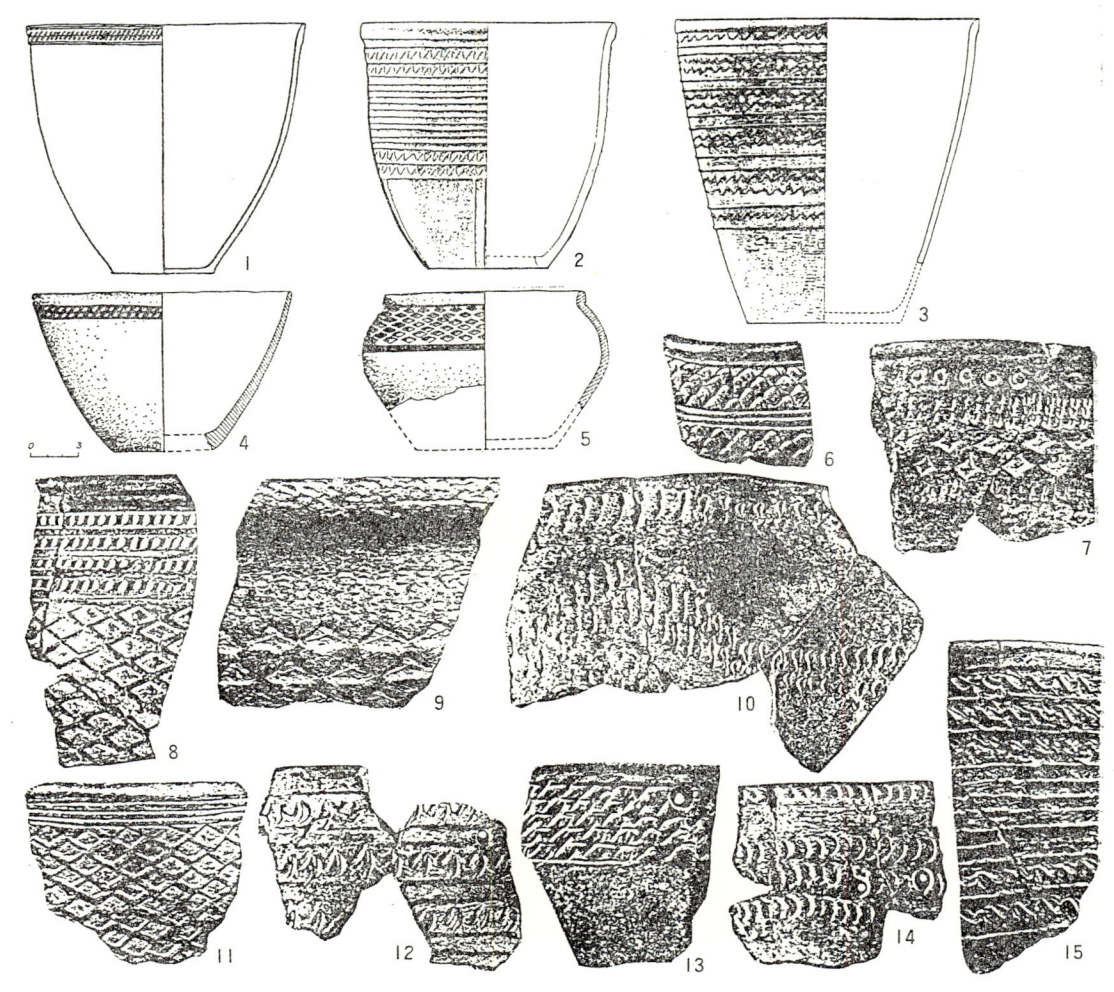

図1　コンドン8号住居址出土土器群

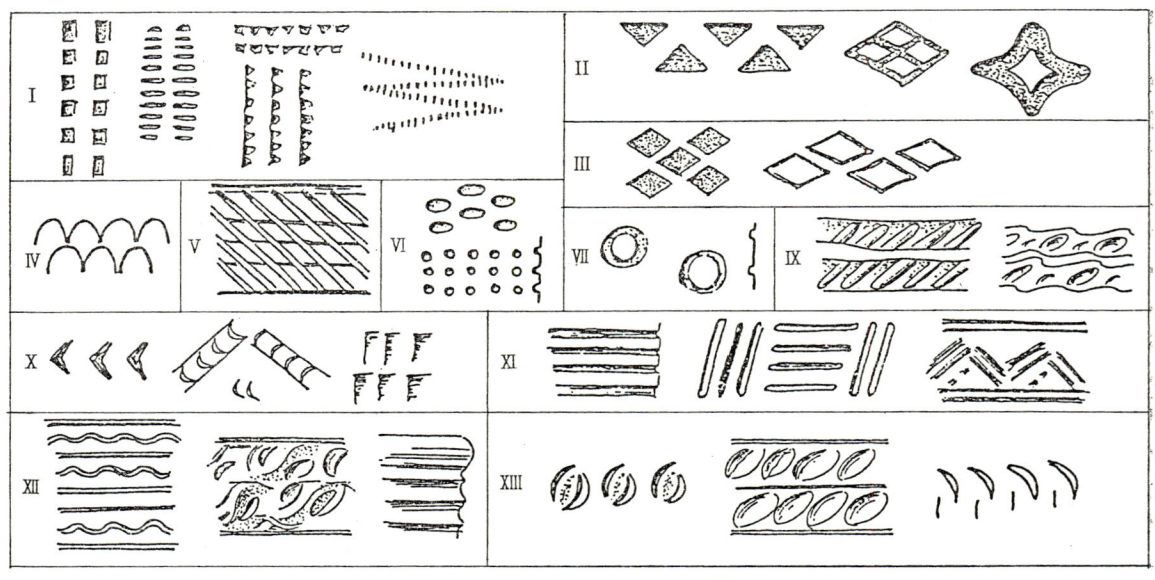

図2　コンドン出土土器分類模式図

と併用されるものはみられない。Ⅱ類を介在して時間差が求められる可能性がある。

Ⅳ類—鱗文（魚鱗文）。7バラエティに分けられる（図1—6）。半截竹管による爪形文を縦に施文する感じであるがよりほそい。市松状に重ねて施文されており，Ⅲ類の施文手法と同種となる。

Ⅴ類—溝彫文（沈線文）。47バラエティに分けられる（図1—1・4）。平行沈線を引いた後に，斜沈線が施されるが，斜沈線のみのものもみられる。多くの場合口縁部下に施文される。

Ⅵ類—穴文（窩文）。16バラエティに分けられる。窩文としたが，いわゆる密接施文される例はごく少量であり，櫛目文効果の変形あるいはⅡ類のスタンプ手法の変化とも考えられ，棒状刺突文と呼ぶ方が良いかもしれない。

Ⅶ類—円形文（円形刺突文）。18バラエティに分けられる（図1—7）。円形竹管文と同種の文様である。Ⅰ類と併用され文様帯の区画に用いられることが多く，これのみの文様は少ない。

Ⅷ類—渦巻文（沈線渦巻文）。口絵グラビアにみられる。地文に櫛目垂直ジグザグ文をもち，沈線1〜3条により横S字状，ワラビ状の渦巻文を描く。渦巻が縦に繋がる文様となるものは文様区画内に櫛目文が充塡され，磨消風となる。このバラエティであるかどうかは不明であるが，人体文風に変化するものも存在する。完形品として出土するものが多く，他類との組合せが問題となる。

Ⅸ類—刻目文。12バラエティに分けられる。口縁上端，隆帯上に施文される。刻目の原体は何種かあるが，櫛目，絡条体圧痕，縄文原体圧痕により刻目が施される場合がある。

Ⅹ類—押し引き文。39バラエティに分けられる（図1—8・10・14）。各種文様を含み，報告者がイメージする押し引き文が明確ではない。Ⅰ・Ⅳ・Ⅸ・ⅩⅢ類などとの区分が不明瞭であるが縄文流の三角押文，四角押文，爪形文などが含まれる。

ⅩⅠ類—直線文。21バラエティに分けられるが，図示したような資料は非常に少ない。なお21バラエティの中には鉄器時代資料を含む。

ⅩⅡ類—波状と直線列文（波状・平行隆起線文）。13バラエティに分けられる（図1—2・3・12・15）。波状文は指頭，爪のようなものによる波状隆起線文であり，平行隆起線文も粘土紐貼付による断面三角形の細隆起線文となる。縄文草創期の隆起線文，ハの字状爪形文の手法と酷似する。

ⅩⅢ類—爨文（爪形文）。13バラエティに分けられる（図1—12）。ⅩⅡ類の波状文手法と共通するものであり，爪状の施文具により片側あるいは両側からつまみあげるように施文される。Ⅴ類，Ⅵ類，Ⅸ類などの変化を考えねばならない。

3 まとめ

日本海を挟んだ彼我の地における土器文化の交渉，関連を調べるには，遺跡数からだけ見てもまだ多くの限界はあろう。そのような現状の中でも東アジア全体の新石器時代土器を通観したとき，土器表面全体への刺突，押捺，半回転，回転，沈線の手法をもつ土器群として，日本，東シベリア，中国東北部，朝鮮半島に見る土器群の類似，影響関係は疑いえないであろう。すでにいくつかの要素，①女満別式土器と菱押捺文，②絡条体圧痕文土器の存在（口絵グラビア参照），③シュブノツナイ式・多寄式，北白川下層式・諸磯式などとの類似，等々についての論議が展開されているが，アムール川流域を見ても調査成果がまとまりつつある現在，まず彼地の新石器時代土器の実態を分解・分析する必要があろう。縄文土器の文様変化は顕著であり，小地域性にも富んでいるように見える。しかしコンドン資料にも見るように極東の新石器土器もまた多くのバラエティをもち，時間的細分，異系統の共存を縄文土器のあり方と同様に検討しなければならないであろう。その意味においてかつて佐藤達夫氏が先駆的に展開した東アジア先史土器論[7]の手法，視点をふまえ，研究を進めていく必要性を感じる。

註
1) А.П.Окладников, Древнее поселение Кондон, 1983, Новосибирск.
2) А.П.Окладников, Керамика древнего поселения Кондон, 1984, Новосибирск.
3) 加藤晋平「シベリアの土器」『アジアと土器の世界』雄山閣出版，1989
4) 坪井清足「北方文化との関係への反省」『アルタイ・シベリア歴史民族資料集成』拓植書房，1989
5) 山田昌久「『縄文文化』の構図(上)，(下)」古代文化，42—9，42—12，1990
6) 梶原洋「シベリア・極東」考古学ジャーナル，263，1986
7) 佐藤達夫「東アジア先史土器の古さ」日本の考古学Ⅱ付録，河出書房新社，1973

復元されたシベリアの縄文施文の土器

—アムール川地域グロマトゥハ遺跡出土—

■ 可児通宏

東京都埋蔵文化財センター

ここに紹介する1個体の復元土器は，1988年7月，日ソ共同調査の一環として千葉大学の加藤晋平教授を団長とする調査団が，ソヴィエト科学アカデミーシベリア支部，歴史・言語・哲学研究所の支援をえて，グロマトゥハ遺跡を試掘した際に出土したものである。

1　遺跡と出土状況

グロマトゥハ遺跡はアムール川流域における新石器時代の標識遺跡で，1961年に故オクラドニコフ博士によって調査がおこなわれている。今回の試掘はその調査地点の土層断面を観察するためにおこなわれたもので，この調査に参加された畑宏明氏の紀行文によれば，「地層は，5～10センチの黒色土層と20～30センチの褐色土層の互層で最下層は白っぽい褐色土層になっている。グラマトゥーハ文化の層は，4枚目の黒色土層から最下層にあたる。断面観察のための試掘では細石刃石核は出土しなかったが，土器片や片面に礫皮面を残すグラマトゥーハ型スクレイパー，細石刃，石刃などが出土した」とある（『北海道の文化』60，1989）。この紀行文の記述のなかにみえるグロマトゥハ文化の層から出土したとされる土器片が，今回，復元されるに至った土器片である。これらの土器片は発掘後，ソヴィエト科学アカデミーシベリア支部のA．P．デレビャンコ歴史・言語・哲学研究所長の許可を得て日本へ持ち帰られ，それが復元のために國學

院大學の小林達雄教授を通じて筆者の許にもたらされたものである。

土器片はいずれも薄手の作りのもので総点数は50点近くあったが，櫛歯状工具による列点文の施された1片と無文の1片の2点を除いて，他はすべて同一個体の破片であった。破片の量はさほど多くはないものの，破片は口縁部から胴部・底部までのものが一通り揃っていたので，復元される土器は比較的小型で欠損部分の少ないものになるのではなかろうかと想像していたのであるが，復元作業を続けていくうちにこの想定はまったく的はずれのものであることが明らかとなった。土器は予想よりも大口径のものとなり，しかも破片は土器を縦割りにしたような状態で，全周のほぼ1/5周を占める部分の破片が，口縁部から底部へと縦方向に接合したのである。幸いなことに，接合の状態がよかったために図2のような形に復元することができたが，大きさの割りには破片の量が少なかったために，全体のプロポーションについては若干の問題があるかもしれない。

2　土器の観察

器　形　復元された土器は，口縁部がやや外反する他は大きな屈曲もなく，ゆるやかなカーブを描きながら底部に至るいわゆる平口縁の丸底土器で，口径31cm，高さ33cmを測る。器厚は2.5～7mm。全体に薄手の作りではあるが，内面の調整が粗いために器壁の厚さは不均一である。

胎　土　胎土には微量の繊維が混入されている他は，砂粒などの肉眼で識別可能な混和材，混入物はほとんど認められない。繊維は土器の表面からも細い線状の痕跡として観察されるが，その太さが比較的揃っているという特徴から獣毛の可能性がある。別個体の2片に混入されている繊維が不揃いなのとは対照的である。ちなみに，こちらには植物質の繊維が混入されているようである。他に粘土の性質に由来する特徴として土器の脆さがある。粘性の弱い砂質の粘土が用いられているためか，硬質に焼き上げられているにもかかわらず，破片の断面が摩滅していたり，接着剤を用いて接合しても剥がれ易いという特徴がある。

製作技法　明らかに粘土帯の接合部分で壊れたと考えられる破片はないが，器面の剥離面や断面などに接合痕をとどめるものはある。その部分の観察によると，接合箇所では上下の粘土帯が大きく重なり合い，あたかも2枚の粘土帯を張り合わせたかのような状態で接合されているのである。そのために接合箇所の器壁は帯状に肥厚していて，接合痕の不明瞭な箇所においても器面の膨らみから接合箇所の推定が可能である。断面図からこの肥厚箇所を拾いだしてみると，この土器は7～10cm幅の粘土帯を6段ほど積み上げて作られていることがわかる。

図1　グロマトゥハ遺跡の位置

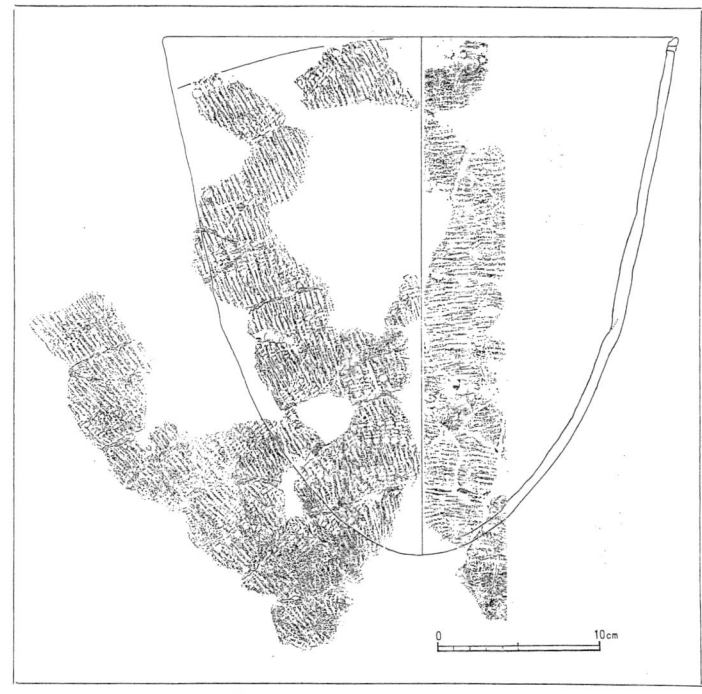

図2　復元された縄文施文の土器

文　様　文様の施文は縄を巻きつけた叩き板によってではなくて，自縄自巻とよばれる撚紐（一種の絡条体）によって作り出される2種類の文様，すなわち回転施文による撚糸文と，押圧施文による絡条体圧痕文によって施文されている。施文原体を自縄自巻の撚紐と見なしたのは，内面に施文されている撚糸文が柔軟な軸に巻付けた原体でなければ施文が不可能な器面の細かな凹の中にまでくまなく施文されていたり，それが一般的な一段の撚紐によってではなくて，自縄自巻A種によくみられる0段の撚紐によって施文されていることなどの理由による。

　2種類の文様のうち撚糸文は器面の内外面に施されていて，外面では縦方向に内面では横方向に施文されている。施文の方法は，原体を1回2cm前後の距離で前後方向に転がしながら回転方向を少しずつ横にずらせて施文位置を移動させるという方法がとられている。外面ではこの撚糸文を地文として，さらにその上に押圧施文による絡条体圧痕文が施される。この絡条体圧痕文は，施文原体の両端部を交互に支点にしながらロッキングの要領で押圧しながら施文位置を横方向にずらせていくという方法で施文されていて，その連続して印された圧痕文は幅約2cmの帯状の文様となっている。全体の構成については判然としないが，残存部には横方向に2〜5cm間隔で5条，そして最上段に左下がりのものが2条みえる。器面を飾る主たる文様は地文の撚糸文とこの絡条体

圧痕文の2種類であるが，他にも口縁部をめぐる円形の貫通孔と口唇部につけられた刻み目がある。貫通孔は焼成前に外側から内側に向けて穿孔されたもので，径約3mmの穴が1列，1〜1.5cmの間隔で並ぶ。また口唇部の刻み目は，細い左下がりのものが鋭いヘラ状の工具で刻まれている。

3　ま　と　め

　以上がグロマトゥハ遺跡出土の土器の復元作業を通じて観察することのできた所見の数々である。ところで，シベリアの土器については，これまでにも彼の地に縄文土器のルーツを求めて，その可能性のある土器がいろいろと検討されてきたが，今回ここに紹介する土器も，その特徴にみられる数多くの共通点から，これもその有力な候補の1つに加えたい。彼我の土器を比較してみると，日本の縄文草創期の土器，とくに新潟県壬遺跡出土の円孔文土器との間に著しい類似点が認められるのである。口縁部をめぐる円形の貫通孔，口唇部につけられた刻み目，丸底の底部をはじめとする全体のプロポーション，粘土帯の接合方法，絡条体を用いた施文などという特徴の数々はいずれも円孔文土器と共通するし，また円孔文土器には認められないが，胎土に獣毛とみられる細かい繊維が入っていたり，施文原体に自縄自巻の撚紐を用いるという特徴は，縄文草創期の土器にほぼ限ってみられるものであるから，グロマトゥハ文化の年代については問題があるものの，この両者の土器にみられる共通点には看過できないものがある。今回は検討材料が少ないので問題提起にとどめるが，今後の課題としては，伴出する他の土器群・石器群の内容が明らかにされることと，両者の年代観の違いがどのように克服されるかということに集約されるのではなかろうか。

　最後に，この資料を紹介するにあたって調査団長の千葉大学・加藤晋平教授には発表についてご快諾いただき，また調査に参加された北海道教育委員会の畑宏明氏からは調査についていろいろと有益なご教示をいただいた。さらに國學院大學の谷口康浩氏には壬遺跡出土土器の撮影でお手を煩わせた。文末ながら記して感謝申し上げる次第である。

参考文献

國學院大學考古学研究室『壬遺跡』1980，『壬遺跡1981』1981，『壬遺跡1982』1982、『壬遺跡1983』1983，『壬遺跡1987』1987

縄文草創期と九州地方

東京大学文学部助手
■ 大塚達朗
（おおつか・たつろう）

韓国隆起文土器が九州の隆起線紋土器と関係を有するとは考えられない。つまり，両者は時期を異にする土器で系統的関係はない

山内清男を中心とした縄紋土器型式編年研究は，縄紋土器を巡って，地点別・層位別資料の比較吟味による異同の判断から〈型式〉を制定し，縦横に検討し，大陸とは交渉が稀な一方で，列島内で見れば，年代的にも地方的にも夥しい変化があるが，一方的な影響関係ではない相互交渉の中での変遷を遂げたことを明らかにした。そして，この研究から，各地方における地域社会の安定的形成と展開（定住社会）や，それの媒介となる地域間交渉網の存在が導出され，中心地域が現出しそれを囲むように周辺地域が存在するのではない点が判明した。これらが，編年研究の成果であり，本研究の射程である。そこで，縄紋文化は山内清男が論じたように[1]，長く大陸文化に対して孤立的であったという点が留意されねばなるまい。だが，このような縄紋文化理解に対し，問題を投げかけてきたのが九州地方であろう。近年の轟式から曽畑式段階での朝鮮新石器時代土器との関わりが具体的に語られるにつけ（本誌参照），縄紋式の範囲の同定には用意周到に臨まざるを得ない。かかる研究状況に鑑み，古式縄紋土器の中で分布と変遷がほぼ判明している隆起線紋土器を取り上げ，草創期の九州地方のあり方を考えてみよう。

1 九州と対になる地域

隆起線紋土器はほぼ４期の変遷階梯があり，九州地方の隆起線紋土器には泉福寺下層式（古・新），西ノ園式，大平式，堂地西式の四型式が認められ，この順に変遷すると考える[2]。紋様帯を構成する横走隆線紋については起点と終点が一致する環状貼付から起点と終点が異なる螺旋状貼付へという大きな変化があり，螺旋状貼付には間隔をあけるものから密なものへの変化があり，その間に垂下隆線紋は蛇行から直線，そして螺旋状隆線と一体となってその後形骸化する，というのが九州隆起線紋土器型式群の変遷の概略である。本州とくに東北を中心とした東日本では終始環状隆線紋であるのとは好対照の様相を呈する。

泉福寺下層式（図１−１〜３）とは，泉福寺洞穴第２洞穴３・４・５トレンチの隆起線紋土器，豆粒紋土器，二種類の隆線紋・豆粒紋併用土器が基準である。第２洞穴では垂下隆線紋として蛇行垂線紋単純で，第３洞穴では垂線紋に複数の種類があり直線的垂線紋があることを細別の根拠と考える。九州地方の遺跡を広く見てゆくと，土器に巻き付けて出来る横走隆線紋が太いことでは共通するが，環状貼付と螺旋状貼付の別が遺跡に応じてあり（泉福寺洞穴は環状貼付のみ），螺旋状隆線の場合，それの端が泉福寺下層式の段階で別貼付の垂下隆線であったものの代わりをも果たしている。遺跡間比較と型式学的判断から，螺旋間の間隔が広い中で，隆線上加飾が指頭押圧によるもの（同10）を古相と見なし西ノ園式と呼び，同様の例の中で隆線上の加飾がつまみに変わる例が大平式（同14）である。螺旋状貼付が重複するように巻き付けられる例が堂地西式（同18）である。該式では，大平式の隆線加飾手法と同じものをもち，また，同じ口縁部形態・口端部刻紋をもちながら隆線紋を口頸部に配さず直接器面に帯状の指頭圧痕紋をもつ土器が組成をなす（指頭圧痕紋の爪形紋土器〈福井式〉の祖型）。

ところで，最初は福井洞穴の隆起線紋土器，次に泉福寺洞穴の豆粒紋土器が縄紋土器の起源に関わると議論が進められてきた。しかし，当該地方のデータの再検討から隆起線紋土器と豆粒紋土器は組み合い（泉福寺下層式），広域対比の結果，隆起線紋土器＋豆粒紋土器は本州にも実在し，むしろ豆粒紋の起源は本州方面のつまみ技法の展開（南原系：図１−５〜９）に求めるべき様相を呈する（東北地方は日向Ⅰa式だが，豆粒紋の存在は不明）。豆粒紋は別型式間の広域の交渉と並行関係を語るものとして評価すべきである[3]。この時期，四国・本州の横走隆線上は波状紋や刺突・刻紋で加飾されるが，九州のそれは指頭押圧紋である。この点の地方差は明確である。なお，指頭押圧紋を伴う隆線紋は新潟県壬遺跡にまで及ぶ（筆者実見）。

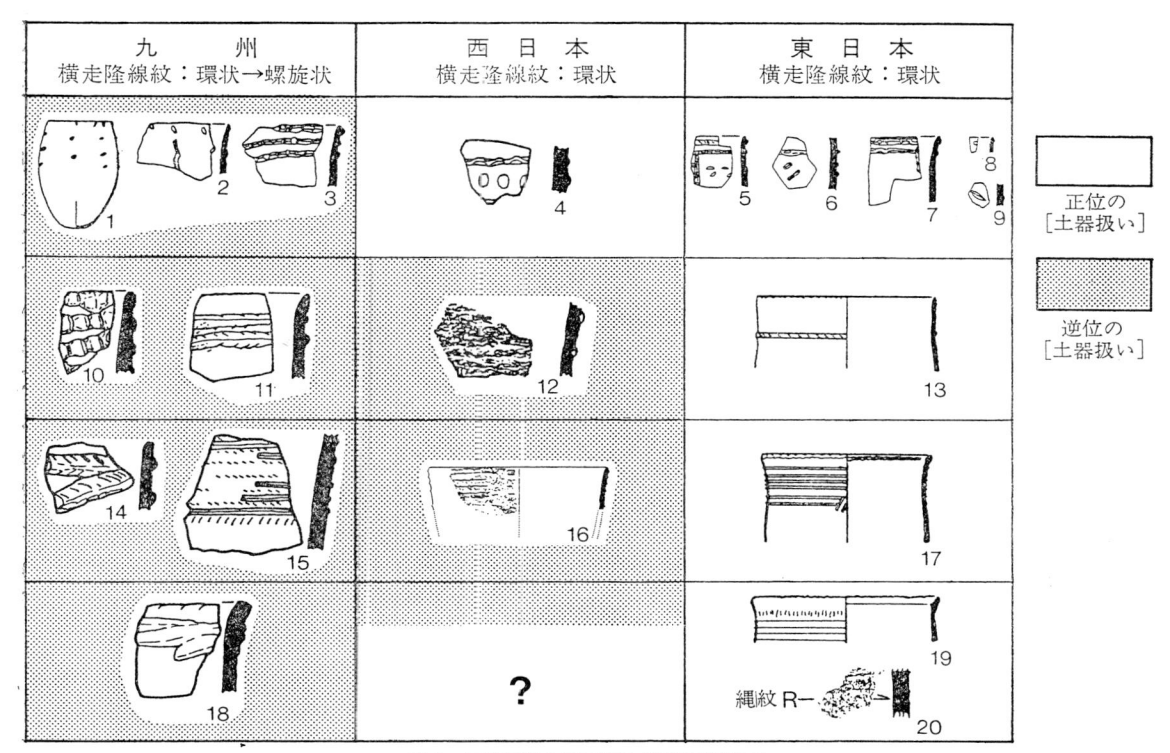

図1　隆起線紋土器の縄紋式縦横連鎖構造

九　　州	西　日　本	東　日　本	
横走隆線紋：環状→螺旋状	横走隆線紋：環状	横走隆線紋：環状	

1〜3泉福寺，4上黒岩，5多摩ニュータウンNo. 426，6〜8南原，9黒川東，10西ノ園，11・18堂地西，12鳥浜貝塚，13上野第2，14大平，15瀬戸口，16酒呑ジュリンナ，17・19日向，20下窪（1〜5，9・13・15・17・19再トレース，6〜8・10・11・14・18大塚実測，12・16・20報文より転載，縮尺不同）

隆起線文土器の初頭からすでに異なる伝統・地方差を形成していること，他方，密接な交渉を示していることが窺える。以後も，九州の隆起線紋土器は独自性を保ちつつ，本州との関係も継続している。以下，重要な関係性の事例に言及する。

横走隆線紋が螺旋状へ変化するのは九州独特であることはすでに述べた。また，環状貼付→螺旋状貼付の間（泉福寺下層式〜堂地西式），隆線施紋する際の土器と製作者との位置関係を〔土器扱い〕と概念化した場合，右利きを例にとれば，土器の底部を上に，口縁部を下にしたり，底部を上にしながら向こう側に傾け口縁部を手前に置いたり，あるいは，土器を横にして，口縁部を左側に，底部を右側にするなどで一貫しているようで，環状貼付から螺旋状貼付へ移行するのはこのような〔土器扱い〕が関係しているのであろう[4]。初頭期，四国から本州の東北まで，隆線上の加飾が波状紋の場合，右利きを例にとれば，作出の際，土器の口縁部を上に底部を下に，さらには，口縁部を向こう側に底部を手前に，あるいは，口縁部を作

り手から見て右上方に底部を左下方に位置させていると考えるべきであろう[5]。波状紋について，正位の〔土器扱い〕というならば，九州には九州の伝統的な〔土器扱い〕，すなわち逆位の〔土器扱い〕，が当初からあるといわねばならない。さらに佐々木洋治氏の隆起線紋土器研究を参照するならば[6]，東北地方は隆起線紋土器の終末・日向Ⅰc式まで一貫して正位の〔土器扱い〕で隆線紋が作出されたことが判明する。図式的に示せば，隆起線紋土器期全期にわたって，東北地方は正位の〔土器扱い〕で（関東・中部もほぼ該当する），九州地方では逆位の〔土器扱い〕である（図1参照）。

土器作りとは複合した技術の体系であり，その体系に関与する〔土器扱い〕の対照的な違いの意味するところは大きい。施紋時の〔土器扱い〕の違いは乾燥の度合いの違いと関連しよう。「文様施文のチャンス」[7]の違いを考えなければならない。逆位の〔土器扱い〕は底部が作り手から見て上，つまり宙にうくような位置にあることを想定せざるを得ず，そのことは成形，調整が終わり，

施紋に移る前には乾燥がかなり進行していることを想定せざるを得ない。他方，環状隆線紋のままで，〔土器扱い〕も正位のままの東日本では，「文様施文のチャンス」の選択幅は本来広いと見るべきであろう。ところで，東日本の該式には，例は少ないが縄紋を併用する土器が全時期を通じてあるようであり（隆起線紋土器以前の，小瀬が沢や寺尾の窩紋土器からすでに縄紋はある：別稿），とくに工具の横引きの微隆起線紋をもつ日向Ⅰc式では，後藤勝彦氏が提示した横方向回転斜縄紋が微隆起線紋帯の下に巡る宮城県下窪例（図1—20）が重要で[8]，この二つの紋様技法の並存は，正位〔土器扱い〕で一貫している伝統の故に乾燥が進行しない段階の施紋が確立していくのを示すであろう。東北を中心とした該式正位〔土器扱い〕圏で縄紋施紋（押圧／回転）が確立し，その後縄紋が多用されるようになり，隆起線紋土器から多縄紋土器へ直接移行すると考える。要するに，土器製作技術上の差異も顕著である。

それを念頭に，泉福寺下層式—上黒岩Ⅰ式（図1—4）—南原式—日向Ⅰa式というホライズンの後を見渡すと，九州と東日本の中間地域（西日本）では，環状横走隆線紋とつまみによる隆線上加飾では非九州的であるが，〔土器扱い〕が九州的に逆位になる土器が出現するのを見いだす。それを鳥浜貝塚下層式（図1—11・12・15・16）と筆者は呼んでいる。西ノ園式と大平式に伴うことから新古の別が認められ，右利きを例にあげれば，隆線をまたぐようにつまむため左側に開く横「ハ」の字の爪形紋が隆線上に付く。中間地域は正位から逆位に〔土器扱い〕が変化するので，当然，逆位が伝統的な九州方面からの大きな影響を考えない訳にはいかない。〔土器扱い〕の変容で登場する鳥浜貝塚下層式は，東日本地域では小瀬が沢洞穴で検出される一方（筆者実見），九州地方に及び，つまみの技法を九州に伝え（同11），受容され，大平式の隆線上加飾がつまみ技法となる。また，大平式は奈良県桐山和田に及ぶ[9]。さて，鳥浜貝塚下層式の加飾は，片方の指が隆線上，もう片方が器面にあたるため，同方向の傾きの爪形紋が隆線に沿って器面に並ぶという変異を持つ（例：同15・16）。そのため，鳥浜貝塚下層式は本州の爪形紋土器〈曽根式〉の遡源に関係すると考えられるので，要注意である。しかも，曽根式は九州に波及し，福井式に関与する[10]。

2 結　語

以上，隆起線紋土器期（及び直後）の九州地方と他地方との交渉史の検討からは，本州方面とさまざまな影響のやり取りが常に窺え，九州の隆起線紋土器の変遷史は本州方面との相互的交渉関係のなかで説明がつくといえるであろう。その範囲で縄紋式縦横連鎖構造が完結するのである。換言すれば，朝鮮半島からの影響が絡むという状況はみいだせないのである。朝鮮半島全体で最古とみるか否かでは意見がわかれるが，半島南半部では最も古いといわれる韓国隆起文土器は複数の変遷階梯をもつ安定した内容を示すが[11]，該式が有する環状の隆起文は螺旋状には変化しないことも考慮するならば，隆起文土器が九州の隆起線紋土器と関係を有するという見方[12]が成立するとは考えられない。両者は時期を異にする土器で系統的関係はない。隆起文土器の縄紋式編年との対比では，より後出の編年的位置を考えなければなるまい。その場合の縄紋式との関わりの判定には，型式内分析を踏まえた型式構造どうしの対比が必要だが，それも着手されているようである[13]。

註（邦文報告書は省略）
1) 山内清男『日本遠古之文化』先史考古学会，1939
2) 大塚達朗「草創期の土器」『縄文土器大観』1，小学館，1989
　　大塚達朗「九州地方の縄紋草創期編年と泉福寺洞穴」縄文時代，2，1991
3) 註2)「草創期の土器」に同じ
4) 大塚達朗「隆線紋の比較から見た九州と本州—序章—」縄文時代，1，1990
5) 註4)に同じ
6) 佐々木洋治「山形県における縄文草創期文化の研究Ⅰ」山形県立博物館研究報告，1，1973
7) 小林達雄「総論—縄文土器の生態—」『縄文文化の研究』5，雄山閣，1983
8) 後藤勝彦「宮城県柴田郡川崎町下窪遺跡出土の隆起線文土器について」宮城史学（別刷），13，1990
9) 註2)「草創期の土器」に同じ
10) 註2)「草創期の土器」に同じ
11) 鄭澄元「南海岸地方隆起文土器에대한研究」釜大史学，9，1985
12) 金東鎬『上老大島』東亜大学博物館，1984
13) 宮本一夫「海峡を挟む二つの地域」考古学研究，37—2，1990

韓国櫛目文土器の編年

佐賀県教育委員会

■ 広 瀬 雄 一

（ひろせ・ゆういち）

韓国南海岸の櫛目文土器の編年的研究は縄文文化との交流史の研究で重要な位置を占めている

1 櫛目文土器前期

韓国で最古の土器型式とされているのは，隆起文土器であると言われている。

隆起文土器は大別して隆線文を持つものと隆帯文を持つものとに分類され，地域的には朝鮮半島東海岸から，南海岸一帯，対馬まで広がりをもち，西北九州佐賀県鎮西町赤松海岸遺跡からら，隆帯文を持つ越高系土器が出土して注目された。

隆起文土器は二つの地域に分けられる。一つは鰲山里遺跡に代表される東海岸グループで，もう一つは上老大島，欲知島，烟台島烟谷里，突山島など南海岸の多島海地域や洛東江流域と釜山周辺に分布する南海岸のグループである。

東海岸の隆起文土器は，比較的太い隆帯による単純で直線的な幾何学的文様を用い，南海岸のものは細い隆線による複雑な幾何学文様が主体となっている。

南海岸のものの中には東海岸のものに近い隆帯による単純な幾何学的文様を持つものがある。南海岸の隆起文土器は 3 段階の変遷過程が設定でき，隆線・隆帯による胴部横帯区画を持つ隆起文 I （図 1・2，以下同），胴部横帯区画が消滅する隆起文 II （3・4），文様の隆線は完全沈線化する隆起文 III （5）という変遷が考えられる。

器形は平底で底部が極端に小さい鉢型を呈したものが大半を占めているが，屈曲型・丸底の鉢・深鉢型を呈するものもある。

隆起文土器の変遷については隆帯文→隆線文とする説，隆線文→隆帯文とする説があり，一致をみていないが，隆帯文が隆起文土器後半まで残る対馬越高尾崎遺跡の例があり，一方，丸底を呈する隆線文の深鉢型土器が烟台島烟谷里貝塚から出土するなど，必ずしも一方が古いということが言えなくなってきている。このことから隆起文土器は一系の土器ではなく，複数の系譜があると考えた方が，説明がしやすくなってきている。

その中の一つが 2 のような屈曲型土器であり，

明らかに九州縄文式前期の轟 B 2 式土器の流れを汲んでいる。

この屈曲型土器と他の隆起文土器との関係が問題となるが，深鉢の隆起文 I （1）の文様帯の横帯区画と垂下する平行隆線が屈曲型土器と共通である点から隆起文 I の段階で屈曲型はすでに存在し，隆起文土器の終末から次の段階まで存続したと考えられる。

南海岸の隆起文土器の次の段階は刺突文土器，押引文土器である。

深鉢，浅鉢，壺を基本とし，機種，製作技法は隆起文土器を受け継いでいるが，隆起文土器の中頃から出現した丸底化の傾向が，この段階にきて徹底する。

格子文は隆起文 II の段階から胴部や口縁部文様として採用される。 6 の土器は胴部に 6 条の隆帯が巡り，この隆帯上に指頭による押捺を施し，口縁部には沈線による格子文を持つ。 7 の土器は 4 の土器とともに対馬越高遺跡から出土していて隆起文 II の後半に位置づけられる。

隆起文土器の終末は 5 の土器のように隆線の沈線化が進み口縁部と胴部を区分するところのみ隆帯を残す土器や， 6 の土器のモチーフで口縁部に文様が集約する丸底深鉢の隆起文土器が出現する。

刺突文の出現段階では，この隆帯は刺突に置き換えられ，〔8→9→11〕〔7→10〕という変遷が想定できる。口縁部に文様帯が限定し，隆帯の痕跡である刺突帯（8・9に顕著に見られる）より上部にのみ文様が施文されるという特徴をもつ。

これらの土器は，文様が口縁部のみに限られる傾向があることから，口縁文土器とも呼ばれ，筆者はこれを瀛仙洞 I と呼称した。

最近の慶尚南道煙台島貝塚や同欲知島貝塚から隆起文土器と刺突文土器の過渡期的な土器が多数出土して，瀛仙洞 I （8〜11）の内容が豊富になってきた。

瀛仙洞 I の文様帯は，隆起文土器の隆帯に区画

された口縁部に刺突文が加わった形から成立した
ため，口縁部に文様が限定されたと考えられる。
文様は横方向に施文され，格子文・鋸歯文・魚骨
文が口縁部につく。

瀛仙洞Ⅱは区画に用いられた隆帯とその痕跡が
消滅し，13の土器のように文様が胴部まで広が
り，押引文が出現しモチーフも多用化し，文様が
縦方向に施文される。瀛仙洞Ⅰ・Ⅱは南海岸地域
在地性の強い土器型式である。

また，瀛仙洞Ⅱは西唐津海底出土のものと類似
するものがあり，この時期朝鮮半島南部地域か
ら，北部九州地域への瀛仙洞Ⅱの影響が認められ
る点が指摘できる。

瀛仙洞Ⅲ段階になると，口縁部の短斜線文は箆
状の平たい工具による緻密な押引文が出現する。
14・15・19の土器がこれにあたり，14・15の土器
のように横方向だけでなく斜方向に施文されるも
のがある。文様は胴部より上に限定される点，前
段階の瀛仙洞Ⅱと共通であるが，施文工具が異な
る。この箆状工具による施文は岩寺洞(アムサドン)など中部地
域にも広くみられる手法であり，中部地域からの
影響が考えられる。

一方，16・17の土器のように横帯区画＋沈線文
のタイプがあり，とくに17の土器は曽畑式土器と
の関係で注目される。日本では曽畑式土器Ⅰの段
階がこの時期にあたる。

2　櫛目文土器中期 (20～24)

南海岸地域の中期の指標となる遺跡は水佳里(スガリ)貝
塚である。水佳里Ⅰの段階が中期にあたる。水佳
里編年では21→22→23→24→25という変遷を設定
し，21の口縁部文様が22の沈線にかわり，23で口
縁部文様の消失，24で底部の文様の消失，胴部文
様帯の縮小と省略化，25の格子文の出現を経て後
期へと移行している。

このように，水佳里編年では文様帯は底部が最
初に消滅し，ついで胴部文様帯が縮小し，消滅す
るとしているが，最近山登(サンドン)貝塚から胴部文様が最
初に消失した例も見つかっており，必ずしも水佳
里編年どおりに変化していないことが明らかにな
ってきた。しかし，大勢において，水佳里編年の
指向した方向性は正しいと考える。ただ21の土器
の系統と22の土器の系統が同一と見なし，単純に
21から22へ移行したとする考えに対し，筆者は17
→22→(23)という系統も考慮する必要があると考

える。今後の課題としたい。

中部地域の中期は単純な横方向の魚骨文やこれ
が退化したと考えられる格子文が中心となる。こ
れに対し，南部地域の中期を通した特徴的な文様
は，23の土器のように集線文が太い沈線により施
文され，この線の前後に区切りの刺突を施すこと
であり，これが南海岸地域のこの時期の指標とな
っている。

類似の文様を持つ土器が佐賀県赤松海岸遺跡か
ら出土して，櫛目文土器中期の土器の西北九州地
域への影響が指摘され注目されている。筆者は直
接的な搬入としてではなく，間接的な影響である
と考えている。

一方，中期の粗製土器として，指頭文土器の存
在が釜山大学校の新岩里(シナムニ)遺跡の調査で明らかにさ
れた。

指頭文土器はかつて前期とか晩期に位置づけら
れたこともあったが，新岩里遺跡で中期の土器と
伴い，また口縁部の特徴と調整の方法が共通であ
ることから中期の粗製土器に位置づけられる。指
頭文土器は土器製作時の輪積する粘土帯を接着す
るために，指先および爪を接合部につけ，これを
その後の調整で消すことなく文様とするところに
大きな特徴がある。

縄文中期・後期初頭が，この時期にほぼ相当す
る。西北九州地域と南海岸地域は，土器において
は，相互に搬入は認められるものの，土器変遷へ
の相互に顕著な影響は認められず，自立性・地域
性が強い点，縄文中期の西北九州の阿高(あたか)系土器群
の独立性と考え合わせ興味深い現象である。

3　櫛目文土器後期・晩期 (25～31)

後期・晩期の編年は水佳里編年を基準として，
これに最近の資料をどのように対応させるかが編
年上の問題となっている。

後期になると器面の調整は良好になり，中期的
な厚手で粗雑な感じがなくなってくる。色調も暗
褐色のものが出現する。土器の製作技術の向上と
考えられる。

最近，陝川ダム水沒地区の調査により，大也里(テヤリ)・
壬佛里(インブルリ)，鳳溪里(ボンゲリ)など後期～晩期 の遺跡が発見さ
れ，水佳里貝塚に見られない種類の土器が大量に
出土した（26～29）。

櫛目文土器後期中葉になると南海岸地域の地方
色が次第に失われ，中部地域以南には，済一性が

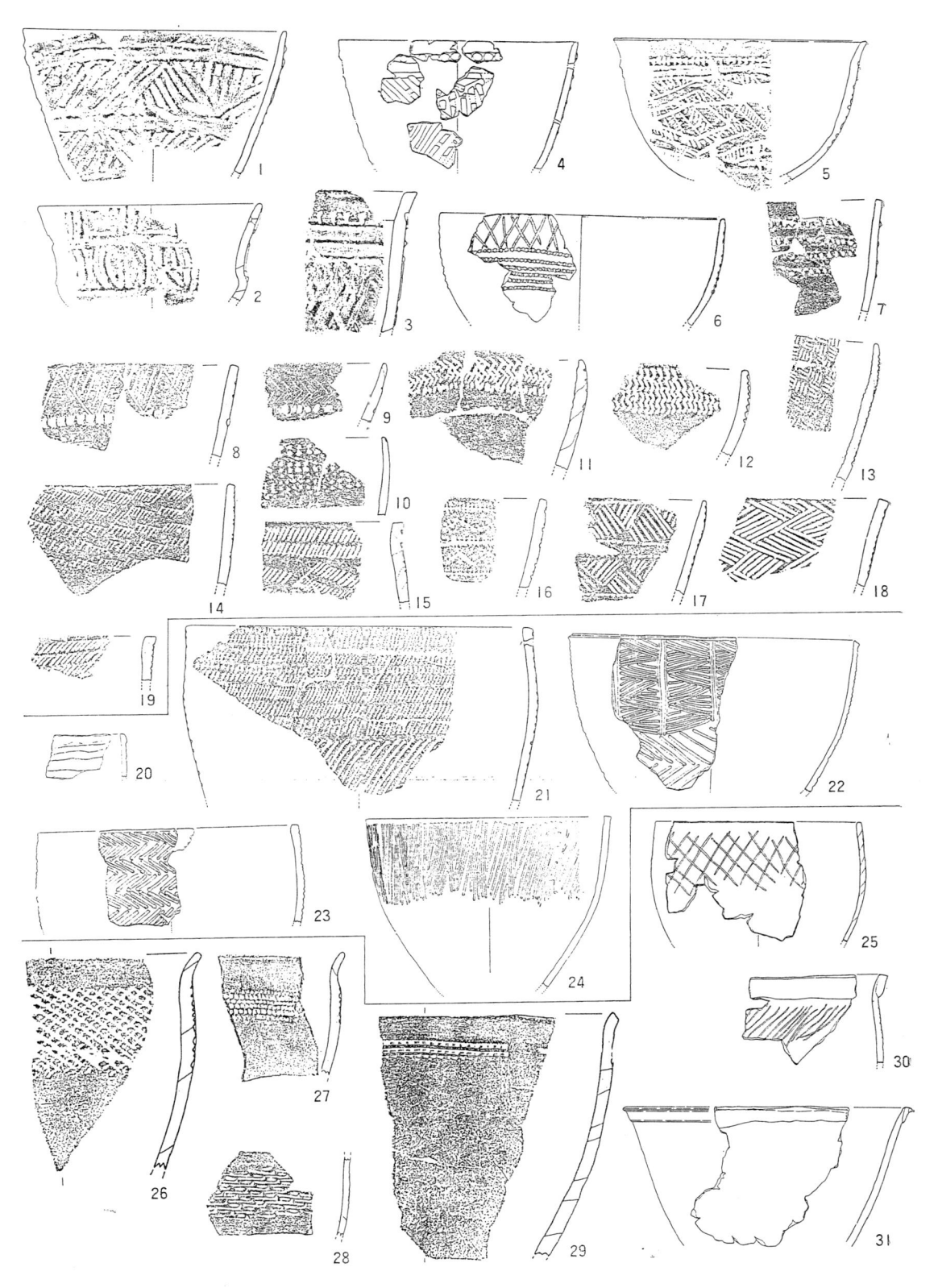

韓国南海岸の櫛目文土器（前期〜晩期）

強い土器が登場する。

文様は胴部に限定され，刺突，押引による横方向の連続的な短斜線文，格子文などが主体となる。色調は暗褐色を呈し，焼きは極めてよい。口縁部は外反するのが特徴で，口縁の表裏には刷毛状の擦痕をもつのが一般的である。後期の変遷過程を簡潔に述べれば，胴部の文様は次第に幅が狭くなり，文様は単純な斜線文へと変わっていく25→26→27→29という方向性が認められる。

分布をみると海浜地域と内陸地域といった区別ではなく，水佳里編年の水佳里ⅡとⅢの間を埋める資料である。

格子文，単純な刺突，押引文，斜線文をもつ洛東江水系を中心とした慶尚道のグループと三角形の刺突文に特色のある全羅道のグループ，数段の異なった刺突，押引き文様による多彩な文様をもつ中部地域以北のグループに別けられる。

南海岸地域の後期の中頃には二重口縁類似の土器が出現するが，朝鮮半島北部の無文土器とは関係がないと考えられる。

南海岸地域の晩期は，釜山金谷洞栗里岩陰遺跡に代表され，水佳里Ⅲとか栗里Ⅱとかよばれている土器がこれに当たる。単純な単斜線や刺突を1段か2段頸部付近に施文する(30)。

漢江流域以北ではすでに無文土器の段階に推移しており，南海岸地域にもその影響が訪れたものと考えられる。南海岸地域の櫛目文土器の終末の姿は金海農所里の二重口縁・無文・尖底により代表され，尖底の消失をもって櫛目文土器の時代の終わりとなる。

参考文献

安春培「居昌壬佛里先史遺跡発掘」嶺南考古学，5，1988

金廷鶴・鄭澄元「金谷栗里貝塚―岩陰住居遺跡」釜山大学校博物館遺跡調査報告3，1980

金東鎬「上老大島の先史文化研究序説」東亜大学校大学院論文集第Ⅶ，1984

国立中央博物館『新岩里』Ⅰ，国立中央博物館古跡調査報告第20集，1988

国立中央博物館『新岩里』Ⅱ，国立中央博物館古跡調査報告第21集，1989

国立晋州博物館『欲知島』国立晋州博物館遺跡調査報告書第3集，1989

国立光州博物館『突山松島』Ⅰ，国立光州博物館学術叢書第19集，1989

権相烈「慶南統営郡煙谷里貝塚発掘調査会報」博物館新聞，1989

坂田邦洋『韓国隆起文土器の研究』1978

沈奉謹『陜川鳳渓里遺跡』古跡調査報告書第15冊，東亜大学校，1989

鄭澄元・林孝澤・申敬澈『金海水佳里貝塚Ⅰ』釜山大学校博物館遺跡調査報告4，1981

把手付土器の二者

ここに紹介する土器は，いずれも北部九州本土の縄文時代遺跡より出土したものである。

1は，すでに報告済みの遺物で，佐賀県呼子町小川島貝塚の出土品である。夜臼式期の成人骨埋葬土壙の下に検出された小児埋葬土壙上面に置かれた河原石の下部から検出されている。しっかりした作りの把手が付いた壺形土器片で，外面は研磨され灰茶褐色を呈し，焼成は良好である。胎土・焼成は一見して縄文土器とは異なる。器形・胎土などからすれば，韓国有文土器後期から晩期にかけて見られる土器に酷似し，韓半島で作られた土器が，九州本土に持ち込まれたものとすることができる。対馬ヌカシ遺跡でこの壺形土器は出土しており，また壱岐島までは韓国有文土器が出土しているが，九州本土に持ち込まれた例としては稀有の例となる。

2は，未報告であるが，福岡市桑原飛櫛貝塚から，中津式土器・結合式釣針とともに出土した。口縁部から把手の付く屈曲部までの破片で，強いて言えば壺形土器といえる。胎土・焼成・技法とも縄文式土器として違和感はないが，器形は九州縄文土器の系譜にはつながらないものである。おそらく韓半島との継続的なコミュニケーションシステムの中で縄文人によって生み出されたものであろう。類似品として福岡県志摩町天神山貝塚出土品がある。

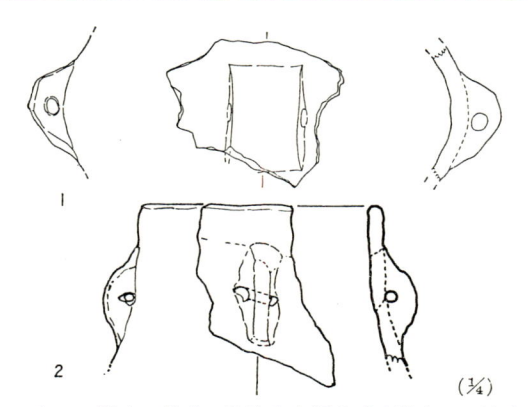

1

2   (¼)

以上2点を簡単に紹介したが，詳細については別稿を予定しているのでそれによられたい。

（木村幾多郎）

曽畑式土器の成立

福岡県教育委員会
水ノ江和同
（みずのえ・かずとも）

曽畑式土器と朝鮮櫛目文土器との関連性は古くから問題にされ
てきたが，その成立は縄文前期に生じた画期の一現象であった

九州の縄文時代前期には，その前半代に貝殻条痕文を地文調整とし細い隆帯文によって文様を構成する轟B式土器が，後半代に沈線文による幾何学文を土器の外面全体に施す曽畑式土器とが，九州島のほぼ全域に分布する。この両者と朝鮮半島の土器との類似性が指摘されたのは意外に古く，1933年の及川民次郎に始まる[1]。小文では曽畑式土器の成立について，それに共伴する各種遺物や当該期の周辺地域との関係に注意しながら，簡単に纏めてみたい。

1　曽畑式土器の成立と展開

曽畑式土器は沈線文による幾何学文を土器の外面全体に施し胎土に滑石を混入するという特徴から，同様の特徴をもつ朝鮮櫛目文土器との関連性が古くから問題にされてきた。そこでまず，曽畑式土器の成立について考えてみよう。

冒頭で述べたように，九州の縄文前期には轟B式土器と曽畑式土器という大きく二種類の土器が存在する。この両者には隆帯文と沈線文という施文方法や文様構成の相違が存在し，それ故に曽畑式土器の成立に櫛目文土器の強大な影響が想定された。ところが近年，両者の中間に位置づけられる土器群の存在が認識され，曽畑式土器の成立に関する議論が盛んになった。つまり，筆者がかつて「深堀式」・「野口式」という名称でその内容と変遷過程を説明した土器群[2,3]である。轟B式土器については1988年以降，山口信義[4]・宮本一夫[5]・高橋信武[6]の三氏により緻密な分析が行なわれ，その実態が明確になりつつある。つまり，轟B式土器は九州在地系で平行隆帯文だけが施文される逆円錐形の単純な深鉢形土器と，山陰系で胴部が張りそこにさまざまな文様が施される土器との二系統の土器からなる。後者は深堀・野口式段階まで継続しないようで，前者のみが残るようである。

そして西北九州では深堀・野口式期を迎えるが，それは轟B式土器の中でも単純な深鉢形の伝統を引く隆帯文だけのA類，刺突文・押引文・沈線文によって文様が構成されるC類，A類とC類の折衷タイプで隆帯文に刺突文・押引文・沈線文が加わるB類，無文のD類，C類とほぼ同じ文様を持つボウル状の浅鉢E類の5類型が共存する複雑な段階である。これらの土器群は胴部上半に施文されるが，「横位沈線文による区画」→「空間部の充填」という施文パターンを完成させていく過程により，深堀式から野口式へと変遷していき，そしてごく一部のA類が残存しながらC・E類が発展して曽畑式土器の成立となる。

ところが，深堀・野口式土器の成立と曽畑式土器の成立には，それぞれその前段階との間に大きな隔絶が存在する。轟B式土器や当該期の山陰地域の土器にも言葉の上では刺突文・押引文・沈線文が存在するが，それらは山陰系の土器に限られ，しかも施文部位やモチーフにも相違点がみられ，深堀・野口式へ続くものとは考えにくい。曽畑式土器の成立についても，A・B・D類の消滅，土器の外面全体および口縁部内面の施文，土器胎土への滑石の混入，という現象が突然生じるが，西日本内でこの現象を説明できる根拠はない。このことはまた，後述する新種の遺物の出現系譜が西日本内で追えないことに符合する。なお，西北九州で成立した曽畑式土器は従来時間の経過と共に徐徐に南下していき，その終末段階には沖縄にまで到達すると考えられてきたが，実際には成立とほぼ同時に急激に南下して沖縄に至りその後各地で独自に変化していったことが判明している[7]。

では，この時期の石器や骨角器の変遷はどうであろうか。轟B式期の石器は類例が少ないながらも，量的な問題はともかくとして早期の石器とほとんど相違を見せない。ところが深堀・野口式期から曽畑式期になると，小形やノミ形を携えた全面研磨の片刃石斧[8]（西北九州型片刃石斧，図1），石錘，大形石錘，西北九州型結合式釣針，西北九州型離頭銛頭などが西北九州を中心に九州一円に分布するようになる。これらの遺物は前代の轟B式期はもちろん，当該期（縄文前期）の西日本に系

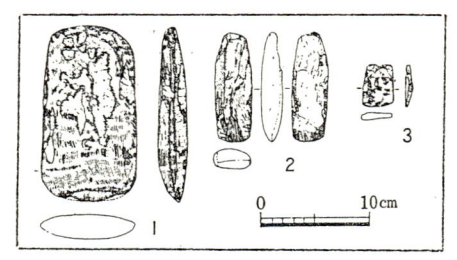

図1　西九州型片刃石斧（1・3菜畑，2深堀）

譜の求められないものばかりであり，その出現系譜が問題となる。なお，轟B式期に流布した玦状耳飾[9]が曽畑式期から中期の船元式の流入までの間九州で断絶することにも注意を払っておきたい。さらに，九州の縄文前期は遺跡の低地化や貝塚が急増するほかに，早期に盛行した陥し穴が終焉する時期でもあり，生業活動の内容も大きく変革した時期として位置づけることができる。

それでは，西日本内で系譜の辿れない特異な性格を有した曽畑式文化は，どのような経緯で成立したのであろうか。次に目を向けなければならないのは，朝鮮半島南海岸である。

2　当該期の朝鮮半島南海岸

朝鮮半島南海岸における当該期（新石器時代前期）の土器編年をはじめとする文化様相の解明は未だ不明な点も多いが，近年の研究の進展によりその内容が判明しつつある。土器編年については，水佳里（スガリ）貝塚の調査成果[10]などを踏まえて，また広瀬雄一[11]・宮本一夫[12]らによる近年の研究により，細部においては問題が残りつつも隆起文土器→押引文土器（瀛仙町式）→初期櫛目文土器（えいせんちょう）（水

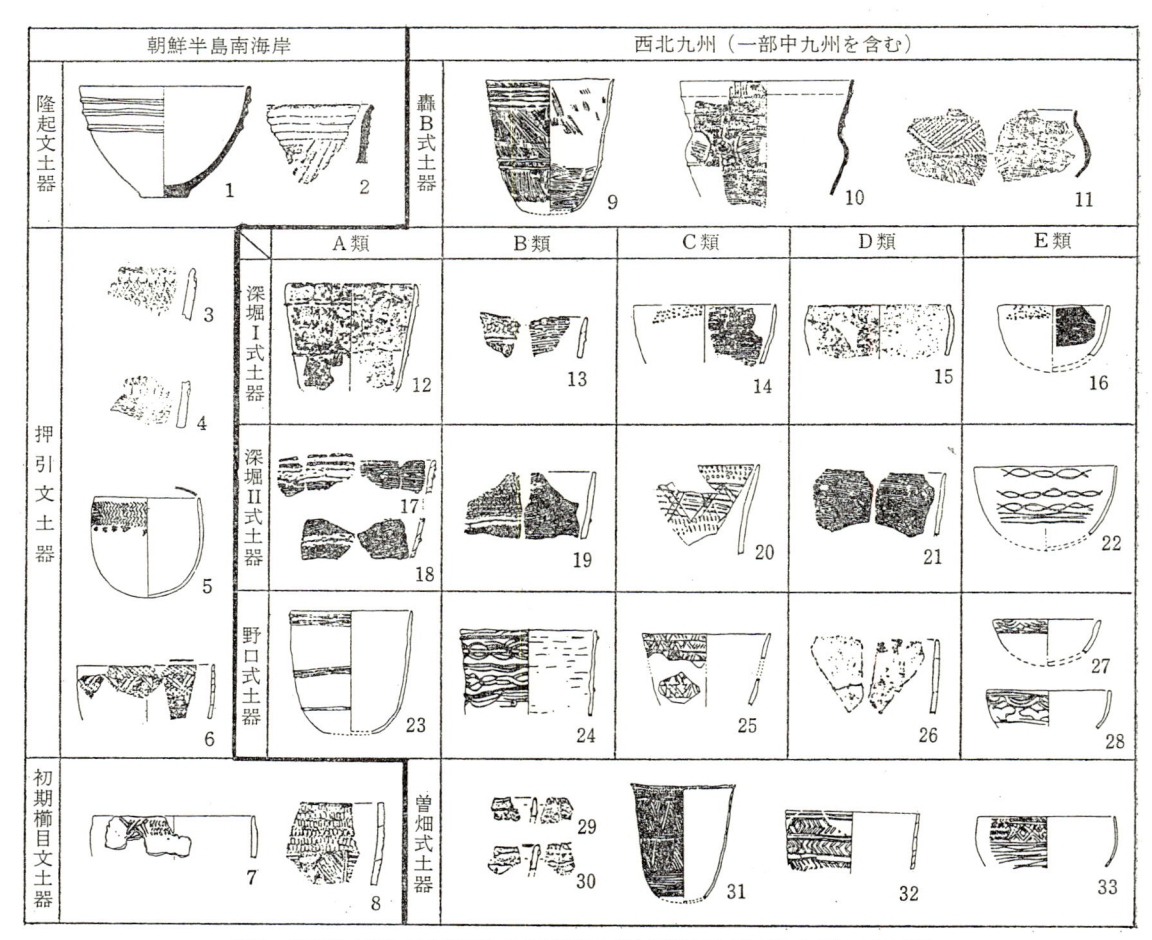

図2　曽畑式土器の成立に至るまでの西北九州と朝鮮半島南海岸における土器変遷

（スケール不統一，拓影の不明瞭なものはトレース・模式化した）

1・2東三洞貝塚，3・4山達島，5瀛仙洞，6上老大島，7水佳里，8多大浦，9山鹿貝塚，10・11轟貝塚，12・13・15楠橘貝塚，14・16〜22・32・33深堀，23・24・27野口，25・26・28菜畑，29・30金立開拓，31柿原野田

佳里Ⅰ期初葉）という変遷がおよそ判明している[13]。その内容を概略的にいうと，粘土紐による隆起文によって文様を構成する隆起文土器→口縁部もしくは胴部上半に刺突文・押引文・沈線文による単純な文様が施され，ボウル状の浅鉢という器形が存在する押引文土器→胴部上半もしくは全面に刺突文・押引文・沈線文による複雑な文様（複合鋸歯文など）が施される初期櫛目文土器，という変遷になる。当該期の朝鮮半島におけるその他の遺物については，確実には結合式釣針が，不確実には片刃石斧が存在するだけであるが，これだけでも西北九州との関係はある程度裏づけられよう。

3 縄文前期の西北九州と朝鮮半島南海岸（図2）

ここまで西北九州の轟B式→深堀・野口式→曽畑式と，朝鮮半島南海岸の隆起文土器→押引文土器→初期櫛目文土器という土器の変遷についてみてきた。両者は細部において相違点もあるが，基本的には隆帯文が沈線文に変化していく過程のものである。中でも口縁部もしくは胴部上半に刺突・押引・沈線による比較的単純な文様が施されボウル状の浅鉢という器形の存在する押引文土器は深堀・野口式のC・E類に，全面施文で複合鋸歯文などの比較的複雑な文様をもつ初期櫛目文土器は曽畑式土器に対応し，両者の変遷には一定の関係が窺える。ただし，櫛目文土器の胎土に滑石が含まれるのは朝鮮半島中央部付近のものだけで，曽畑式土器との関連性はみられない。西北九州（とくに西彼杵半島周辺）では一部の縄文早期土器から後期の土器まで断続的に滑石が混入されており，この地域の伝統と考えたい。

さて，ここで今一度西北九州と朝鮮半島南海岸との関係について考えてみたい。縄文前期に至り九州では，早期の伝統を残しながらも轟B式土器が山陰地域と密接な関係を保持し，貝塚の出現や陥し穴の終焉といった現象に新たなる生業活動の展開が生じる。このような状況の中，豊かな漁場であった朝鮮・対馬両海峡の周辺海域では，宮本[14]が指摘するように外洋性の漁撈という生業活動をベースとした西北九州と朝鮮半島南海岸との交流が開始され，両地域に深堀・野口式土器と押引文土器という極めて類似した土器の成立をみる。ちょうどこの頃，やはり宮本[12]によれば中国

大陸方面からの影響により成立した中朝鮮Ⅲ期の櫛目文土器が南海岸や東朝鮮に勢力的に展開し，朝鮮半島南側半分は強い斉一性に覆われるという。この勢力は南海岸で初期櫛目文土器を成立させ，さらには南海岸と西北九州の交流ルートに乗って西北九州に曽畑式土器を成立させる。そして，この西北九州で成立した曽畑式土器は深堀・野口式段階にはすでに出現していた新種の石器や骨角器を携え，朝鮮半島からの勢力を維持しながら九州の西海岸に沿って一気に沖縄にまで到達したのである。

以上が曽畑式土器の成立過程であるが，これだけをみてくると「曽畑式文化は朝鮮半島の文化で縄文文化ではないのでは？」と思われるかもしれない。しかし，貝殻条痕文による土器の器面調整をはじめとしたさまざまな土器製作の基本的な方法，石鏃・石匙・スクレイパー・礫器などの各種石器には縄文早期以来の伝統が窺えるし，曽畑式期以降においても新種の石器や骨角器を携えたまで近畿・瀬戸内地域との交流がみられる。また，遺跡の低地化，貝塚の増加，離島への文化の波及といったさまざまな現象も，当該期における汎日本的現象に符合する。したがって，曽畑式文化はその成立に際して朝鮮半島からの影響を受けてはいるが，それはあくまで日本列島における普遍的な縄文文化をその基盤としていたのである。

近年，鈴木公雄[15]は縄文時代を前期の前半期と後半期を境に形成期と展開期に分ける。つまり「形成期において出現してきた個々の文化要素が，複合型獲得経済体制として成立し，きわめて安定度の高い社会」になるのを展開期としたもので，この時期に縄文時代最大の画期を見いだすものである。曽畑式文化の成立もまさにこれに相当するわけであり，換言すれば曽畑式文化の成立は縄文前期の日本列島に起こりうる現象だったのである。

註
1) 及川民次郎「南朝鮮牧ノ島東三洞貝塚」考古学，4—5，1933
2) 拙稿「曽畑式土器の出現—東アジアにおける先史時代の交流—」古代学研究，117，1988
3) 新名称による混乱の回避と文化的様相から，最近ではこの「深堀式」・「野口式」という段階に「曽畑0式」などの名称を付したほうが適当でないかという考えに至っているが，小文ではとりあえず従来の名称を使用する。この点については，田中良之氏に

極めて有意義なご教示を賜ったことを，記して感謝申しあげます。

4) 山口信義「隆帯文（轟B式）土器研究ノート」『研究紀要』創刊号，北九州教育文化事業団埋蔵文化財調査室，1988

5) 宮本一夫「轟B式土器の再検討―京都大学文学部博物館所蔵資料を中心に―」肥後考古，7，1990

6) 高橋信武「轟式土器再考」考古学雑誌，75―1，1990

7) 拙稿「中・南九州の曽畑式土器」肥後考古，7，1990

8) 拙稿「縄文前期の『西北九州型片刃石斧』について」『考古学と技術』同志社考古学シリーズⅣ，1988

9) 拙稿「九州の玦状耳飾について」同志社考古学シリーズⅤに掲載予定

10) 鄭澄元・林孝澤・申敬澈『金海水佳里貝塚Ⅰ』釜山大学校博物館，1981

11) 広瀬雄一「櫛目文土器前期の研究」伽倻通信，13・14，1985

12) 宮本一夫「朝鮮有文土器の編年と地域性」朝鮮学報，121，1986

13) 広瀬や宮本も指摘するように，隆起文土器と轟B式土器の間にも何らかの関係が存在したであろうが，その実態については不明な部分が多い。

14) 宮本一夫「海峡を挟む二つの地域―山東半島と遼東半島，朝鮮半島南部と西北九州，その地域性と伝播問題―」考古学研究，37―2，1990

15) 鈴木公雄「縄文時代はいつ始まったか」『争点日本の歴史1 原始編』新人物往来社，1990

貝面・土偶・猪型土製品の新資料

（口絵参照）

本号特集にあたって，口絵に新資料を掲載することができた。関係各位のご厚意に感謝申し上げるとともに，いくつかの資料について簡単に解説しておきたい。

熊本県黒橋貝塚出土の貝面は，カキ製（イタボガキか？）で，中期阿高式に伴うという（野田拓治氏の教示）。これまで，韓国釜山市東三洞貝塚と熊本県阿高貝塚の2例が知られていたが，新しく類例が加わったことになる。東三洞例は，イタヤガイ製のやや小振り（12cm）のもので，子供用であろうか。東三洞上層の出土で九州でいえば，縄文中期後半～後期初頭頃の阿高系文化期に対比されよう。阿高例はイタボガキの貝殻に目と口にあたる孔を3つあけたもので，明らかに人面を意識している。これらに対して，黒橋例はやや左右に幅広く，口にあたる部分には孔がない。長崎県白浜貝塚で，イタヤガイに2カ所の穿孔がみられる貝製品が出土しているが，あるいは関係があるのかもしれない。

韓国嶺南地域と九州にデスマスクとしての貝面が存在することは注目されてよい。これに対して，東日本を中心に後晩期の遺跡から土製仮面が10数例ほど知られている。北海道ママチ遺跡の例は，最大級の大きさ（高17.9cm）で，北海道では初めての出土資料である。目下のところ大阪府仏並例が西限資料であるが，土製仮面が九州で貝面としてあらわれるのかはよくわからない。貝面は中期（阿高式）からあるのに対し，土製仮面の出現は後期初頭である。

東三洞貝塚出土の貝面は，玄界灘をはさんだ日韓両地域での風習を考えるうえで重要な資料で，今後類例の増加が待たれる。

韓国南部の新岩里と水佳里で出土した小型の土偶は注目される。いずれも3.5cmほどの大きさで，顔の表現を欠く。新岩里例は，韓国新石器中～後期（水佳里式，指頭文土器）のもので，ほかにも同遺跡では土製耳飾（耳栓），ヒトあるいは動物の手足とおもわれる破片などが出土している。水佳里例もほぼ同じ頃の所産であろう。ところでごく最近，島根県匹見町の水田ノ上（A地点）遺跡で土偶の資料が知られ，同県の初出資料として注目されたが，そのうちに新岩里例と酷似するものがあって一驚した。耕作中に偶然発見されたもので，出土地点は晩期初頭の土器が主体という（本間恵美子学芸員の教示）。顔の表現を欠くが，乳房や腰の表現なども共通し，素朴な板状土偶である。

韓国南部の欲知島貝塚で，小型の猪（あるいはブタ）を模した土製品2点が報告された。うち1点は長さ約3.5cmのミニチュアで，頭の一部を欠くが，背筋や耳を表現している。攪乱層からの出土であるが，水佳里Ⅰ式期頃と推定される。幼獣の表現であろうか。装飾性に乏しく稚拙な表現の作品である。同様の特徴をもつものが長崎県宮下貝塚で出ており，かつて鈴木重治氏が紹介したことがある。

イノシシ型土製品は，北海道・東北を中心として10数点ほど出土しているが，後期の十腰内式に伴うものには造形的にもリアルで，大きなものがある。北海道日ノ浜出土のものは，ウリンボウと呼ばれる幼獣を模したもので本州から運ばれたものを大切に飼育・繁殖させたものであろうか。イノシシ（あるいはブタ）やイヌなどを表現した土製品は，東アジア大陸の各地にみられ，文化的基盤はことなっても，当時の人々の家畜など動物へのおもいがそれぞれによくあらわれている。地球環境時代を迎えた今日，先史人の手になる素朴な造形品をながめながら現代人も動物愛護の原点にもどり，自然や動物との共存をみなおしてはいかがであろう。　　　　（中山清隆）

韓国新石器研究の新成果

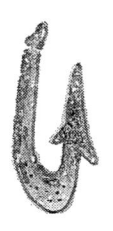

韓国の新石器文化研究はどんな新成果があるだろうか。動物，植物の各遺存体そして島部の遺跡はどんな特徴を有するだろうか

朝鮮半島の動物遺存体／韓国島嶼地域の遺跡

朝鮮半島の動物遺存体

——南部島嶼地域の貝塚を中心に——

早稲田大学考古学研究室
■ 金子浩昌
（かねこ・ひろまさ）

朝鮮半島南部の多島海地域の貝塚立地をめぐる人と生業の問題は，複雑な環境条件を反映して日本にはみられない特性をもつ

朝鮮半島南部に多数点在する島嶼にはまた遺跡も多く，「南海島嶼考古学」[1]として，大きな研究課題となっている。その中にまた貝塚も多く，それらは新石器時代以降に形成されたものである。さまざまに変化する海域環境の下に生きて来た人人の遺跡である。貝塚から出土する動物遺存体がその一端を明確に示している。貝塚は島嶼地域のみでなく，内陸沿岸地域にもあり，それらを含めての研究課題となるだろう。いくつかの注目すべき貝塚が調査され研究報告も刊行されている。筆者を含めた幾人かの研究者が，こうした貝塚の立地をめぐり問題点を指摘してきたが，韓国の場合は，より広汎で複雑である。また研究もその緒についたところである。本稿もまた当初貝塚全般の動物遺体を考えていたが，単なるリストに終ってしまう可能性もでてき，さりとて環境論を含めて全般に及ぶこともできないので，地域を狙って韓国でこれまでに発表された資料に基づき，またその範囲を島嶼地域に限って記述せざるを得なかった。幸いこの地域ではいくつかの興味ある発掘と調査研究が公刊されている。また筆者自身も実査する機会をもった場合もあり，そうした知見を基に述べたいと考えている。

1 貝塚の立地と動物遺体

新石器時代貝塚の形成と動物遺体の関係をもっともよく示すのは半島南部の沿岸域に点在する島嶼と，沿岸内湾にある諸貝塚においてである。以下の記述もこの二大別を規準とし，さらに地形，水域の環境条件で分類されることになろう。

⑴ 本土に近接，外海に開口する貝塚

①東三洞貝塚[2]（釜山市影島区東三洞）

釜山市の西郊にある影島の東南部，広く湾口が開くが，前面に朝島という小島があり，かつて，それと陸続きとなって湾入が形成されていたという推定もある。貝層の規模大きく，魚・獣骨のまた多いことは1963年から64年にかけて行なわれたアメリカ合衆国 Wisconsin 大学と延世大学校の調査結果がもっともよく物語っている。貝層は櫛目文期の全般に及ぶが，前期後葉期，中期中葉期に規模の大きな貝層が形成されている。

貝類 主体となるのは，イガイとカキであって，イガイが60％，カキが20％前後を占めていた。櫛目文期の全般を通じて水域の環境には大きな変化はなかったようである。イガイは岩礁に群棲着生する。カキは，マガキとスミノエガキ（**?**）

で，貝塚の前面にひろがる内湾の奥にカキ礁を形成していたものと思われる。しかし，カキは20％前後と少なく，その採捕場所のイガイに比べてはるかに狭かったことを示している。これはこの島の急崖で囲まれる地形条件からも推し図ることができよう。

この他にはサザエ，クボガイなどの岩礁性の巻貝が3～5％含まれる。イガイのような岩礁貝の多獲に比べて，同じ条件に棲むこうした巻貝の少ないのは日本の貝塚と異なる。

魚類 メジロザメ科のサメ類の椎体が10数個のまとまりで出土することがあった。マダイが前半期に多い。魚骨の多いのは Sample が Mokto 期とした時期であった。マダイは中型の魚としてはもっとも多くの骨を出土していた種類である。この影島を囲む海域がマダイの主産地であったことは想像に難くない。その大きな要因は海が岩礁の底質と20m以上の深さをもつことである。こうした海のひらけることはマダイに限らず他の魚族もこの海域に回遊あるいは根づかせることになる。ブリ，マグロ類，そして大型の根魚であるコブダイ，カサゴ類，ボラがある。

鳥類 海鳥が主である。魚群に群れるアホウドリ，岸の岩場に営巣するヒメウ，ウミウ，そしてウミガモが年毎に秋口から冬の間渡ってくる。海岸の住民はこうした鳥を巧みに捕えている。この地の人々の特技なのであろう。漁網にウミドリがかかったり，魚群にむらがる時がそのチャンスであった。

獣類 この遺跡では海・陸の獣の骨が多い。海棲獣はアシカ類の出土が顕著である。雌・雄，幼・成獣の個体があるが，若い個体が多い。かつて朝鮮半島の沿岸一帯はアシカ——おそらくニホンアシカと名づけられている種類——の回遊水域になっていた。これについてはまた別にのべるが，影島のような環境のところにはアシカの群が近づき，繁殖場をつくることがあったに違いない。獲物から得た肉や毛皮・骨がどれ程貴重な生活の資料となったか図り知れない。陸獣ではシカが多い。ニホンジカタイプのものもあるが，より大型のタイリクジカというタイプのものも多い。イノシシはシカに比べるとずっと少ない。キバノロがシカに次いで多い。小型のシカである。こうした獣は島から本土に渡って獲ったはずである。

(2) 離島域の貝塚

①上老大島上里貝塚（慶尚南道統営郡欲知面上里）[3]
半島本土とは最短距離で約10kmの位置にある。貝塚のある上老大島は，大小の島に囲まれるような位置にある。

貝類 5種の陸産種を含めて43種が知られる。鹹水産貝種の大部分は潮間帯の岩と小礫間に棲む巻貝が多かった。Ⅱ層についての記述では，大型のカキが主体となっていた。

魚類 メジロザメ科サメ類，エイ類（棘），マダイ，クロダイ，ブリ，マグロ，コブダイ，フグ類がその主要種であった。

このうち量的に最も多かったのはマダイである。前上顎骨全長50～55mm位が平均的である。この大きさは日本の関東から東北地方の外洋系貝塚で出土するマダイとほぼ同じである。マダイの約半分位の数が検出されたのがコブダイである。標本で多いのは特有の型をした下咽頭骨であって，その最大幅が90mm近くなる標本があり，体長50cm位になるのではないかと思われる。

フグ類はこれより若干少ない位の数が出土している。顎骨のエナメル質の部分だけで長さが40mm位のものがあるので，これも大型である。クロダイがこれに次ぐ。マグロ類の尾椎体が3個，大型のブリの前上顎骨，歯骨，椎体は各1個ずつであった。上老大島の魚骨はマダイ，コブダイというもっとも典型的な外海漁撈の特徴を示していた。

爬虫類 アオウミガメとした骨が，Ⅱ層で1，Ⅲ層5，Ⅳ層1点あり，そのうちⅣ層の上腕骨は全長29.6cmの大きさという。アオウミガメとしては最大級の大きさになる個体だろう。

鳥類 ハシボソカラスの骨がⅡ・Ⅲ層で3点ずつ出土している。ウの類はⅡ層で大腿骨が1点ある（他に写真14にこの鳥の中手骨がある）。この大腿骨は現存最大全長65.7mmという。この大きさだと報告書にある *Phalacrocorax carbo* つまりカワウとするよりも *P. filamentosus* ウミウとした方がよい（ウミウ：66.0，カワウ：54.9mm）。また生態的にもウミウの方が生息の条件に適していよう。

獣類 海棲獣類に興味が引かれる。オットセイとアシカがある。オットセイの南下の例としては珍しい。アシカは個体数として各層に1ないし2個体であるが，標本は比較的多い。

イルカ類の上・下顎，椎骨も目立つ。個体数としてどの位になるか，破損標本が多いのではっきりしないが，標本全体の出土は多く，上述の鰭脚

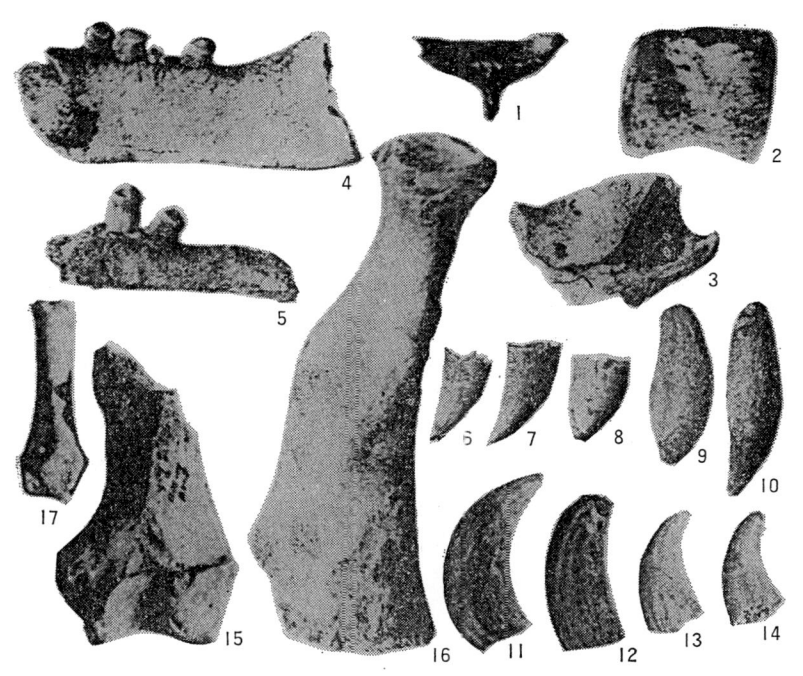

小黒山島・下苔島出土の魚類と海棲獣

1 コブダイ下咽頭骨，2 クジラ類椎体，3〜17ニホンアシカ後頭部（上面観），（3 後頭部上面観，4・5 右下顎骨片，6〜8 上顎犬歯＜幼獣1〜2歳＞，9・10上顎犬歯＜成獣＞，11・12下顎犬歯＜成獣＞，13・14下顎犬歯＜幼獣1〜2歳＞，15左上腕骨遠位部，16左橈骨，17第3中足骨）（1〜5，15〜17下苔島，6〜14小黒山島貝塚出土）

（『南海島嶼考古学』1968，PL39，45より選出．原図を一部補正）

類とともに，本貝塚での特徴といってよい。

　カワウソの下顎骨がⅢ・Ⅳ層で各1点出土しているのも，水辺の狩猟の獲物として多い方である。他に四肢骨もある。

　陸獣骨とくにイノシシ，シカ（大型の *Cervusnippon hortulorum*）とした骨も多く出土している。シカに比べてイノシシは骨の実数が少ない。個体数の上でもかなり差があると予測される。これらの獣類は半島部から運ばれて来たものであり，頻繁な往来があったはずである。

②上老大島山登貝塚[4]

　上里貝塚の反対の北側，西端にある。貝塚層は櫛目文期の後期。貝類は大型のスミノエガキタイプのカキとムラサキインコなどのイガイも多い。骨は少なく魚類で椎骨1点，哺乳類で小型のニホンジカタイプの下顎骨片と角片，四肢骨片が主で，マイルカの環椎1と肋骨片。この状況は上述した上里貝塚とやはり共通するとみてよいであろう。

③大黒山島〜小黒山島貝塚[5]（全羅南道新安郡黒山面大黒山島，下苔島，小黒山島の各島嶼にある貝塚）

これらの島は本土半島部を距つこと（木浦を起点とすれば），大黒山島まで80km，小黒山島までは130kmの西海中の孤島である。孤島とはいえ島の大きさは日本の伊豆七島三宅，神津，御蔵島ほどの大きさを有し，漁村の島である。これらの島の考古学的調査は，1966年より2カ年の計画でソウル大学校東亜文化研究所によって行なわれ報告書がまとめられた。その中で筆者が強い関心を持ったのが，下苔島，小黒山島における貝塚の動物遺体であった。

　下苔島A貝塚　＊図版による

　貝類：アワビ類，イタボガキ，シナハマグリ

　鳥類：アホウドリ（？）＊

　魚類：コブダイ下咽頭骨＊

　獣類：アシカ＊，クジラ類＊

　図版中にある骨の大部分がアシカ類の歯牙，肢骨片であり，こうした獣の捕獲がこの島での重要な生業になっていたことを示している。ここには，頭頂骨片，大型の下顎骨片，上腕骨片，橈骨片（いずれも成獣♂），犬歯でも大型の♀♂の下顎犬歯とともに，ごく若い個体の上・下の犬歯がみられる。この幼・若・成獣，雌雄の組合せは鰭脚類とくにアシカ類の捕獲の場合にしばしばみられ，それがこの遺跡のようにある程度まとまった出土となると必ずこの組合せがみられる。

　小黒山島・可居島里貝塚

　上述の下苔島からさらに南に25kmの位置にあり，まさに西海中の孤島である。しかし，ここにも貝塚が知られている。前掲報告図版に貝・獣類をみる。

　貝類：アワビ類，ヨメガガサ，マツバガイ，サザエ，レイシガイ，アヅマニシキガイ，イガイ，シナハマグリ

　甲殻類：フジツボ類

　獣類：アシカ類の犬歯，切歯

　この写真中にも大型の雄の上・下犬歯，雌の犬歯，若い個体の上・下の犬歯をみることができる。ここで詳細をのべる余裕はないが，水産大学

81

校資料は四肢骨が多く，大きさを知るのに好都合のものである。そして，これにも，大型成体の雌・雄，若い個体がみられ，上述報告の犬歯のあり方と一致する。

④突山松島[6]（全羅南道麗川郡突山邑松島）

麗川の半島の南端2.0×0.4kmの小島である。貝はスミノエガキタイプのカキが主で，スガイなどの小巻貝，アワビがまれに混在する。中型獣の下顎骨片とイノシシ，シカがあり，魚骨は釣針が出土しているが報告にはない。本土と最も近い貝塚になる。

2 南海島嶼の貝塚にみる外海系貝塚とその動物群—まとめにかえて—

半島南海の島々には新石器時代以降今日に至るまでの貝塚が点在する。それらの貝塚はその時代時代のここに生活した人々の証の一つである。その性格を単に時代順に直線的に並べてみることはできない。それぞれの時代の経済活動の条件が関わるからである。新石器時代においても上述した三つの貝塚は，他の貝塚と比べて，岩礁性巻貝類の包含率が高く，海棲獣類遺骸の多いことが特徴的である。これらは外海系貝塚の特徴である。しかし，これらの貝塚もまた，本土沿岸からの距離と半島南海の場合には海深の条件が加わる。この水域では浅海水域が沖合いにまでみられるからである。

上述した貝塚のある島の付近の現在の海深をみると，30m以上の深さに囲まれるのが大山〜上・下苔〜小黒山の諸島域で，ここでは岩礁貝とアシカ類が主体で，陸棲大型獣は極めて少ない。ただ，貝塚の規模はさほど大きくはないので，アシカの季節的な生息の時期をねらって生活した人々の遺跡と思われる。

上老大島山登貝塚は海深30m線の内側にあり，25〜28mの海で囲まれている。そして本土からの距離は大黒山島の1/4である。外海魚が主となり，鰭脚類よりもイルカ類が多くなり，かつ陸獣も多い。この性格をさらに本土近くの位置でもち得たのが影島東三洞貝塚であり，その島の大きなこととともにとくに恵まれた条件下にあった貝塚といえる。

そしてさらに浅海と本土接近の位置にあるのが突山松島の貝塚で，海深は10m線以内で，7〜8m位である。本土との距離は200mである。魚骨

はまれで，獣骨はむしろ本土からの獣であった。浅海で本土に近く鹹度もやや低くなる水域はカキの好生育の場所であり，島の周囲に発達したカキ礁は最も容易にカキの採れるところである。松島貝塚はそうしたカキの生産地を背景にして形成された貝塚であろう。

そして，これらと中間の位置にある貝塚も当然あり，その示す動物相にもそうした傾向がみられるのではないかと思われる。朝鮮半島南部の多島海地域の貝塚立地をめぐる人と生業問題は，その複雑な環境の条件を反映して，日本にはみられない特性をもつようである。今後の韓国考古学の重要な課題であり，これに取組まれる研究者の活動に大きな期待を寄せるものである。

補記　半島西岸域にも同様の新石器時代島嶼遺跡があるが，これにはふれる余裕がなかった。たまたまソウル大学の任孝宰先生から直接うかがった京畿道甕津郡白翎面白翎島の遺跡がある。この島は本土よりかなり離れ，先にのべた黒山島と本土と同じ位の距離になる。ここはマガキが主で，獣骨も陸獣が多いようである。性格が南の方とは変わるかも知れない（任孝宰・李俊貞「白翎島の考古学調査」ソウル大学校人文大学考古美術史学科自然実態総合調査報告，No.7，1987）。

註
1)　金元龍・任孝宰『南海島嶼考古学』ソウル大学校文理科大学東亜文化研究所，1968
2)　この貝塚の脊椎動物遺体についてはすべて筆者が実査している。詳細は未発表。本稿もそれによっている。
3)　孫宝基『上老大島の先史時代生活』1982
　　本貝塚の資料については孫宝基先生のお計らいで，延世大学校に所蔵する資料を見せていただいた。本稿の記述は，上記論文と筆者の実査による。このときお世話になった延世大学校李起吉先生に厚く御礼申し上げる。
4)　金東鎬・朴九秉『山登貝塚』釜山水産大学校，1989
　　この資料の実査に当って博物館朴九秉先生にお世話になった。またこの調査に対し慶星大学校申敬澈先生，釜山市立博物館宋桂鉉氏に紹介いただいた。なお実査に当り，釜山大学校博物館徐始男，昌原文化財研究所の兪炳一氏の協力を得た。併せて御礼申し上げたい。
5)　金元龍・任孝宰，上掲書
6)　趙現鐘『突山松島』I・Ⅱ，国立光州博物館，1989〜90
　　この資料の実査に当って博物館趙現鐘先生に大変お世話になった。本誌を借りて御礼申し上げたい。

韓国島嶼地域の遺跡

釜山大学校考古学科

鄭 澄 元・鄭 漢 徳
（チョンヂンウォン）　（チョンハンドゥ）

韓国西南海岸の島嶼地域はとくに水産資源が豊富な所であるが，
新石器時代には遺物からも北部九州との深い関わりが認められる

韓半島の西海および南海岸は，大小数多くの島嶼と半島，そして湾入が発達して，海岸線の屈曲が複雑な，典型的なリアス式海岸を成している。したがって，この地域の水深は比較的浅く，風波の影響が少なく，海水と淡水が緩慢に交差するため，はやくから水産資源が豊富な所であった。

これら多島海地域は，韓半島の東西・南北間はもちろんのこと，日本との海上交通においても中継地の役割を果たしたがために，内にあっては本土文化の波及・盛衰と，外には外来文化の流入によってうかがえる文化的，歴史的要地でもあった。

とくに海との関わりが深い新石器時代にあっては，韓半島南部海岸島嶼地域と日本の北部九州地域が，生態的条件において相互共通点がみうけられ，生業形態と遺物にも類似する様相を示している。よって，新石器時代の韓半島と，日本列島との間の文化交流は，単純に偶発的な遺物だけの移動によってのみなされたものではなく，漁撈民の漁撈活動のように，より具体的な交渉・活動を通した交流があったと考えられる。具体的に西海中部島嶼地域，西南部島嶼地域，南海部島嶼地域の三地域に分けてながめてみたい。

1　西海中部島嶼地域

西海（黄海）中部島嶼地域は，北緯38度線直下の京畿湾と，その周辺を示すもので，また漢江下流域に面している。新石器遺跡は，北から京畿道甕津郡白翎面白翎島と，松林面延坪島貝塚，そして江華郡江華島の三巨里，道陽里，東幕洞がある。東幕洞前方の海上，南6kmの対岸の緯度直線上に同郡長峰島（2），矢島貝塚（1），信島，永宗島などの遺跡が点在する。再び南下して昇鳳島貝塚，蘇爺島貝塚（4），徳積島貝塚，始興郡郡子面烏耳島新浦洞A，B貝塚（3）などがある。

江華湾をはじめ，西海岸および島嶼部は，前6000年頃は平均温度が現在よりも高く，温暖であり，海水面は最大海進期を迎えていた。海進のク

ライマックスがすぎて，次第に海退現象が現われる。これらの事実と関連してか，この地域においては隆起文土器系の遺跡はみられず，沈線文を主体とする前期の有文土器がわずかに認められ，後期のものが多い。

烏耳島貝塚を例にすれば，有文土器は砲弾形（丸底）を呈する深鉢形土器が主である。胎土には粘土が多く混入されており，砂質土に滑石，石綿，雲母が含まれている。文様は口縁部に短斜線文，魚骨文，点線列文，爪文，格子文，重弧文，胴部には斜格子文，魚骨文があり，烏耳島新浦洞A貝塚で口縁部，胴部，底部の三区画文様帯がわずかにみられる。

II類（新石器時代中期）が主にみとめられる烏耳島貝塚，蘇爺島貝塚では，三区画施文文様がくずれ，口縁部，胴部に短斜線文，短斜点列文，爪文，変形短斜線文，円点文が施されるようになり，北部貝塚群の^{14}C年代は4080±45B.P.である。

III類（後期）は，従来矢島期と設定されていたが，烏耳島貝塚発掘調査の成果にもとづく文様モチーフの層位別分布を分析・検討した結果を参考にしてIII期の第1分期を矢島期，第2分期は別望期，第3分期を延坪島期に細分している。

北緯37度と36度の中間，忠清南道瑞山郡泰安半島南端にある安眠島古南里2号貝塚（6）からは，新石器時代晩期のものがみられる。器形は砲弾形で，胎土に砂質のものが混ずる粘土を多く含んでおり，京畿湾一帯の貝塚遺跡のものと同趣である。文様は，口縁部に点線列文，斜短線文，胴部は羽状沈線文が主体であり，尖島貝塚，別望貝塚（5），烏耳島貝塚に共通するようである。

2　西南部島嶼地域

西南部島嶼地域は，北緯36度線以南，全羅南・北道に面する。遺跡は扶安界火島（7），新安地域の大黒山島鎮里（11），小黒山島（13），下苔島（12），牛耳島（14），莞島古今島（16），智島（10），於義島（8）などで貝塚が確認され，有文土器片が収集されて

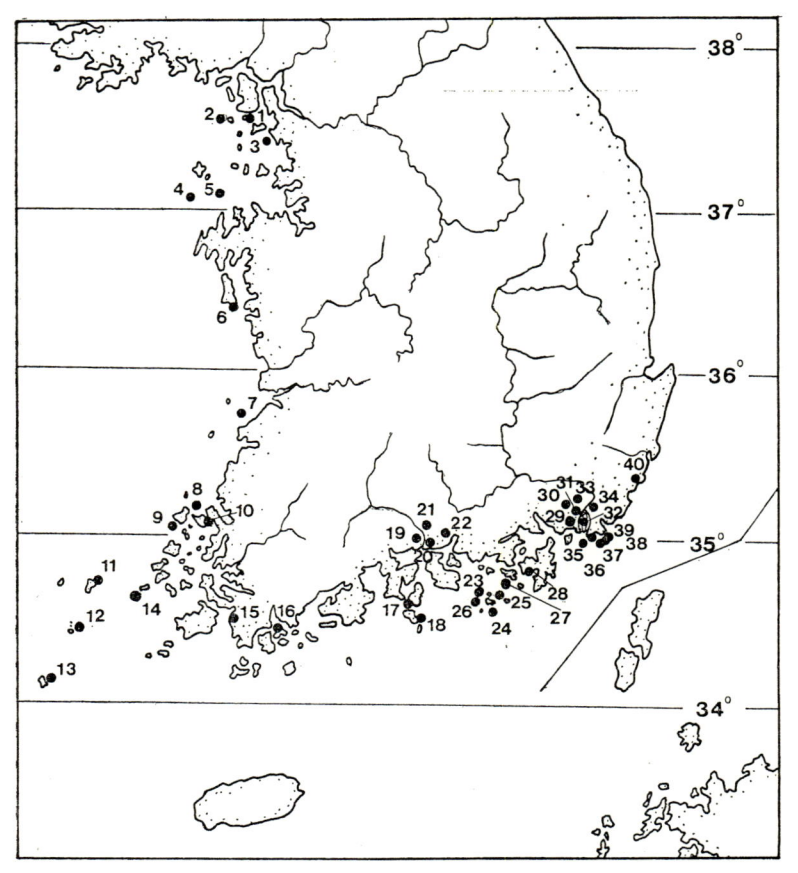

韓国島嶼およびその周辺地域の遺跡分布図

1矢島, 2長峰島, 3烏耳島, 4蘇爺島, 5別堂, 6安眠島古南里, 7扶安界火島, 8汝矣島, 9荏子島, 10智島, 11大黒山島, 12下苫島, 13小黒山島, 14牛耳島, 15トゥモリ, 16古今島, 17突山松島, 18金鰲島, 19烏沙里, 20銭里島, 21牧島, 22旧坪里, 23上老大島上里, 24欲知島, 25下老大島, 26上老大島山登, 27烟台島, 28山達島, 29凡方洞, 30農所里, 31水佳里, 32北亭洞, 33府院洞, 34金谷洞, 35多大浦, 36岩南洞, 37瀛仙洞, 38東三洞, 39朝島, 40新岩里

文を主要素とする。口縁部施文のものが多い。二重口縁土器は後期に属する。その他, 隆起文土器は小黒山島, 丹塗磨研土器が下苫島(テド)でみとめられる。

突山松島貝塚は, 1989年と1990年に国立光州博物館で調査された。全南地方新石器時代遺跡中, 正式発掘がなされた最初の例である。層位は4層に分かれ, また南海岸地方で, 初めて新石器遺跡から2棟の住居址が検出された。住居址は, 貝殻層の上に粘土を敷き固めて作られており, 住居址は複合の状態で発見された。破壊がはなはだしく, 断定できないが, 円形の炉址をもち, 平面円形ないしは楕円形プランのものと推定される。

土器は深鉢形が主であり, ほかに壺, 甕がみられ, 器底は平底のものが比較的多い。

土器文様は, 最下層から隆起文, 中間層では瀛仙洞(ヨソンドン)タイプ, 押引文, 上層からは退化した沈線文と, 二重口縁土器が主に検出されている。主として, この遺跡では, 典型的な南海岸型の太線沈線文段階のものが認められず, その段階がなかったものと推定される。

3 南海部島嶼地域

南海島嶼地域は, 主に慶尚南道沿岸部, 島嶼部を指す。遺跡は西南部からあげると河東郡元牧里牧島(モクト)(21), 泗川郡西浦面旧坪里(クビョンニ)(22), 統営郡欲知面上老大島山登(サンノデドサンドン)(26), 上老大島上里(サンニ)(23), 下老大島(25), 欲知面東港里(トンハンニ)(24), 山陽面烟台島(ヨンデド)(27), 巨済郡巨済面山達島(サンダルド)(28), 金海郡長有面水佳里3, 水佳里Ⅱ区(スガリ)(31), 酒村面農所里(ノンソリ)(30), 金海市府院洞(プオンドン)(33)等々の貝塚遺跡と, 南海岸部新石器時代遺跡中, 最東端に位置する蔚州郡西生面新岩里(シナムニ)の1, 2, 3, 4の各遺跡(40)が確認されている。

そして, 釜山市周辺の遺跡としては江西区茅山

いる。

そして, 全羅南道と慶尚南道の境界を流れる蟾津江河口の周辺に光陽郡津月面烏沙里(オサリ)(敦卓)貝塚(19), 麗川郡南面柳松里金鰲島貝塚(18), 突山邑郡内里松島(ソンド)A, 松島B貝塚(17)がある。

新安大黒山島鎮里遺跡は, 鎮里湾南岸の北側傾斜面の海岸に接する砂地に位置する。試掘によって文化層が確認された。第1層は褐色砂質の攪乱表土層であり, 第2層は砂礫の貝殻層で, 土器と礫石器とが伴出する。第3層は褐色砂層で土器片を伴う。

器形は, 丸底を特徴とする中西部地方のものと同一である。土器の胎土には砂質, 粘土質, 滑石混入の3種類に区分可能で, 文様は点列文, 沈線

洞凡方(ボムバン)(29)，江東洞北亭(ブクチョン)(32)，沙下区多大浦(タデポ)(35)，西区岩南洞(アムナムドン)(36)，影島区瀛仙洞(37)，東三洞Ⅰ，東三洞Ⅱ(38)，朝島(39)，北区金谷洞栗里(ユルリ)(34)の各貝塚がある。

とくに上記南海沿岸部における新石器遺跡は，主に島嶼部に集中・分布する傾向が色こく，沿岸部に位置する遺跡は河川下流辺に多く集中してみられる。これらの現象は，当時の生活が漁撈，すなわち水産資源に依存する比重が大であり，さらに当時の生業形態を，ありのままに反映したものであるとおもわれる。

島嶼部においては，遺跡は概して内湾が広く展開する内側に立地しており，隆起文土器相当期の遺跡はほとんどが貝塚を形成している。

欲知島東港里貝塚では4つの層位が確認され，遺物はうち3層から検出された。遺構は積石施設2ヵ所と墳墓2基が確認されている。土器類は層位による区分が明らかでないが，隆起文土器，瀛仙洞式押引文土器，南海岸型太線沈線文土器，退化沈線文および二重口縁土器などが多量に出土している。石器類は磨製・打製の石斧，石鏃，砥石，敲石などと，黒曜石製の石器，剝片が多く出土する。このほかに刺突具，骨鋸，結合式釣針などの骨角器と貝釧が出土した。

土器の文様から推して，この遺跡は南部地方新石器早期段階から末期まで存続したものと推察される。とくに注目すべき点は，2号墓では左右側頭骨に外耳道骨腫（骨瘤）のある男性人骨が検出されたことである。当時の人々が潜水作業を行なった可能性を示唆している。

烟台島貝塚では，9個の自然堆積層中，Ⅴ～Ⅸ層が新石器文化層で，4基の墳墓が確認・調査された。

遺物は土器，石器，骨角器とともに貝類，魚類，海獣類などが比較的豊富に出土する。

土器は隆起文，押引文，太線沈線文のほかに，退化した短斜線文土器が採集されており，この遺跡が新石器時代の全期間にわたって形成されたと推定される。とくに，隆起文土器と瀛仙洞式押引文土器が多量に出土し，南海地域の初期櫛文土器編年研究に良好な資料を提供している。石器は打製石器が主体であり，多量の黒曜石製の石器を検出した。

注目に値することは，土器資料には九州縄文前期の轟(とどろき)貝塚，曽畑(そばた)貝塚のものと対比できるもの

が多く出土しており，石器においても韓半島で初めての横形石匙と，黒曜石製そしてチャート製の銛形石鏃が多量に出土した点である。その他，鹿角製刺突具，結合式釣針，ベンケイ貝製釧を着装した人骨などが明らかにされている。

上老大島貝塚は3～4層に区分可能であり，下層から上層に移りながら隆起文，刺突押引文，退化沈線文，二重口縁土器の順に変化を示している。石器には掻器，彫器などの不定形剝片石器が多数みられる。鋸歯縁石器は長崎県深堀(ふかぼり)遺跡出土のものと酷似する。また九州縄文後期の中津式(なかつ)とおもわれる土器もみられ注目される。

4 まとめ

西海中部島嶼地域は，大同江下流域を含めて新石器時代の典型的土器である砲弾形の櫛文土器の中心分布地域に該当する。「西韓尖底類型土器」（あるいは西韓土器）と称する。貝塚の大部分は浅海を望む内湾性のもので，櫛文土器後期の当時は海水面が現在より，概して7m低いといわれている。前期の沈線文を主体とする櫛文土器は，南下して扶安(ブアン)・界火島(ケブァド)でみとめられ，西・南海島嶼部地域での貝塚遺跡は隆起文土器を，その特色として提示され，西海中部地域とは対照的である。

西・南海島嶼部の遺跡で発見される漁撈生産具としての石鋸，石鏃，鋸歯縁石器，結合式釣針，石匙，銛形石鏃，鎌崎型スクレーパー，十字形石器などと，土掘具としての打製石斧の存在は，植物採集とともに動物性食料資源の調達を目的とした生業がさかんであったことを物語る。このようにして，東北アジアとの深い関わりのもとで韓国西・南島嶼部と西北九州に，いわゆる「西北九州型漁撈文化」，あるいは「対馬暖流型漁撈文化」圏が成立したものとおもわれる。　（文寶・鄭漢徳）

陝川鳳溪里出土の食用植物遺体

東亜大学校博物館

李 東 注
（イトンジュ）

韓国慶尚南道の西部内陸地方に位置する陝川鳳溪里遺跡（ハプチョンボンゲリ）は1987年11月6日～12月29日，そして翌1988年5月16日～6月30日，東亜大学校博物館によって調査された。ここで南部地域では初めて新石器時代の住居址群が確認され，土器および石器をはじめとする多量の遺物が出土し，韓国新石器文化の研究に貴重な資料を提供するようになった。

とくにこの遺跡では相当量の食用植物遺体が出土したが，報告当時には採取した土壌の遺存物確認が終わらないままその一部だけが報告されたので，この機会にこれを総合的に紹介してその意義を再考し，報告しようと思う。

1　鳳溪里遺跡出土の食用植物遺体

(1)　出土遺構

第8号住居址　この住居址の上には現代の家屋があったが，この家屋築造時の基礎作業の痕跡がほとんど床面近くまで及び，住居址のかなりの部分が攪乱されたものとみられる。

床面内部の炉址と判断される部分に平底の土器が底部が破損された状態で置かれてあり，表面に黒くススけた痕跡があった。その下部に火を焚いた痕跡がみられるが，ここでドングリの破片5点が出土した。

この住居址から数点の土器破片が出土しており，混入品もある可能性が多いが，炉址上の平底土器はこの住居址のドングリと関連があるものと判断される。この土器は有紋土器（訳註：朝鮮櫛目文土器のこと）と同じ胎土をしているが，器形や製作技法上，無文土器と似ているので，この遺跡から出土した有紋土器の中では最も遅い段階に相当するものである。

第9号住居址　道路わきの民家の下にあった。民家のオンドル装置がかなり深く設置され，西側の肩の線を一部こわし，やや不規則な形態をしている。住居址内部の西側と南側に2つの円形竪穴遺構が確認された。西側遺構は直径約1m，深さ50cmのものであるが，火を使ったような痕跡があり，木炭が一緒に出土しているので，炉址と思われた。南側のものは直径約60cm，深さ約30cm程度の貯蔵穴と考えられる。報告書に記載されたものは東側の炉址から出土したものであるが，今回新たに紹介するものは，南側の貯蔵穴から出土したものである。ここから出土したドングリは炉址から出土したもの

とは種類において若干差異があって，報告書に記載したものは一般的に韓国でサンスリ（カシワ），またはクルバムとよんでおり，今回紹介するものはトトリ（ドングリ）とよんでいる種類である。すなわち形態においてサンスリは円形に近い形態をしてやや大きい方であり，トトリは長楕円形のもので，前者に比べやや小さい。もちろんこれらの種類をだいたい区分なくトトリと混用している。

この住居址では本遺跡で最も多くの食用植物遺体が出土している。磨石（碾石）も一緒に出土し，これを加工して食用としたようで，その他にヒロハアキグミの実と推定される核果類も1点出土した。

第10号住居址　やはり上には民家があったが，ほぼ完全に遺構が残っていたものとみられる。この住居址の東北隅に直径約80cm，深さ50cmの炉址があり，ここからドングリの破片15点とクルミの破片1点，そして核果類に属するサルグ（アンズ），もしくはメーシル（ウメ）の種子と思われるものも1点出土した。

第11号住居址　この遺構は住居址とよぶにはあまりにも小さく，内部にはほとんど半ばを占める直径110cmばかりの炉址と，直径50cmばかりの炉址2カ所があったが，これからみてここは部落共同の炊事場とか，土器を焼く場所のような，ある特別な用途の遺構と考えられる。規模が大きい炉址からは炭化した木炭と土器破片など，そしてドングリの破片5点が出土した。

第12号住居址　内部に炉址や柱穴のようなものは出土しなかったが，規模も小さいために住居址というよりは住居に付属した倉庫のような遺構と考えられる。この住居址の床からクルミの破片多数が多くの場所に分散して出土したが，ドングリ類は1点も出土しなかった。

第14号住居址　伽耶古墳と第2号住居址の下部に位置しているが，第3号住居址，第17号住居址と重複している。この住居址は切り合い関係によって中央の一部だけ残っていたが，第3号住居址よりは早く，第17住居址よりは遅いようだ。中央に黒色の赤褐色焼土からなる直径約80cm，深さ30cmの炉址があったが，ここから土器破片などとともにクルミ片が多数出土した。

第15号住居址　これもやはり民家の下部に位置していた。中央に直径約50cm，深さ15cmばかりの炉址があったが，ここからも赤褐色焼土と多数の土器片とともにドングリ片2点が出土した。

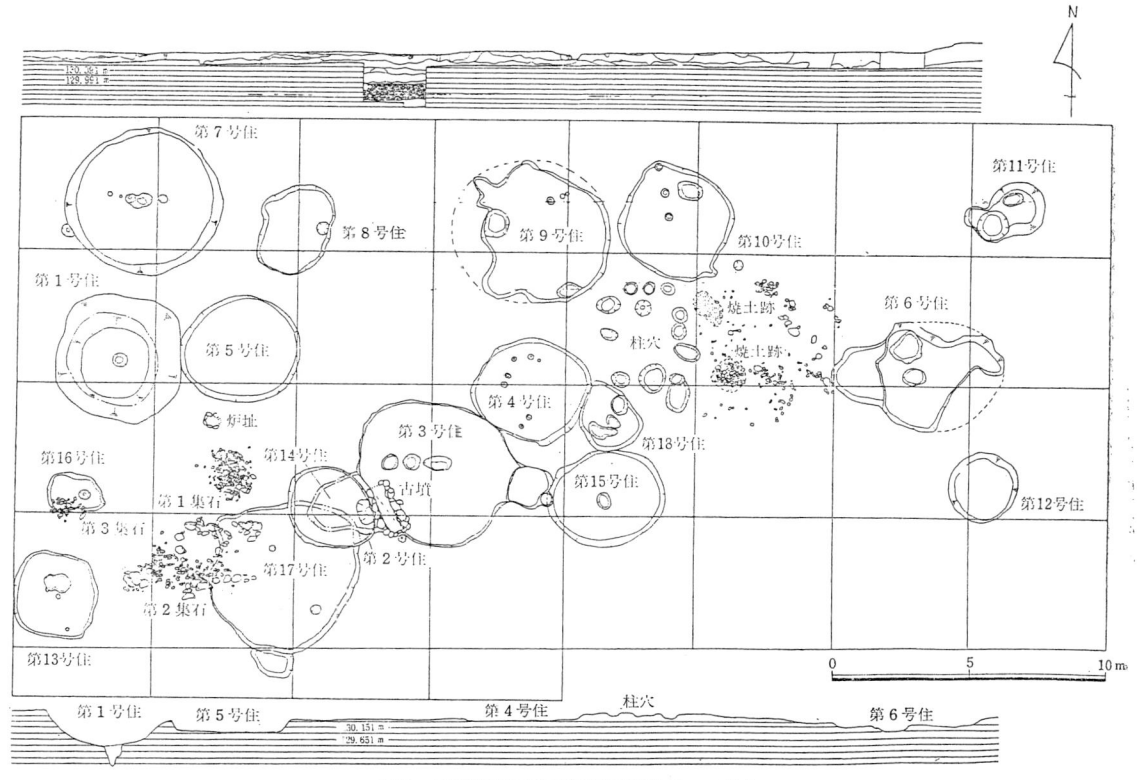

図1　陝川鳳渓里遺跡遺構配置図（1，2次）

柱穴群および焼土跡Ⅰ・Ⅱ　柱穴群および焼土跡は第4，9，10，6，18号住居址の中央に位置しており，出土遺物からみてこれらの住居址はほぼ近い時期に形成されたとみられるので，柱穴群はこれらの共同の作業場跡と推定される。そして焼土跡は柱穴群のすぐ前にあり，直径が1m以上になる比較的広い円形で2ヵ所あり，その内部から藻石が多く出土した。

この柱穴群と焼土跡の内部からも土器および石器などとともにクルミ類とドングリ類の破片が多数出土した。

2　食用植物遺体の種類

この遺跡から出土した食用植物遺体の種類は大きく殻の内部のものを食べる殻果類と，外部のものを食べる核果類にわけることができるが，殻果類としてはクルミ（オニグルミ）とサンスリ（コナラ），トトリ（ドングリ）があり，核果類としてはヒロハアキグミの種子と考えられるもの1種と，サルグ（アンズ），もしくはメーシル（ウメ）の種子と考えられるもの1種など，合計5種の食用植物遺体が確認された。これらの学名をみてみ

表　各遺構別食用植物遺体出土現況

種類 遺構	クルミ	ドングリ類		サルグ（杏）or メーシル（梅）？	ヒロハアキグミ？
		カシワ	ドングリ		
第8号住居址			○		
第9号住居址	○	○	○		○
第10号住居址	○	○	？	○	
第11号住居址		？	○		
第12号住居址	○				
第14号住居址	○				
第15号住居址		○			
柱穴群焼土跡	○				

ると，次のようである。

①カレナム（クルミ）科　ワンガレナム（オニグルミ）*Juglans mandshurica* subsp. *Sieboldiana* Maxim.

②ブナ科　コナラ属 *Quercus* sp.：2種

③サクラ科　サルグ（アンズ）*Prunus Armeniaca* Linn. or サクラ科　メーシル（ウメ）*Prunus Mume* Sieb. et Zucc.

④アキグミ科　ヒロハアキグミ　*Elaeagnus crispa* Thunberg var. coreana

これらの樹種はおおよそ温帯林帯に自生する落葉樹類

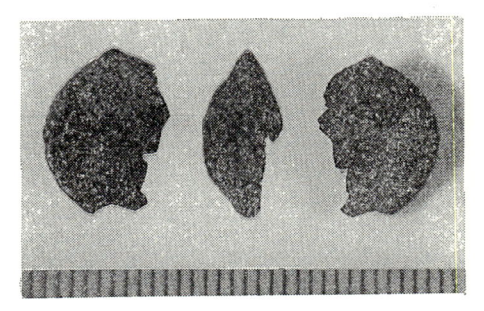

第9号住居址貯蔵穴出土
（前面，側面，背面）

第9号住居址貯蔵穴（上），炉址（下）出土

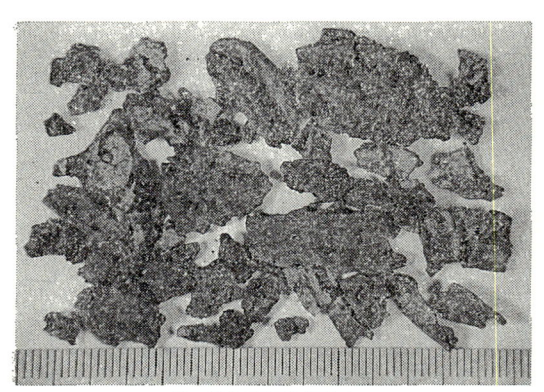

第9号住居址貯蔵穴出土

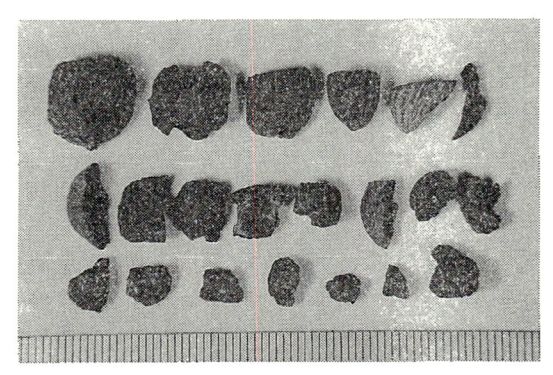

柱穴群焼土跡Ⅰ・Ⅱ出土

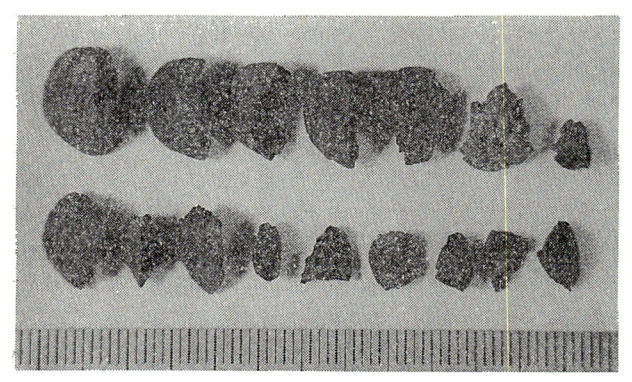

第10号住居址出土

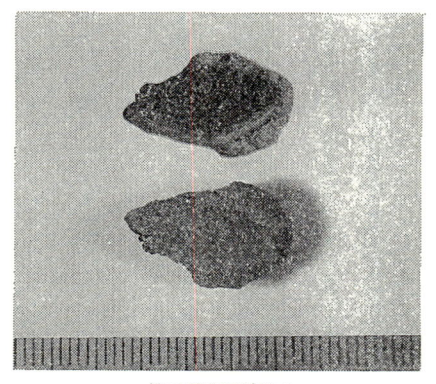

第10号住居址出土

図2　陜川鳳溪里遺跡出土植物遺体

で，一般的に10月頃に実を結ぶものであり，ドングリを除いた残りは韓国の新石器遺跡では初めて出土したものであるが，韓国では昔から多く食用としている種類である。今後も新石器遺跡の発掘を通して継続的に新しい資料が増加するものと期待される。これら食用植物遺体が出土した遺構と種類を表にしたのが前頁の表である。

以上陜川鳳溪里遺跡から出土した食用植物遺体について簡略に触れてみた。最近，韓国新石器文化についての研究と調査が活発になり，多くの分野についての新しい資料が増加している。ここで簡単に紹介した陜川鳳溪里遺跡の食用植物遺体の資料がこの方面の研究に一助となるものと期待している。
　　　　　　　　　　　　　　　　（中山清隆訳）

「首」姓刻んだヘラ書き須恵器——滋賀県桜生古墳群

大﨑哲人 財団法人滋賀県文化財保護協会

7文字のヘラ書き文字を刻した須恵器の短頸壺が，滋賀県野洲町小篠原所在の桜生7号墳から出土した。滋賀県教育委員会・財団法人滋賀県文化財保護協会が1991年4月から同年6月にかけて実施した発掘調査によって発見されたものである。

1 桜生古墳群

桜生古墳群は，近江富士とされる三上山から北へ続く丘陵のひとつである大岩山丘陵の南側山麓部周辺にある後期古墳群で，横穴式石室を埋葬施設とする円墳16基が確認されている[1]。この古墳群について，『古代の日本』第5巻（1970年）で水野正好氏は，安国造家に関わる墳墓として取り上げ，さらに丸山竜平氏は『野洲町史』第1巻（1987年）で，大岩山古墳群との関わりを含めて詳細な検討を行なっている。

古墳群を形成しているのはいずれも径約10〜20m前後の中規模クラスの円墳であり，北側に隣接するこの地域の首長層代々の墳墓である大岩山古墳群との関係が注目される。これら古墳群の南には小規模円墳からなる福林寺古墳群や田中山古墳群などがあり，後期古墳群のあり方に首長層以下の地域の集団構成，被葬者集団相の違いを伺うことができる。

また，桜生古墳群や大岩山古墳群の位置する大岩山丘陵の東方にある鏡山の山麓部には，数多くの須恵器窯が分布しており，今回出土したヘラ書き文字をもつ須恵器の生産地を考えていく上で考慮すべき位置関係にある。

2 桜生7号墳

桜生7号墳は，直径約14m・高さ約4mの規模をもつ円墳で，丘陵の斜面に築かれている。埋葬施設の横穴式石室は，石の抜き取りなどにより玄室の上半部は壊されていたが，羨道部分は天井石まで崩れておらず，比較的石積みはよく残されていた。

横穴式石室は，左片袖式の横穴式石室で全長8.9mを測る。玄室は縦長の平面形で，長さ4.4m・幅2.0m，袖部の幅0.3mであり，羨道は羨門部に向けて緩やかに広がっていく形を呈し，長さ4.5m・幅1.3〜1.9m・高さ1.6〜1.8mの規模をもつ。使用している石材は比較的大型の花崗岩で，平らな整った面が石室の壁面となるように積み上げており，奥壁の基底部には幅1.7m・高さ

1.05mの長方形の面をもつ石材，袖部には高さ1.3mの縦長の石材を据えている。側壁の壁面は，2石目から緩やかに持ち送る。天井石は，羨道部で3石，玄室部で1石が残されており，その状況では羨道部と玄室部での天井の高低差は小さく，いわゆる高天井の立面形ではない。羨道部の天井石は羨門側の1石が約20cm高くなり，段をつくっている。床面は，玄室部分はほぼ水平に整え，羨道部分は羨門に向けて緩やかに上がっていく。

このような構造をもつ桜生7号墳の石室は，丘陵の傾斜方向に直交する主軸をとり，西南西に開口する形でつくられている。石室の築造に際しては，丘陵斜面を削って平坦面をつくって基底石を並べ，石材を積み上げつつ盛り土をして墳丘がつくられている。墳丘の裾部には，1m大の石材をやや間隔をあけつつ列石状に並べており，下方への盛り土の流出を防いでいる。

出土した遺物は，ヘラ書き文字をもつ短頸壺のほかに，杯身・杯蓋・甕・甑・長頸壺などの須恵器，土師器の杯・甕，短刀，馬具，耳環，そして平安〜鎌倉期の黒色土器・土師皿などがある。それらは，墳丘盛り土の基底部付近から出土しているもの，石室内および羨門部付近から出土している副葬品とみられるもの，そして平安〜鎌倉期の一群の3つに大別することができる。

墳丘盛り土の基底部付近から出土している遺物は，石室を築造していく過程において供献されたものとみられ，須恵器の杯・杯蓋・甑，馬具（鞍），鐔などがある。それらの年代観から，築造時期は6世紀後葉と判断できる。

石室内に入れられていた副葬品は，平安時代後期には攪乱をうけており，一部は石室内の埋土中に残されていたが，大半が石室外に投棄された状況で出土している。須恵器の杯・杯蓋・甑・長頸壺・短頸壺（ヘラ書き文字をもつ），短刀，耳環などがある。およそ7世紀前半頃のもので，7世紀第2四半期頃の杯類がその中心をしめている。

3 ヘラ書き須恵器

ヘラ書き文字を刻した須恵器の短頸壺は，攪乱時において玄室内で破損され，石室の内外から破片の状態で出土した。ほぼ完形に接合できたが，口縁部や文字部分の一部を含む体部が若干欠損している。

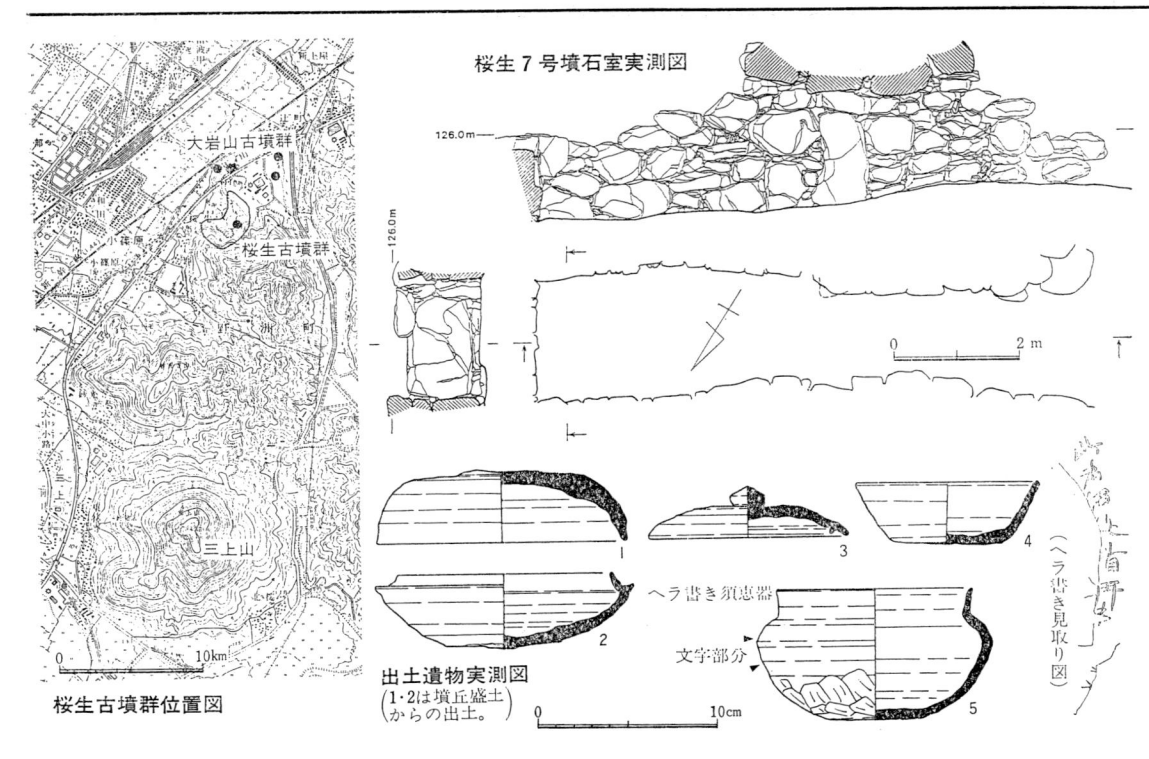

桜生7号墳石室実測図

126.0m

ヘラ書き須恵器

文字部分

出土遺物実測図
(1・2は墳丘盛土からの出土。)

桜生古墳群位置図

（ヘラ書き見取り図）

器高 7.6cm・口径 10.8cm・体部最大径 13.2cm を測る。体部は上半に最大径部をもち，肩部の屈曲はなだらかである。口縁部は，やや外上方に向けて直線的に開き，端部は丸く納める。体部下半には底部にむけてケズリ調整を施す。底部には粘土紐の巻き上げ痕が残されている。

ヘラ書き文字は，土器を口縁部が右側にくるように横向けにした状態で，体部中ほどの位置に縦書きで，土器焼成前に書かれている。文字は漢字7文字で，その下におよそ1文字分の間隔をあけ，やや軽いヘラ使いで文字かどうか判断できないヘラ書きがわずかに認められる。文字は，書き慣れた感じの行書風の美しい書体である。

文字の解読は現在も検討中であるが，「此者□□首□□」と読むところまでは大方の意見の一致するところである。そして未解読分を含めた釈文として下の諸案などがある。

「此者酒人首門□」
「此者沼上首門木〔本〕」
「此者坂上首拝也」
「此者佰迅（佰巡）首拝之」

このように7文字は，「此者〜」といった文となっており，従来出土している須恵器のヘラ書きの例とは趣を異にする。「此者」以下には人名が記されているとみられ，5文字目の「首」は「オビト」と読み氏姓制度の姓（かばね）と考えられる。この土器は共伴している須恵器や形態上の特徴から7世紀前半頃の年代が与えられるものであ

る。

4 おわりに

ここに紹介した桜生7号墳については，この原稿執筆段階において整理調査中であり，1992年春には報告書が刊行される予定となっている。文末にヘラ書き須恵器をめぐっての問題点などをあげて諸氏の教示を得たい。

刻まれた7文字は7世紀前半段階のものであり初期文字資料として，漢字文字の普及や「此者〜」といった表現などの点から日本語の歴史の中での意義づけが求められる。また，「首」姓については，現存する考古資料としては最古級のものであり，その実在が確かめられ，氏姓制度の地方への浸透や大和政権と地方氏族との関係を考えていくうえで重要な意味をもつものといえる。さらに「首」姓をもつ人名については古墳の被葬者名の可能性もあり，直接に古墳の出土品から被葬者像が判明することは墓誌銘に先行するものでもあり貴重な発見である。そして，「首」姓の階層と古墳の規模との関わりから，古墳の墳形と規模に示されるとする被葬者の身分・階層性の秩序を解き明かしていくうえでの基礎資料としてどう評価していくかという課題も大きいといえる。

一体，刻まれた7文字からどれだけのことを読み取ることが出来るのであろうか。多方面からの検討を加えていかねばならない。

註1）野洲町教育委員会『野洲町内遺跡分布調査報告書』1983，による。

室町末から近世の建物跡——北九州市小倉城跡

谷 口 俊 治・川 上 秀 秋 北九州市教育文化事業団埋蔵文化財調査室

小倉城跡は，北九州市小倉北区城内に所在する。今回の発掘調査は，勝山公園地下駐車場の建設に伴い，市教育委員会の委託を受けて北九州市教育文化事業団埋蔵文化財調査室が行なったもので，調査期間は平成2年9月から平成3年10月，面積は約12,000m²である。

1 小倉城の変遷

小倉城の主体部は，山田丘陵から響灘にのびる，紫川と板櫃川に挟まれた，海抜20m以下の狭小低平な台地の北端に位置し，その城下町は紫川および板櫃川河口を中心に，海岸線に添って東西方向に形成された砂丘上に営まれている。1600年（慶長5）の関ヶ原の戦い後，豊前国の領主となった細川忠興によって築城されたもので，5層の天守閣を中心に，城内には平櫓117棟，二階櫓16棟，門櫓12棟が配され，さらに，3,271におよぶ矢狭間が設けられた壮観な城であったといわれている。

小倉城は古くから「勝山の城」とか「勝野の城」とか言われていたが，いつごろから城として築かれたのかは，全くといっていいほどわかっていない。確実と思われる築城の記録としては，1569年（永禄12）に九州に上陸した中国毛利氏が，小倉の港に平城を築いたという記録が古いものである。1570年（元亀元）には岩屋・宝満両城にいた高橋鑑種が小倉城に入り，豊臣秀吉の九州平定後は，毛利勝信が豊前国企救・田川の2郡6万石の大名として入城している。しかし，関ヶ原の戦いで豊臣側についていた勝信は，徳川家康によって改易され，代わって1600年（慶長5），細川忠興が30万石の大名として中津に入り，1602年（慶長7）には，小倉の町を本拠として小倉城の普請にとりかかっている。1632年（寛永9），細川家が熊本に転封されたあとは，播磨国明石城から小笠原家が入り，以後200年にわたって小倉の地を治めるが，1866年（慶応2）8月1日，第2次長州戦争の中で小倉城を自焼してしまった。

2 調査概要

調査区域は小倉城の主体部が立地する丘陵の東側裾部と紫川西岸との間にあたり，江戸時代には厩や蔵地，舟入りなどの施設が置かれていた所である。調査は現在蔵地部分で続いており，厩部分の中・近世の調査について述べていく。また，城郭についてはほかの遺溝遺物との

関係もあり，毛利勝信以前を中世城郭と呼称している。

ここでは大きく，①中世城郭成立以前，②中国毛利・高橋期，③毛利勝信期，④細川・小笠原期に分けて記述する。

①中世城郭成立以前

小倉城の主体部が立地する丘陵裾部には，古砂丘の形成が認められる。しかし，調査区域では北西隅でわずかに露呈している程度で，南に向かって急激に傾斜を深め，北西隅以外では縄文時代から古墳時代にいたる遺物を包含した灰色礫層が，ベースを形成している。この上に黒色粘質土が堆積し，北西側では露呈した砂丘上から続いて若干の遺構がみられる。しかし，南側から東側にかけて貝が混じった泥質地を示し，遺構はみられない。黒色粘質土の年代は14〜15世紀頃である。

調査では江戸時代にいたる各層から15世紀以前と思われる遺物が多く出土している。主なものとしては，単弁16葉蓮華文軒丸瓦をはじめとする丸瓦と平瓦，南宋時代の白磁や青磁，ベトナム産鉄絵碗などで，西側低丘陵上で使用されたものと考えられる。また，ふいごの羽口や椀形滓も多量に出土しており，当時この付近が鋳造に関係する遺跡であったことが知られる。

②中国毛利・高橋期

永禄年間から毛利勝信が入城する，1587年（天正15）までの時期で，最初の城郭形成を行なった時代と考えている。前時代には紫川河畔の泥質地であった所を，拳大から人頭大の礫で埋め上面を水平に仕上げている。石積み作業は，小さな区画を造りながら順に南および東側へ拡張している。この石積みの上にさらに盛り土を行ない整地面を形成，その先端部を切り込み段状の石垣（中世3号石垣）を築いている。石垣列は地形に添って曲線を描くように並べられている。整地面は幅8mほどの石組の側溝をもった通路などで区画され，礎石をもった建物や溝などの遺構が認められる。

中世3号石垣の前面では，片口鉢に入れられた明および朝鮮王朝時代の陶磁器が検出された。明製品には雷文をもつ青磁碗1点，染付碗2点，染付皿2点，染付猪口2点，白磁托1点，瓶1点があり，朝鮮王朝時代のものとしては，白磁皿と陶器の片口鉢が1点ずつ出土している。いずれの土器にも故意に一部を打ち欠いた痕跡がみられ，祭祀に使用されたものと思われる。年代は青磁碗

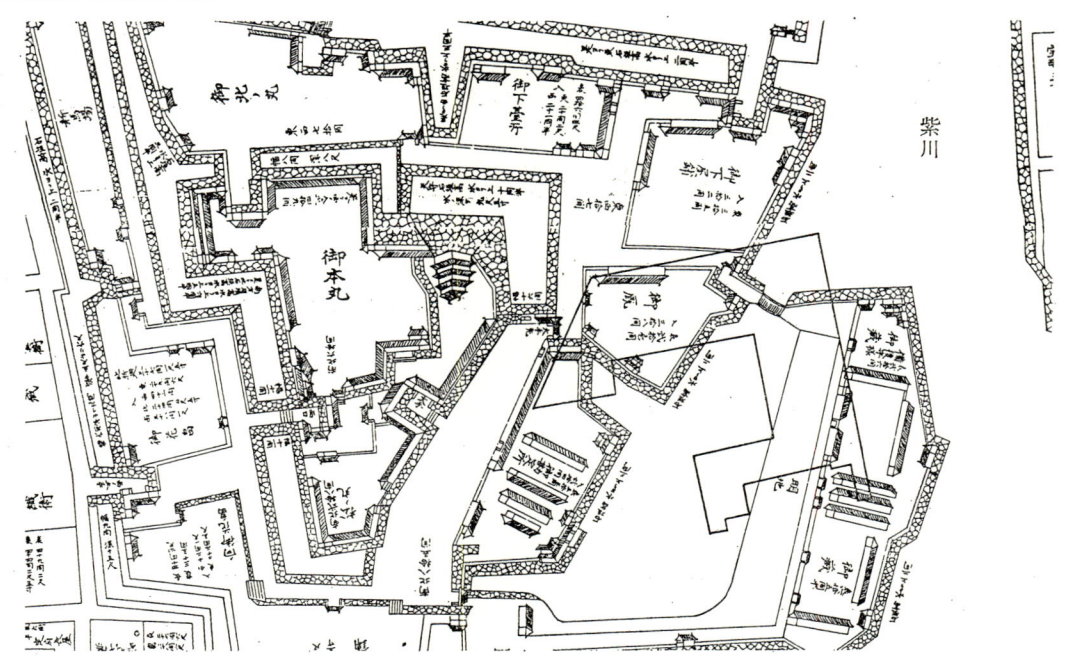

発掘調査区域（小倉藩士屋敷絵図使用）

を除いて，16世紀第4四半期頃が考えられる。

　また，石垣前面からは兜の金箔押立物飾りや「住吉大妙（明）神」銘の墨書木札，漆椀，建築部材などが出土している。

③毛利勝信期

　1587年（天正15）から細川忠興の城普請までの年代である。前時代の面にさらに50cm前後の盛り土を行ない，中世3号石垣より若干東に張り出して石垣（中世6A号石垣）を築いている。自然石を野面積みし，あいだに小さ目の石を詰め込んだもので，この石垣は忠興の普請までに，中世6B・7・1号石垣と少なくとも3回の造り替えが認められる。これらの石垣は3号石垣と異なり，直線的に配列されている。この時代には礎石をもつ瓦葺きの建物が考えられるが，金箔や朱を施した鬼瓦が10点ほど出土しており，中世小倉城を考える上で重要な資料となっている。

　土器は瓦質土器などの在地製品とともに明の染付や朝鮮王朝陶磁が多く出土し，石垣の前面からは墨書された木札が数点出土している。

④細川・小笠原期

　細川忠興による小倉城普請は，前時代の遺構面と石垣をさらに埋め整地を行なうものであるが，北側では約2m，中央部で約10mほどを張り出したにすぎず，当初考えていたよりも調査区域での造成は，小規模なものであることが判明した。厩跡は西側の半分の役所区域，東側半分が馬小屋区域に別れていたものと思われる。西側半分のうち北側部分からは裏側に，「御厩方」と線刻された

硯が出土し，考古学の立場からも当該区が厩跡であることが証明された。ここでは礎石をもつ建物が想定されるが，この付近からは小笠原家家紋の三階菱をもつ「安永□年乙未」銘入の鬼瓦も出土している。また，この頃に建物の建て替えあるいは瓦の葺き替えが行なわれたものと思われる。その南では石敷きをした土蔵造りの建物跡が検出され，馬蹄形をしたかまどが設置されている。厩跡の東半分には長大な建物跡が通路と石垣に沿ってみられ，この建物が馬小屋であろうと考えている。ほかに井戸跡や石組の地下蔵跡などを検出している。

　厩跡と下屋敷（現日本庭園）の間には通路があり，地面は砂利で敷固められていた。下屋敷の石塀には木戸跡がみられ，初期には平たく石を敷き詰めていたものが，のちの造り替え時には階段状に仕上げられていた。

　通路は東端では枡形を呈し，門跡が検出された。門跡は少なくとも2度の造り替えがみられ，両脇には水甕が置かれている。

　紫川に面した外側を巡る石垣は，明治以降にも積み替えが行なわれていたが，位置は細川創建期を留めているものと考えられる。胴木は2本を石列に並行に並べただけのものと，控土台をしたものとが混在してみられるが，少し焼けた痕がみられる建築部材を再利用しているものも多く認められる。

　江戸時代の遺構面は，広く1866年の小倉城自焼時の焼土に覆われていた。室町時代末期から約300年間におよぶ小倉城の最後である。

　遺物は瓦類や有田焼・上野高取焼などの陶磁器類をはじめ，古銭，キセルなど多量の遺物が出土している。

へラ書き須恵器が出土した

滋賀県桜生古墳群

「此者□□首□□」と刻まれた須恵器の短頸壺が滋賀県野洲町桜生7号墳の発掘調査で発見された。古墳は横穴式石室を主体部にもち，6世紀末頃に築造されたものである。文字には氏姓制度の姓である「首」が認められ，人名が土器に書き記されたものとみられる。多方面からの検討がなされるべき貴重な発見である。

　構　成／大﨑哲人
　写真提供／滋賀県教育委員会
　　　　　㈶滋賀県文化財保護協会

大岩山古墳群　桜生古墳群　　　三上山

桜生古墳群遠景

桜生7号墳石室（羨門部から）

桜生7号墳石室（玄室から）

桜生7号墳玄室（上から）

滋賀県桜生古墳群

ヘラ書き須恵器短頸壺

前庭部遺物出土状況

ヘラ書き文字

墳丘盛土基底部遺物出土状況

築城の過程が判明した
北九州市小倉城跡

北九州市小倉城跡は，室町時代にすでに城郭形成があったものと考えられていたが，その場所や規模，築城年代などまったく不明であった。今回の調査でに室町時代の終わりから近世に至る築城の過程を知ることができ，また，金箔の鬼瓦や兜の立物などの貴重な資料を得ることができた。さらに，小倉の町の成立を考えていくうえで，大きな意義をもつ遺跡といえよう。

構　成／谷口俊治
写真提供／㈶北九州市教育文化事業団

小倉城跡遠景

西端での中世3号石垣

石垣前面出土の建築部材

祭祀土器

毛利勝信期の石垣

中世3号石垣前面での祭祀

毛利勝信期の井戸

金箔鬼瓦

西側の厨方跡

かまど跡

細川・小笠原期の石垣と胴木

門跡の検出状況

連載講座

縄紋時代史

12. 縄紋人の生業（4）

北海道大学助教授

林 謙作

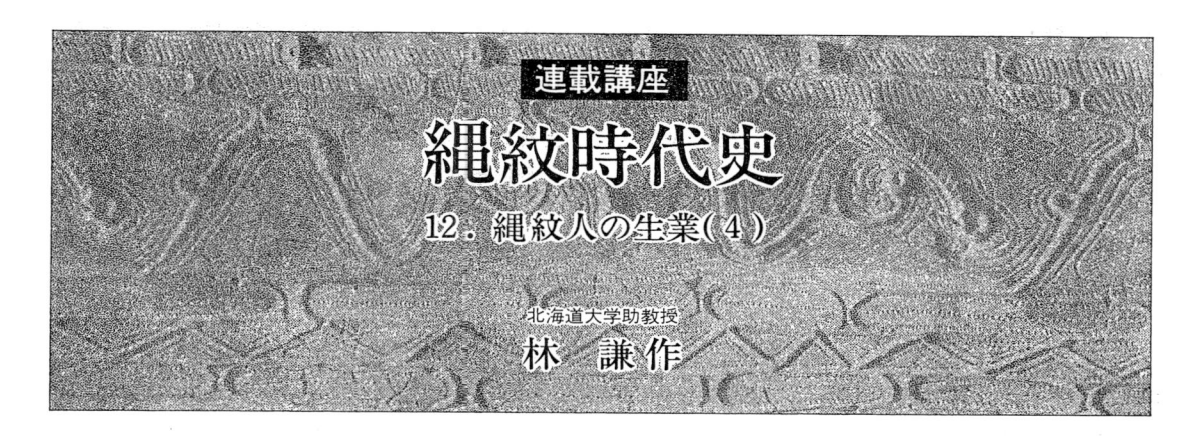

前回，宮城・浅部と同・里浜を例として，食料供給のピークが，内陸部では秋・冬に，沿岸部では春・夏にあり，内陸部と沿岸部のあいだで，たがいに食料を供給していた可能性を指摘した。これに対して，内陸部の集落のあいだで食料の供給がおこなわれた可能性はすくないだろう，と述べた。しかし，このようにいい切ってしまうのは言い過ぎかもしれない。

南北に長い日本列島のこと，おなじ資源であっても，利用可能になる時期にはズレが生じる。たとえばカツオのうち黒潮本流に乗って回遊する群れ（＝黒潮回遊群）は，3〜4月には薩南諸島沖に姿をあらわすが，房総半島付近にやってくるのは5〜6月，金華山沖にたどり着くのはさらに1カ月ほどのちになる[1]。堅果類の結実の時期にどの程度のズレがあるのか，正確なデータは手許にないが，気候条件一般から考えれば，東北北部と関東南部では1カ月前後のズレを見込むことができるだろう。このようなズレがあるとすれば，南北の地域のあいだで，食料の供給がおこなわれていた可能性は，かならずしも否定できない。

さきに，生業を「生物としての人間が生きのびるために欠かすことのできない手だて」と定義した[2]。生業とは，食物を手に入れる手段だ，といっても差支えないわけである。したがって，食料資源の輪郭・食品の組合わせをとらえることができれば，おのずから生業の輪郭もあきらかになってくるだろう。今回は，縄紋人が，どのような食料をどれだけ食べていたのか，その問題を説明しよう。それらの食料を，どこで・どのようにして手に入れていたのか，という問題もとりあげねばならないが，それぞれ生活領域・生活技術の説明のなかで触れることにする。

1. 資源の選択

小林達雄は，縄紋人の食料が多種多様であることを指摘し，「メジャーフッドの実際は，相当多くの種類の組合せからなるものであり，少数種に限定されない点に縄文経済の本質があった」[3]と述べている。この発言を額面どおりうけとれば，縄紋人は季節ごとに手に入るさまざまな食料資源をたくみに利用し，食いつないでいた，という印象をうけるかもしれない。縄紋人が，各種の食料資源をたくみに組合せて利用していたこと，それは間違いない。しかしその組合せは，動物性食料と植物性食料，もうすこしこまかに見ても，堅果類とそのほかの食用植物，貝・魚・鳥・獣などのあいだでのことで，一種類の食料資源の中身は，それほど多様なわけではない。

仙台湾沿岸の貝塚から出ているトリ・ケモノは40種以上にのぼる。しかしすでに説明したように，どの遺跡でも出土していて，20％前後の比率になるのは，ケモノでは（貝殻塚・二月田のような例外はあるが）シカ・イノシシ，トリではガン・カモ科だけである。5％近い比率になるトリ・ケモノとなると，遺跡ごとに顔触れが違っており，一定しない[4]。とくにシカ・イノシシのほかは，小形の肉食性のものが多く，食料として利用したかどうかわからない。かりに利用したとしても，その比重は問題にならない。

里浜で出ている貝は，食用にならぬ微小巻貝をのぞいても，54種。サカナは40種類。しかし，まとまった量が出ているものとなると，貝はアサリを筆頭として，スガイ・オオノガイ・マガキ（ただし幼貝が多い）の3種，サカナはマイワシ・マアナゴ・サバ属・マアジ・スズキ・マフグ科・フ

サカサゴ科・アイナメ類に限られてしまう[5]。宮城・田柄や愛知・伊川津でも，出ているサカナと貝は，やはり少数の種に集中する[6]。

これらの動物の顔触れをみると，とくにサカナ・トリ・ケモノの場合，

a．ムレのなかでくらすか，季節的にムレをつくるもの（シカ・ガンカモ科・鳥類・サバ・イワシなど）と，

b．大形の個体で，利用効率の高いもの（イノシシ・オオハクチョウ・ヒシクイなど）

に集中している，といえる。いずれにしても，ウサギ・タヌキ・ニホンカモシカのように縄張りのなかに分散して暮している動物を追いまわすよりは，はるかに効率がよい。縄紋人は，効率を意識したうえで，獲物を選択していたのだろう。

植物性食料についても，おなじことがいえるのだろうか。残念ながら，いまのところ直接の証拠はない。間接的な証拠として，辻秀子が調査した北海道・十勝地方のアイヌ系住民の伝統食に登場する野生植物のリスト[7]を引用しよう。その結果によれば，彼らの利用している食用植物は，91種にのぼる。しかしそのうちで，多量に採集し消費するものとなると，12種にとどまる。そのうちギョウジャニンニク・ウバユリ・ニリンソウ・ヤブマメ・ヒシ・フキなどの利用頻度がもっとも高く，クサソテツ・ワラビ・ノビル・エゾネギ・エゾエンゴサク・オニグルミ・ツルニンジンなどがこれについでいる（表1）。

利用頻度の高い植物のうち，澱粉を利用するものは，ウバユリ・ヒシの2種にすぎない。ヒシの実は，かてものの位置に転落しており，主食，つまり澱粉の主要な供給源としての役割をたもっているのは，ウバユリだけである。縄紋人も利用していたはずの，カシワ・ミズナラなどの堅果類は，サケのあら・豆・キハダの実・ヤドリギと，炊きあわせて凍らせ，冬季の間食として利用している[8]。アイヌ社会に穀物が登場した結果，野生の食用植物の利用法・役割が変化した結果にほかならない。それでもなお，このような利用法が残っているのだから，穀物がない段階には，これらの植物が主食としての役割を十分にはたすことができた，といえるだろう。

この顔触れのなかには，大規模な群落をつくる種ばかりがそろっている，といって差支えない。フキやニリンソウの群落が，ひとつの沢筋を埋めつくしている光景は，いまでも目にできる。辻の調査によれば，ウバユリの密生する場所では，50 m²あたり40株ほどの密度になり，一世帯あたり一

表1　北海道・十勝地方在住のアイヌの伝統食に登場する野生食用植物（註7を改変）

用途＼シーズン	春	夏	秋	冬
Ⅰ．主食　デンプン利用	カタクリ，ウバユリ**	ウバユリ**	ワラビ*，カタクリ	ヤドリギ
Ⅱ．副食　生食・汁の実　湯掻き・煮物	クサソテツ*，ワラビ*，ゼンマイ，スギナ，ネマガリダケ，ザゼンソウ，ノビル，エゾネギ*，ギョウジャニンニク**，クロユリ キバナノアマナ，エゾカンゾウ，ギボウシ，ユキザサ，サイハイラン，オニノヤガラ，クワ，カラハナソウ，オオイタドリ，スイバ，ノダイオウ，アカザ，スベリヒユ，ハコベ，ニリンソウ**，エゾリュウキンカ，エゾエンゴサク*，ウド，タラノキ，ハナウド，アマニュウ，エゾニュウ，コジャク，ミツバ，イワツツジ，ヒロハヒルガオツリガネニンジン，ツルニンジン*，ヨブスマソウ，アザミコウゾリナ，フキ**，ハンゴンソウ，エゾギシギシ	クロユリ，クワ，スイバ，ノダイオウ，アカザ，スベリヒユ，オカヒジキ，ハコベ，ウド，イワツツジ	ネマガリダケ，ギョウジャニンニク**，ユキザサ，サイハイラン，オニノヤガラ，アオミズ，ハコベ，エゾリュウキンカ，キハダ，イワツツジ，ツリガネニンジン，シイタケ，ヒラタケ，マイタケ	ハコベ，イワツツジ
Ⅲ．かてもの　飯・粥・団子などに混ぜる	ネマガリダケ（種子），ギョウジャニンニク**，ギボウシ，ユキザサ（根茎），アオミズ（根），アカザ（種子），ヤマゴボウ，コウホネ，エゾエンゴサク*（根茎），ヤブマメ**，ハマエンドウ ツリガネニンジン*（根），エゾヨモギ	ヤマゴボウ，ネマガリダケ（種子），コウホネ，ハマエンドウ	ネマガリダケ（種子），ギョウジャニンニク**，クルマユリ，ユキザサ（根茎），ヒシ**，ツリガネニンジン	
Ⅳ．間食	キバナノアマナ（鱗茎），カラハナソウ（根），イケマ（塊根）	イケマ	イチイ，トドマツ，ハイマツ，エゾテンナンショウ，オニグルミ，カシワ，ミズナラ，カラハナソウ（根），イケマ	
Ⅴ．嗜好品	オオバタネツケバナ，アイヌワサビ，エゾヤマザクラ，イソツツジ	クワ（果実），アイヌワサビ，トカチスグリ，サンザシ，エゾイチゴ，ノウゴイチゴ，オオタカネバラ，ガンコウラン，イソツツジ，オオバスノキ，クロマメノキ，コケモモ，クロミノウグイスカズラ	カラハナソウ（種子），アイヌワサビ，トカチスグリ，エゾイチゴ，ノウゴイチゴ，オオタカネバラ，ガンコウラン ヤマブドウ，サルナシ，マタタビ，イソツツジ，ツルコケモモ，イワツツジ，オオバスノキ，クロマメノキ，コケモモ，クロミノウグイスカズラ	シラカンバ（樹液），イタヤ（樹液） イソツツジ

＊＊利用頻度のきわめて高いもの　＊利用頻度の高いもの（原則として部位による使い分けがある場合だけ，その利用する部位をしめした）

シーズン（2ヵ月）のうちに，少なくとも300kg，多ければ800kgの根（鱗茎）を集めることができる，という[9]。これらの植物は，ムレのなかで暮すか，季節的にムレをつくる動物とおなじことで，短期間に多量に集めることのできる資源だ，といえる。オニグルミは，大規模な群落をつくるわけではないが，成長が早く，5～6年のうちに，30ℓ前後は実をつけるようになる。動物のなかの，イノシシ・オオハクチョウなどとおなじ性質の資源だ，といえるだろう。

アイヌの伝統食のなかの，利用頻度の高い植物性食料は，採集の，そしてのちに説明するように，利用の効率を意識して，選択されている。それは，自然の資源のうえに生活を築いている人々としての，しごくあたりまえの判断である。縄紋人も，おなじ立場にたって，日本列島の植物性資源のなかから食料を選択したに違いない。動物にせよ植物にせよ，その地域でできるだけ効率よく，多量に採集・捕獲できる資源，それが縄紋人の資源利用の原則だった。獲得できる量が，安定しているかどうか，つまり当たり外れがあるかどうか，ということも利用する資源を選択する基準となっていた，と考えてよかろう。

山内清男は，カリフォルニア＝インディアンとの類比にもとづいて，「縄紋式文化圏の西南半は木の実を主食とし，東北半は木の実とサケの二本建になっていたと考え」，「旧幕時代にサケの漁場であった付近に大遺跡の残っている所があり，サケの上らない川すじより，上る川すじに遺跡が多いこと等」に注意をむけている[10]。縄紋人が，どの程度サケ・マス資源を利用していたのか，それはいまなおはっきりわからない。縄紋人がサケ・マスをとっていたかどうか，という次元ではなく，大量に獲得できる安定した資源はなにか，という立場からもとらえてゆくのが，この問題を解決する正しい筋道だろう。

山内のサケ・木の実の二要素・二区分に対し，西田正規は，シカ・サケ・ナッツの三要素・三地域区分を提唱する。西田の意見によれば，北海道・本州東北部（東日本）・本州西南部以西（西日本）は，それぞれシカ―サケ型・サケ―ナッツ型・ナッツ型の三つの類型にわかれるという[11]。短期間に大量に獲得でき，しかも供給量の安定している資源に目をむければ，このような区分はたしかに説得力がある。

ただし，この区分が日本列島全体の資源分布の傾向を大まかにとらえたものであることは注意しておく必要がある。たびたびひき合いにだしている仙台湾沿岸は，西田の区分によれば，サケ―ナッツ帯にはいる。しかしすでに説明したとおり，この地域の動物性食料の組合わせは，いくつかの類型にわかれる。とくに沿岸部と内陸部のあいだの違いは，無視できない[12]。西田の指摘するような大枠のなかには，それぞれの地域の固有の条件にもとづいて，いくつもの小さなまとまりにわかれる，というのが実情だろう。のちに紹介する炭素・窒素安定同位体の分析結果からみても，縄紋人の食品の選択は，西田が指摘しているよりもはるかに込みいったものだ，と考えねばならない。

2. 食品の選択 (1)

山内や西田の発言は，縄紋人の常食の中身がどのようなものであったのか，という問題にほかならない。'50年代なかばに，金子浩昌は，はじめて動物遺体の記載に出土量・推定個体数をとりいれる[13]。動物遺体を，考古資料として取りあげ，具体的なデータにもとづいて，縄紋人の常食の中身を復元する途がひらけたわけである。この方向は'60年代から'70年代にかけて定着してゆく。

これと前後して，渡辺誠は堅果類の食料としての重要性を強調し，データを集成するとともに，民俗例にもとづいて，堅果類の利用には渋抜きが必要であること，常緑広葉樹の堅果は水サラシだけで渋抜きができるが，落葉広葉樹の場合には灰汁のなかで煮る加熱処理が必要であることを指摘した[14]。渡辺の指摘によって，植物性食料の利用のしかたは，一段と具体的になった。

動物遺体のデータにもとづけば，遺跡の住民が消費した食料の最小限の量の見通しをつけることはできる。この国では，いわゆる最小個体数の推定（Minimum Individual Estimation, MIIE）が常道になっている。動物の骨を分類群ごとに分け，ひとつの種類の動物の骨を，部位ごとに分ける。さらに左右・上下（近位端・遠位端）にわけて数をかぞえ，そのなかでもっとも多い数だけは，その動物を捕獲した，と推定するわけである。

実際に経験してみると，この作業にもいくつか厄介な問題が顔をだしてくる。のちにかかわりも出てくるので，脇道にそれるが，多少たちいった説明をしておく。性別・年齢を区別することがで

きれば，MIIE が大きくなることはいうまでもない。山武姥山の骨塚のあるグリッドからは，シカの左下顎骨が19点・右下顎骨が11点出ている。ここでは，下顎骨の数がもっとも多い（顎骨から離れた歯はのぞいている）。左側の数をとって，MIIE を19個体とするのが普通である。しかし，乳歯の生えているもの，永久歯に生え換わったばかりのもの，永久歯がスリ減っているものなど，年齢の違う個体がいり混じっていることはすぐにわかる。そこで，歯の乳歯・永久歯の生え換わりの状態・永久歯のスリ減りかたを一々つき合わせてみることにした。その結果，驚くことには，左右のパターンが一致するものは1例もなかった。一頭のシカの左右の歯の減りかたに，大きな違いがないとすれば，左右の下顎骨を合わせた30個体が，正しい個体数だ，ということになる。

　歯の残っている顎の骨などは，年齢・性別が（ある意味では必要以上に）はっきりわかる。しかし手足の骨でも，関節の部分の骨化の進みかたで，大まかな区別はできる。骨の大きさを測ってみれば，さらにこまかな区別ができるようになる。宮城・沼津のある層から多量に出たマガモ級のカモの上腕骨を測ってみたところ，MIIE が35％ほど増加したことがある。山武姥山のシカの距骨でも，おなじような結果が出ている。平口哲夫は，石川・真脇のイルカの上腕骨の左右の計測値は，一致する場合はほとんどない，という[15]。菅原弘樹も指摘しているように，MIIE による数字は，実際よりかなり控目になっている可能性がある[16]。

　これに対し，佐原眞も指摘するように[17]，縄紋人が消費した植物性食料の量を推定することはほとんど絶望に近い。このようなわけで，動物遺体・植物遺体の分析は，いわば2本の平行線のように，ほとんどかかわりを持たぬままに，進んできた。縄紋人の常食が，動物性食料・植物性食料のどちらに比重がかかっていたのか，その点もまったく見当がつかぬままになっていた。しかし'70年代末に，鈴木公雄は「植物性食料の持つ有効性」[18]を指摘した。この鈴木の指摘はひろく受けいれられるようになり，近ごろでは，縄紋人といえば，狩猟民・漁民というより，植物採集民というイメージがつよくなることになった。たとえば，佐原は「縄文人が植物性食料にもっとも大きく依存していたとする解釈は，縄紋時代の食料を学ぶすべての研究者に共通する考えである」とい

い，佐々木高明は，縄紋人の狩猟といっても「冬の猟期を中心に，年間に一家族あたりイノシシやシカの中形獣を，せいぜい六〜七頭ほど捕獲していたと見るのが妥当なように思える」と述べている[19]。

　それはさておき，鈴木は，縄紋人が利用したと思われる食物57種類について，それぞれ100gあたりの熱量，水分・蛋白質・脂質・炭水化物・灰分の比率（表2）をしらべた。さらに，これらの食品を根菜・種実・貝・魚・鳥獣の5種類にわけ，1種類あたり4品目を1kgずつ「生のまま集落に持ちかえったと仮定」する。「生のまま」の堅果類や貝には殻がついており，サカナ・トリ・ケモノには骨・鱗・羽毛・毛皮がついている。これら食用にならぬ部分の比率（廃棄率）から，食品として利用できた重量を割りだせば単位重量あたりの数値にもとづいて，実際に利用できた熱量・栄養価もわりだせる（表3）。

　いうまでもなく，1種類あたり4品目という選択は，まったく架空の想定で，現実に縄紋人が選択した食品の顔ぶれとは，一致しない。表3にしめしたように，ハマグリ・アサリ・カキ・シジミ，あるいはカツオ・サケ・スズキ・マダイを均等に捕獲できる環境など，現実に存在するはずがない。しかし，ここでは縄紋人の食卓のメニューを復元することを目的としているわけではない。動物・植物のどちらが食品として有効なのか，その比較が問題なのだから，ここでは目をつぶることにしよう。

　また，サカナ・トリ・ケモノのどの部分を食品として利用し，どの部分を捨てるか，それは地域の自然環境・社会的な条件・歴史的な伝統によって左右される。いま，平均的な日本の家庭で，サケを1本手に入れたとしよう。三枚におろし，外側の肉を食べ，内臓や頭は捨てるのが普通だろう。皮も捨ててしまう人が多いかもしれない。鰓（カマ）や背骨のあたり（中落ち）についた肉を塩焼にするのは，よほどのサカナ好きか食通だろう。ところが，東北中部以北の地域では，サケは冬季の貴重な蛋白源であった。塩漬け・日干しにしたサケの皮を食べることはもちろん，骨も炒ってくだき，振り掛けにして食べてしまう。軟骨の多い頭は切り刻み，酢と香辛料をくわえて氷頭鱠（ひづなます）にする。和人の伝統食では，サケの内臓はあまり利用していない。しかし，アイヌの伝統食では，内臓

表2　縄紋時代主要食料の熱量と成分比 （註18を改変）

種別	品目	熱量 cal/kg	成分含有率 (%) 水分	蛋白質	脂質	炭水化物	灰分
根菜類	ヤマノイモ	1,210	68.0	3.5	.1	27.5	.9
	ユリ（根）	1,280	66.0	4.8	.6	27.2	1.4
	カタクリ	3,500	12.3	3.9	.3	81.5	2.0
	クズ	3,380	11.7	.8	.6	85.9	1.0
	ワラビ(根)	2,830	14.9	3.3	.8	78.3	2.7
種実類	クリ	2,080	48.5	4.0	1.2	45.2	1.1
	シイ	2,800	30.4	4.5	.4	63.5	1.2
	トチ	3,740	14.3	3.1	6.1	75.4	1.1
	ナラ（粉）	3,410	15.0	3.7	1.6	77.8	1.9
	マツ	6,340	3.4	14.6	60.8	18.4	1.3
	カヤ	6,120	6.7	12.2	58.3	20.0	2.8
	ブナ	5,240	12.5	25.2	39.1	19.2	4.1
	ハシバミ	6,470	6.7	13.2	58.8	14.5	3.0
	オニグルミ	6,720	7.0	23.8	59.3	7.3	2.7
	ヒシ	3,440	13.5	13.8	.6	70.3	1.8
貝類	ハマグリ	640	84.8	10.0	1.2	2.5	1.5
	アサリ	630	85.4	10.6	1.3	1.5	1.2
	カキ	960	79.6	10.0	3.6	5.1	1.7
	シジミ	1,030	76.0	15.0	1.8	5.6	1.6
	アカガイ	850	79.8	15.5	.5	3.5	.7
魚類	アジ	1,180	75.0	20.0	3.5	.3	1.2
	マイワシ	1,300	75.0	17.5	6.0	.3	1.2
	ウナギ	2,490	60.7	20.0	18.0	.3	1.0
	カツオ	1,370	70.0	25.4	3.0	.3	1.3
	サケ	1,410	72.2	20.0	6.0	.3	1.5
	サバ	1,140	76.0	13.0	4.0	.3	1.7
	スズキ	1,150	74.5	21.0	2.7	.3	1.5
	マダイ	1,010	77.8	13.0	2.5	.3	1.4
	クロダイ	910	78.9	13.0	1.4	.3	1.4
	コイ	1,780	67.0	22.4	9.0	.3	1.3
	フナ	1,030	78.0	17.0	3.0	.7	1.3
	マス	1,430	71.0	22.0	5.3	.3	1.4
鳥獣類	マガモ	1,260	72.4	23.7	2.7		1.2
	キジ	1,320	70.4	25.3	2.7		1.6
	ノウサギ	1,430	74.3	16.9	7.8		1.0
	イノシシ	1,470	74.1	16.8	8.3		.8
	シカ	1,120	c.78	c.20	c.3		-
その他	ハチ（蛹）	2,310	42.6	20.3	7.9	19.7	9.5
	アカガエル	3,010	13.2	62.9	3.6		19.0
	スッポン	690	83.0	14.9	.2	.9	1.0

けば，植物8品目・動物14品目のべ22kgの生の食料から，ほぼ19,000Calほどの熱量が供給されることになる。このうちほぼ2/3（13,000Cal弱）は植物性食品，のこり1/3が動物性食品に由来する，ということになる（表3）。さきに指摘した魚類・鳥獣類の歩留まりが実際より低くなっている，という点を考えにいれても，植物性食品が，熱量の供給源としては，動物性食品より効率がよい，という結果は動かない。縄紋人が，今日のわれわれとおなじように，炭水化物をおもだった熱量の供給源とする，という食習慣をたもっていたとすれば，彼らの主食も澱粉質のものだった，と考えてもよいのかもしれない。

ただし，動物性食品の蛋白質の含有率は，植物性食品より高いことはいうまでもない。植物性食品から期待できる蛋白質の量は270gたらず（表3）。動物性食品の供給する蛋白質は，1,000gをこえる。動物性食品の蛋白質の供給量は，植物性食品のほぼ4倍になる。また，マツ・カヤ・ハシバミ・クルミなど，堅果類の一部をのぞけば，脂肪の含有率も植物性食品よりたかい（表2）。表2の食品の脂肪含有率を平均してみよう。根菜類0.48，低脂肪の種実類1.98，高脂肪の種実類69.75，貝類1.68，魚類5.37，鳥獣類6.13となる。高脂肪の種実類のほか，魚類・鳥獣類が脂肪の供給源としても大きな役割をはたしていることがわかる。

現代日本人の場合，消化効率や必要栄養のバランスを考えると，必要熱量の70〜80％を炭水化物から，残りを脂肪からとるのが望ましいとされている。この比率は住む環境によって左右される。北極圏の樹木らしい樹木のないツンドラに住んでいるイヌイット（エスキモー）の場合，利用しようにも炭水化物の供給源はない。商品経済のなかに組みこまれるまで，彼らは必要熱量はほとんど動物性脂肪でまかなっていた。消化吸収に時間のかかる脂肪の方が，炭水化物よりもモチ

も積極的に利用し，ほとんど捨てる部分はない。商品経済が発達し，流通機構が複雑になるにつれて食品の廃棄率は高くなる。鈴木自身も認めているように，表3の魚・鳥獣の食品としての歩留まりはもっと高く，七〜八割とみるべきだろう[20]。

それはともかく，表2にしめした数値にもとづ

表3　各種食品の供給する熱量・蛋白量（註18を改変）

		仮想熱量	利用率	利用熱量	タンパク質含有率	タンパク質供給量
根菜類	ヤマノイモ	1,210	.85	1,027	3.5	29.8g
	ユリ（根）	1,280	.85	1,088	4.8	40.8g
	カタクリ	3,500	.05	175	3.9	2.0g
	クズ	3,380	.20	676	.8	1.6g
小　計				2,966		74.2g
種実類	ク　リ	2,080	.70	1,456	4.0	28.0g
	ト　チ	3,740	.65	2,431	3.1	20.2g
	カ　ヤ	6,120	.70	4,264	12.2	85.4g
	オニグルミ	6,720	.25	1,680	23.8	59.5g
小　計				9,831		193.1g
植物合計				12,797		267.3g
貝　類	ハマグリ	640	.25	160	10.0	25.0g
	ア　サ　リ	630	.15	95	10.6	15.9g
	カ　キ	960	.25	240	10.0	25.0g
	シ　ジ　ミ	1,030	.13	134	15.0	2.0g
小　計				629		67.9g
魚　類	カ　ツ　オ	1,370	.65	1,125	25.4	165.1g
	サ　ケ	1,410	.60	846	20.0	120.0g
	ス　ズ　キ	1,150	.55	633	21.0	115.5g
	マ　ダ　イ	1,010	.45	455	18.0	81.0g
小　計				3,059		481.6g
鳥獣類	マ　ガ　モ	1,260	.65	819	23.7	154.1g
	キ　ジ	1,320	.50	660	25.3	126.5g
	イノシシ	1,470	.53	779	16.8	89.0g
	シ　カ	1,120	.57	638	c.20	114　g
小　計				2,896		483.6g
動物合計				6,584		1033.1g

がよく，寒冷な気候のもとでは都合がよい。

　アイヌの伝統食でも，和人の伝統食より，脂肪の消費量ははるかに多い。表1で副食のなかに分類した植物も，脂をつけて食べることが多い。現在ではサラダ油などをもちいることが多くなっているが，以前にはクマ・シカの脂や魚油をもちいていた，という（古原弘の教示）。寒冷な気候のなかでできあがった食習慣に違いない。オットセイ・トド・アザラシなどの海獣を利用した地域もあったはずだが，まだ確認していない。

　北海道・東北・中部高地の縄紋人も，南西諸島はいうまでもなく，南関東・本州西南部・四国・九州の縄紋人にくらべれば，脂肪の消費量が多かったに違いない。動物の個体数の推定のしかたのところで指摘したように，現在の報告書のなかの

動物の個体数は，実際よりもかなり控えめな見積りになっている。個体数が多ければ多いほど，推定個体数と実際の個体数とのギャプは大きくなっているはずである。すくなくとも，日本列島の北部の諸地域では，いまの通説よりは，動物性食料の役割は大きかったのではなかろうか。鈴木は，それまで見落されがちだった植物性食料のカロリー源としての役割の大きさを具体的にしめし，皆目見当もついていなかった縄紋人の食品の組合せにひとつの見通しをつけた。しかし，各地のデータを見直して見ると，縄紋人の食品の組合せ，したがって各種の生業活動の組合せは，さきに引用した西田や佐原の考えのように単純なものではなさそうである。

　ところで，これまで述べてきたことは，すべて食品の栄養価や，民俗誌にもとづく推測である。ところが'70年代末から'80年代はじめにかけて，骨のなかの化学成分から，食品の組合せを復元しようとする試みがアメリカで盛んになり，ヨーロッパ・日本にもひろがっている。この方法によれば，過去の人々が実際に食べた食品の種別を査定することができるわけである。

　分析の対象は，無機質・有機質の成分である。無機分析では，微量元素（ストロンチウム90・銅など）を対象とし，有機分析では，コラーゲンのなかの炭素・窒素の同位体比をとりあげる。日本では，古人骨の微量元素の分析は，実例がない。Chisholm・小池・中井らが炭素同位体比[21]，南川・赤沢らが炭素・窒素の同位体比の分析をおこなっている。この方法によって，スカンディナヴィアの中石器人は，おもに海産の哺乳類・魚類を食料としている場合が多いが，淡水産の魚類をさかんに利用しているグループもあること，農耕の開始とともに，海産資源をあまり利用しなくなることが指摘されている[22]。

　ここでは南川の論文によって，炭素・窒素同位体分析の結果を紹介しよう[23]。南川と赤沢は，はじめ北海道・東北・関東・中部高地の縄紋人骨の炭素・窒素同位体の比率を分析し，海獣・魚類を頻繁に利用していたグループと，植物・草食獣に依存していたグループにわかれることを確認した。図1は，南川らが同位体比の分析結果にもと

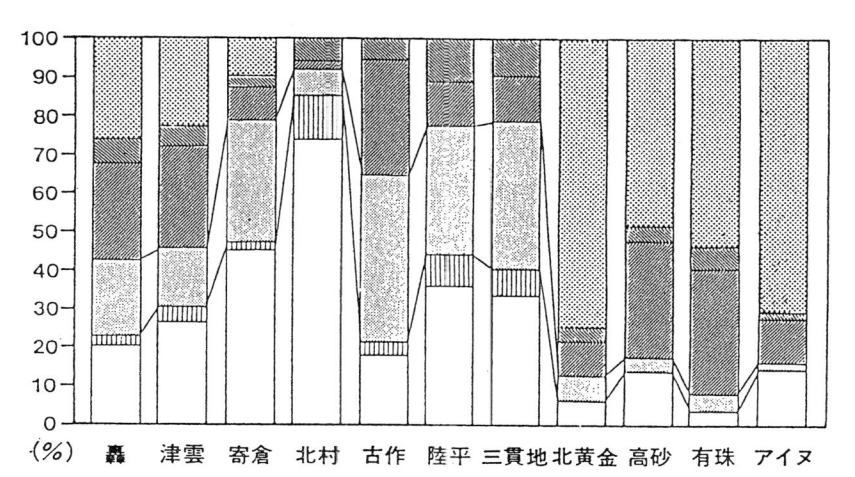

図1 縄紋人・近世アイヌの食品の組合せ（註23による）

凡例:
- □ C₃植物
- ▨ 肉類
- ▧ 海産貝類
- ▥ C₄植物
- ▦ 魚類
- ▨ 海獣・大型魚類

グラフ横軸: 轟　津雲　寄倉　北村　古作　陸平　三貫地　北黄金　高砂　有珠　アイヌ

づいて，各地域の縄紋人・近世アイヌの各種の食物の比率をシミュレイションによって推定した結果である。この結果によれば，植物性食品の比率が，

(1) 80％をこえる場合（長野・北村）

(2) 20〜40％におさまる場合（福島・三貫地，茨城・陸平，千葉・古作，岡山・津雲，熊本・轟）

(3) 20％に達しない場合（北海道・北黄金，同・高砂，同・有珠，近世アイヌ）

に大別できる。

有珠湾沿岸の住民は前期から晩期，さらに続縄紋期まで，ひきつづき海獣類をさかんに利用し，植物性食料への依存度は低い。地域に固有の食習慣・食文化の反映だろう。当然この地域の生業諸活動のなかでは，海獣狩猟・大形魚の漁撈に大きな比重がかかっていたのだろう。

これと対照的なのは北村で，植物性食品の比率が70％をこえ，動物性食品を合わせても20％に達しない。寄倉でも植物性食品の比率は40％をこえている。内陸部では沿岸部にくらべて，植物性食品に依存する度合いが高かったのだろう。ただしおなじ内陸部でも，寄倉では動物性食品の比率は50％をこえ，むしろ三貫地，陸平などに近い。植物性食品の比率が20〜40％におさまる場合でも，三貫地・陸平・古作では草食獣の比率は轟・津雲の1.5〜2倍になる。

内陸と沿岸の住民の食品の組合せはかなり違っており，またおなじ内陸部・沿岸部でもかなり顕著な地域差がある。また，有珠湾沿岸の諸例をは

じめ，動物性食品の比率が極端にたかい場合があることも見落せぬ事実である。これらの事実は，動物遺体の比率などにもとづいて説明してきたことがらと矛盾しない。この方法によるデータがさらに増えれば，縄紋人の食性の地域差もさらにあきらかになり，それにもとづいて各種の生業活動へのウェイトのかかり方，季節的な配分などの地域性もあきらかになるだろう。

この方法の原理はつぎのようなものである。空気中には，元素量12の炭素 ^{12}C のほかに，元素量13の同位体 ^{13}C があり，その比率は0.112372である。植物は空気中の炭酸ガスを同化し，糖分を合成しているわけだが，そのなかにも ^{12}C・^{13}C はおなじ比率でふくまれている。ところが，植物のなかには，ほかの植物よりも ^{12}C を同化する速度の早いものがある。当然，この種の植物の体内の ^{12}C の濃度は高くなり，^{13}C の濃度は反対に低くなる。これが図1にでている C₃植物で，冷温帯の樹木やイネ・コムギ・ソバはこのメンバーである。^{12}C の同化速度のおそいのが，トウモロコシ・コウリャン・アワ・キビ・ヒエなど，C₄植物である。ある生物の体内の ^{13}C の濃度（$\delta^{13}C$ 濃度）はその生物の体内の ^{13}C・^{12}C の比率を，さきにあげた $^{13}C/^{12}C$ の比率の標準値で割って1をひき，千倍した値で表示することになっている。したがって，$\delta^{13}C$ 濃度はマイナス値になり，数字の小さいほうが濃度が高く，大きなほうが低いことになる。C₃植物の $\delta^{13}C$ 濃度は，−26.5‰前後，C₄植物は−12.5‰前後である。海水のなかの植物プランクトンは，光合成の仕組そのものは C₃植物とおなじで，^{12}C をとりこむ速度も変わらない。しかし，海水の ^{13}C の濃度は大気よりも高いので，その $\delta^{13}C$ 濃度は C₃植物よりも高くなり，−19.5‰前後になる。植物は草食動物の餌となり，草食動物は肉食動物の餌になる。この食物連鎖のなかで，^{13}C は濃縮されるが，その幅は1‰前後におさまることがわかっている。したがって，おなじ草食動物でも，海産の魚と陸産の哺乳

類の δ^{13}C 濃度を区別できる[24]。なお，図１の縦軸の δ^{15}N 濃度は，蛋白質のなかの窒素同位体の濃度である。炭素同位体の ^{13}C/^{12}C のかわりに，窒素の同位体 ^{15}N/^{14}N の比率を計算する，と考えておけばよい。

　炭素・窒素同位体比の分析結果も，日本列島各地の縄紋人が，それぞれの地域に分布している食料資源のうちで，もっとも効率のよい品目を集中的に利用していたことをしめしている。ここから浮かんでくるのは，「経済人（ホモ・エコノミクス）」としての縄紋人の姿である。しかし，彼らの食料資源の利用のしかたには，食品としての効率の面だけでは，説明しつくせない側面もある。次回は，その問題をとりあげ，生業の問題のしめくくりとしたい。

註

1)　松原喜代松・落合　明『魚類学・下』p. 786（恒星社厚生閣，1973）

2)　林「縄紋時代史 9」p. 93（『季刊考古学』35：93-98, 1991）

3)　小林達雄「縄文経済」p. 6（加藤・小林・藤本編『縄文文化の研究』2：1-16, 雄山閣，1983）

4)　林「縄紋時代史10」pp. 85-86（『季刊考古学』36：85-92, 1991）

5)　笠原信男・岡村道雄編「里浜貝塚Ⅴ」pp. 31-35, 73（『東北歴史資料館資料集』15, 1986）

6)　田柄では貝類が45種でているが，アサリが圧倒的に多く78％強，ついでハマグリが14％弱で，合わせれば90％をこえる。伊川津でも，のべ38種の貝のうち，スガイとアサリが圧倒的な比率を占める。サカナは38種類のうち，タイ科（クロダイ）・スズキ・ニシン・ニシン科などの比率が高い。

　　　小井川和夫・大田昭夫「田柄貝塚 3」p. 203, 339（『宮城県文化財調査報告書』111, 宮城県教育委員会・建設省東北地方建設局，1986）

　　　春成秀爾編『伊川津遺跡（本文編）』pp. 309-10, 314（『渥美町埋蔵文化財調査報告書』4, 渥美町教育委員会，1988）

7)　辻　秀子「可食植物の概観」（『縄文文化の研究』2：18-41）

8)　同上，pp. 28-29

9)　同上，p. 25

10)　この意見が，いわゆる「サケ・マス論」である。「サケ・マス論」の評価は，註18鈴木論文（pp. 182-88）を参照のこと。

11)　西田「縄文時代の食料資源と生業活動―鳥浜貝塚の自然遺物を中心として」pp. 35-37（『季刊人類学』11-3：1-41, 1980）

12)　林「縄紋時代史11」pp. 95-96（『季刊考古学』37：90-97, 1991）

13)　西村正衛・金子浩昌「千葉県香取郡大倉南貝塚」（『古代』21・22：1-47, 1956）

14)　渡辺「縄文時代の植物質食料採集活動について（予察）」（『古代学』15-4：266-76, 1969）「縄文時代における植物質食料採集活動の研究」（『古代文化』24―5・6：139-170）『縄文時代の植物食』（『考古学選書』13, 雄山閣，1975）

15)　平口「動物遺体個体別分析の諸問題―真脇遺跡出土イルカ上腕骨のペアリングを中心に」pp. 67-72（『国立歴史民俗博物館研究報告』29：61-88, 1991）

16)　岡村道雄・菅原弘樹「動物遺体分析にあたって」pp. 22〜23（『里浜貝塚』1〜23, 1987）

17)　佐原『日本人の誕生』p. 111（『大系日本の歴史』1, 小学館，1987）

18)　鈴木「縄文時代論」pp. 188-95（大塚・戸沢・佐原編『日本考古学を学ぶ』3：178-202, 有斐閣，1979）

19)　佐原，前出 p. 112
　　　佐々木『日本史誕生』p. 128（『日本の歴史』1, 集英社，1991）

20)　林良博は，食品としてのイノシシの歩留まりを75％前後と推定している。この推定には，骨髄はふくまれていないようなので，縄紋人がイノシシを利用する場合の歩留まりは，さらに高くなるだろう。
　　　林「イノシシ」p. 143（『縄文文化の研究』2：136-47, 1982）

21)　Chisholm, B・小池裕子・中井信之「炭素安定同位体比による古代食性の研究」（『考古学と自然科学』20：7-16, 1988）

22)　Price, T. G. The Reconstruction of Mesolithic Diets. pp. 54-56 (Bonsall. C. ed. *The Mesolithic in Europe.* 48-59, John Donald, 1986)

23)　南川雅雄「安定同位体比による食生態研究」（『モンゴロイド』1：14-16, 1989）「アイソトープ食性解析からみる先史モンゴロイドの食生態」（同前 6：24-29, 1990）

24)　ここに説明した事項は，註21のほか，杉山達雄「C$_3$植物，C$_4$植物とは？」（『モンゴロイド』2：13-15, 1989）に解説がある。

肥後考古学会 編

交流の考古学

肥後考古学会
B5判 633頁
8,000円 1991年6月刊

背筋をピンと伸して颯爽と歩かれる。いつも端正さを失わない。これが私の三島格先生への第一印象だった。そして、私ども末輩を、豪華なホテルの喫茶コーナーに誘われ、深ぶかと椅子に身を沈められたお姿に、若者を大切にされる親分の姿を見た。尤も、大切に扱われたと気をよくして、変なことを口走ろうものなら、即座に簡潔で核心をつく、鋭い叱正がとぶ、怖い先生でもある。

三島先生は、金関丈夫先生の許で、民俗学への関心を深められ、その視点を考古学研究にとりこもう、との志向を育まれたようである。御高著『貝をめぐる考古学』には、その思いが満ちている。私は、この本を拝読した折、突然例の高級喫茶の光景を想い起こした。人間、殻に閉じこもっては、思考も育たない。いろいろな世界を広く知らねば駄目だ。もしかしたら、あれにはそのような先生の思いが……。そうと思えるほど、先生の広い視野と分析の視点とが読みとれたのである。このたび三島先生の古稀をお祝いして刊行された『交流の考古学』は、題名といい構成といい、先生に献呈するにまことにふさわしいと考えたゆえんである。

第Ⅰ部「肥後の考古学」は、先生の立脚点ともいえる肥後の地における考古学研究の現況と問題点が5人の著者によって述べられている。肥後の地は、明治年間にはE.S.モースの、大正年間には浜田耕作博士らの調査の手が、いち早く及んだことで知られている。そして昭和に入ると、地元の小林久雄氏らによって研究が深められ、他にさきがけて『城南町史』という高水準の地域史を生んだ地でもある。しかも肥後考古学会は、60年という稀有の歴史を誇ってもいる。にもかかわらず、5氏はこもごも「アルタイ考古学」などの謙虚な言葉を繰り返している。これは逆説的に、三島先生のもと、充実をとげた現況を評価せよ、との趣向と受けとめておきたい。

なお、この第Ⅰ部では、学史から問題を抽出しようというものと、例えば瓦の編年のように、到達点を披露しようというものなど、著者の姿勢に差がみられるが、文末の文献目録を含め、熊本県の考古学

研究の現段階を知るのに至便である。今は亡き乙益先生の考古学史は、文献を博捜した結果を、解説入りで淡々と記述する、懐かしい一文である。

第Ⅱ部「交流の考古学」は、先生を慕う35人もの論考が収められている。紙幅がないので、1行メモふうに紹介だけ試みたい。

高宮氏は、東アジア各地に旧石器時代骨角器を求め、今後に資そうとされ、河口氏は幸屋火砕流を利用しつつ、早・前期土器の編年・年代論を、変らぬ情熱をもって展開されている。宮田氏はピエス・エスキーユの南九州におけるあり方を紹介し、田中氏は並木式から阿高式に至る文様の変遷に、ポジ・ネガ転写を読みとろうとされ、平岡氏は縄文時代前期土器の技法と器種構成に着目し、高坏とまつりを結びつけようとされる。渡辺氏は組織痕土器と使用原体を紹介し、これの系譜と機能に論及される。

北条氏は、浦添貝塚出土上腕骨をジュゴンのそれと断じ、坪根氏は南九州の櫛描文ある弥生土器に4系統があると主張され、武末氏は福岡市元岡遺跡の叩き目ある器台を朝鮮半島と関連づけられ、清田氏は城南町宮地丘陵の弥生土器編年案を提示され、松下氏は熊本市戸島町出土弥生時代壮年男性骨の特性を検討している。

劉氏は考古学的手法により、古文献にみる百越の性格づけを試み、新田氏は貝符文様の型式学的検討の結果、従来の説に変更を迫り、環太平洋文化の交流を説いている。

賀川氏は、後漢鏡の文様と銘文の検討から、三角縁神獣鏡創作者とその場を求め、王金林氏に左祖する。高木(恭)氏は博局鳥文鏡を広く集成し、系譜の究明と編年を進められ、蒲原氏は都出氏の視角を佐賀平野の古墳分析に適用して異同を論じ、本田氏は九州の石棺内赤彩はベンガラによると分析結果を提示され、上村氏は古墳時代帆船の活躍を立証しようとされ、佐田氏は彩色古墳壁画の源流を、石棺内赤彩と高句麗壁画から説明を試みられ、高木(正)氏は古墳壁画中の葬送儀礼の抽出を、安達氏は浜田氏の直弧文Aの構成原理を探られ、柴尾氏は北九州市域古墳時代後期集落の分析を試みられている。

板楠氏は豊服郷、陣内廃寺などの、また池畑氏は英袮駅の位置につき、それぞれ文献・考古資料から性格づけを試み、小田氏は永久3年在銘経筒を、佐藤・東両氏は、新聞記事にある昭和6年出土経筒をそれぞれ紹介して意義を論じている。また亀田氏は美作五反廃寺瓦を紹介し、これを高句麗新羅様式と修正され、安里氏は沖縄「経済的時代」の広底・亀焼両土器群の編年を試みられた。

緒方氏は、中国の綿打ち＝弾花の現況を紹介され、平川氏は農民魚としてのイナから漁民魚としてのトドへの変容を、ハレとケの問題に関連づけようとされる。短編が多い点が惜しい。　　（岩崎卓也）

書評

ユ・イ・セミョーノフ著
新堀友行・金光不二夫訳

人間社会の起源

築地書館
A5判 379頁
7,931円 1991年6月刊

著者は，考古学のみならず，関連する学問を総合して『社会』の成立について，果敢にも挑戦した。その大きな視点は，動物の群は『社会』にはあらず，生物学的存在であり，動物結合体と理解するのに対して，唯一人間がつくりだしたものを『社会』と規定する。かくて，人類社会の成立を解明するには，社会的諸関係の形成過程を復元することである，とセミョーノフは強調する。

それでは，人類社会はいかなる時期に出現し，そしてどのように発展したのであろうか。

著者は，前期前人の時代，後期前人の時代，原人の時代，旧人の時代，新人の時代の5時期に区分して，社会発生の手がかりを捉えようとする。ここではそのすべてを網羅できないが，要点のみ紹介するにとどめておく。

前期前人〈プロアントロプス〉の時代（約300～180万年前）はアウストロピテクスに代表される。ヒヒの結合体に酷似し，混成的な群と考慮した。未だ動物の結合体のあり方から脱皮しておらず，原始共同体とはなっていない。これらの前人は順位制が発達する。また生産活動に伴う道具は，意識的に製作していなかった。

後期前人（約180～160万年前）はハビリスに代表される。人類には近づき，環境に適応するような道具は作られるが，動物的で，条件反射的なものであった。

原人〈エオアルカントロプス〉の時代（160～35万年前）は，ピテカントロプスが代表する。思考，言語，意志が芽生え，原始人群共同体で構成されていたものと推定されている。それはキルサイト（動物遺体解体場）の規模から，集団が大きかったことが伺われる。狩猟は個人のためのものではなく，社会的な活動として位置づけられ，捕獲された獲物や植物質食糧は共同体の所有となり，等しく分配されたのである。しかし，ひとたび共同体の規模が大きくなると，生産物のヴァランスが崩れ，共同体が崩れたり，新たに形成されたりして繰り返すのである。この段階が人類と社会の成立に不可欠なものと考慮

された。

旧人（パレオアントロプス）の時代（35～4.5万年前）はネアンデルタール人に代表される。旧人は発火技術をすでに修得し，埋葬や呪術，トーテムの風習もそなわった。しかし血縁集団化し，近親交配により，身体的発達に影響を及ぼした。このことは旧人の限界を露呈させるものであった。

新人（ネオアントロプス）の時代（約4.5～1万年前）は人口の増加，人類集団の規模の増大と接触により，旧人から新人に移行した。またトーテム共同体（双分）が成立し，外婚（アガミー）となり，氏族が成立したとする。考古学的には骨角器，木製品，組合せ道具そして洞窟壁画，動物，人間の彫像，骨の彫刻による芸術が認められ，人類社会が完成した。

以上，ユ・イ・セミョーノフの歴史的な人類社会の起源および，その発展過程について紹介したが，冒頭で「……とくに石器の製作技法の発展の時期区分さえ，一般に認められるものがない」と睥睨する。それ故，社会的諸関係の形成にかかわる復元については，諸仮設を理論的に集約することに意義を見出している。

しかるに，セミョーノフはひとりソ連邦のみならず，汎世界的に及ぶ考古学の今日的な成果に造詣が深い点は大変驚かされる。つまり，論理的な補強として，実証的な考古資料や化石人骨を積極的に用いているのである。

さて，前人から人類への発展は，天然の道具を偶然に用いた段階から道具の製作が始まる。しかるにその生産は決して組織的はなく，受身的なものにとどまっている。しかし型式的に石器が空間的に捉えられるようになると，それらの石器が偶発的に作られているものではなく，生産を意識して製作されたものになる。つまり，社会の発生なくしては考えられないことである。しかし，それらの定形的な石器群が単一で分布せず，隣り合わせで全く異なる石器群が併存していた事実は，相互閉鎖された集団であることを意味し，その閉鎖性を克服することが人類社会の成立を物語るものであった。

哲学者であり歴史学者であるユ・イ・セミョーノフは，かつて『人類社会の形成』ならびに『婚姻と家族の起源』など，本書と関連する高著を刊行されている。あくなき人類社会への追及と復元に努めている一環した姿勢に敬意を表したい。

文末であるが，平易な訳文にされ，かつ理解を深める表を作成された新堀友行さん，金光不二夫さんは，ウクライナにある後期旧石器時代のメジン遺跡の資料をもとに執筆したS・N・ビビコフの『マンモスの骨でつくった楽器』の訳文に続く力作であることを申し添えておきたい。

（白石浩之）

書評

森 郁夫著

日本の古代瓦
考古学選書 34

雄山閣出版
A 5判 322頁
4,000円 1991年12月刊

　森郁夫さんに最初にお会いしたのは，千葉県房総風土記の丘博物館が企画した「房総の古瓦」のシンポジュームの時である。森さんは京都の若い人を数人連れてこられていたが，こちらの準備不足もあって，充分なシンポジュームができなかったことを記憶している。その頃すでに森さんは，東国に多く分布する文字瓦を取り上げた「奈良時代の文字瓦」，「下野薬師寺の官寺化」など東国に関する論文を出しておられ，意気揚々とされていた。以来，森さんとのお付き合いは十数年になる。

　森さんは真摯で真面目な方である。そして，親切でやさしい方である。長い間の貴重な学問的業績と合わせ，森さんの人気の秘密はそんなところにあるのであろう。

　森さんが古代の瓦を研究対象に選ばれたのは，奈良国立文化財研究所に入所されてからのことである。現場に出ない日は，4桁の数字とアルファベットを組合わせた軒瓦の型式番号を，呪文のように唱えながら遺物を登録する毎日が続いたという。研究の対象が土器中心の時代にあって，森さんが瓦を研究対象に選ばれたのは，瓦の使用目的が宮殿・都城・寺院・官衙などの遺跡に限られ，大陸や半島との交渉，地方豪族層の律令国家との関わり，在地内での社会・経済的活動など，当時の為政者との関係を考える上で，極めて有効であると考えられたからである。

　こうした森さんが『日本の古代瓦』と題した大部の一冊を雄山閣出版の考古学選書の1冊として刊行された。ここ15年間にわたって瓦塼類を中心に発表した論文19篇が3部構成で収録されている。まさに，森瓦塼学の骨格といってよい。

　「Ⅰ古代の瓦と塼」では瓦塼類そのものにかかわる問題を分析したもの8篇が収められている。瓦当笵，年代，技術の伝播などを対象にした論文であるが，「老司式軒瓦」では，観世音寺に供給された老司Ⅰ式軒瓦に関し，肥後地方に分布する技法が採用され，その成立に当地方の工人が召集されたことを指摘したものである。技術の伝播は，必ずしも政治の中心から周辺に及んでいくものではないとする森

史学の発想の原点が示されている。「奈良時代の文字瓦」は，文字瓦を多量に出土する武蔵国分寺などで「郡一郷一戸」という律令負担大系を援用した貢納方法が取られ，それが，常陸台渡廃寺など郡の寺寺にも見出すことができることを実証したもの。しかし，武蔵国分寺の場合，負担の最終責任は郡にあるが，国内全郡の瓦の貢納が「郡一郷一戸」という負担の形を取ったかどうかわからない。これは，上野・下野国も同様である。

　「Ⅱ古代の政権と瓦」は，寺院造営事業が国家と深いかかわりをもって進められたとする観点にもとづいて発表された7篇を収録。「平城宮系瓦と国分寺造営」は，諸国国分寺創建段階に多く見られる平城宮系瓦について論じたもので，とくに，山陽・山陰地方の国々で集中的に見られるのは，単なる瓦当文様の伝播ではなく，造営を短期に終らせるための政策上のあらわれであるとするものである。国分寺の瓦当文様が造寺組織のどの段階で決定されたのかわからないが，造営事業全体の中で，どの程度中央と関係をもつのか，個々の国分寺で検証する必要があり，山陽・山陰を中心とした指摘は重要である。

　「Ⅲ古代の東国と瓦」は，東国における寺院造営の状況を上野・下野・常陸・信濃国の瓦のあり方から考察を加えたもので4篇を収録。「奈良時代の東国と寺院造営」は，8世紀後半段階の国分寺造営関係を中心に論じたものである。7世紀末から8世紀前半にかけて一時的に抑えられていた造寺活動が，国分寺造営を契機として再び活発になるというもので，その背景となるものは，天平19年11月7日の督促令と翌12月の寺院造営に対する緩和策であると指摘したもの。当時の古代寺院研究に大きな影響を与えた論文である。「古代信濃の畿内系軒瓦」も同様に，信濃国分寺所用瓦が他国に例を見ないほど東大寺や平城宮所用瓦に文様構成が酷似していることに注目したものである。天平19年からさほど遠くない時期の生産であり，国分寺造営に際し，中央からの働きかけを郡司層の協力関係の上に成立したとされる。天平19年の詔の場合は，郡司の協力関係が国分寺造営のいつの段階まで続いたのかが問題となる。このことが必ず瓦当文様や遺構にあらわれてくると思われ，各国で検証する必要がある。信濃国分寺の場合，東大寺・平城宮所用瓦当笵と同時に作られたとすると，金堂・講堂のみから出土し，その後忽然と消えてしまうのは何故か，この辺の解明が今後の課題となろう。

　森さんの古代瓦論は，長い瓦研究の歴史の中で到達し得た研究段階であり，その骨格は社会・経済史的側面の研究につらぬかれている。今後の瓦塼研究の指針を示した書として推選したい。

（須田　勉）

鈴木保彦

第二の道具としての石

縄文時代 2号

P.17～P.39

縄文時代の文物には，打製石斧，磨製石斧に代表される日常的な生産用具と，石棒，土偶に代表される非日常的な呪術・儀礼にかかる呪的形象との二者がある。主に堅果類の製粉具として利用された石皿は，狩猟，漁撈，採集を中心とする縄文時代の社会にとって欠くことのできない第一の道具であり，縄文時代の普遍的な石器のひとつである。ところが，石皿が本来保持している製粉具としての機能と遊離したあり方として，信仰・儀礼に関係すると考えられる遺構から出土する例が少なくない。このようなものには，各種の埋葬施設から出土している例，屋外埋甕にともなう例，祭祀施設から検出される例などがある。かかる例は，石皿の持つもう一方の側面，すなわち第二の道具としての性格を如実に表わすものであり，縄文時代における主要な生産用具の隠された一面を示しているものといえよう。時期的には，製粉具としての石皿の使用が認められる早期から始まり，これが晩期まで続いており，石皿に対する縄文人の変わることのない思考を看取することができる。堅果類の粉食は，縄文時代の植物食の根幹となるものであるが，こうしたものを生みだす基本的道具である石皿に，単なる道具以上の意味を実感し，そこに霊的なものの存在を認めるとともに，畏怖の念をもったことは想像に難くない。したがって，粉食のための日常的な生産用具である石皿が，屋内祭祀の為の石壇に石棒とともに配置されることも，墓壙の上面に立石のように立てておくことも，あるいはまた墓壙内に副葬品のように埋納することも，縄文人にとってなんら矛盾とはならないのである。今回は，象徴的な意味で最も実用的な生産用具である石皿を取り上げたが，実はこうしたことは，すべての第一の道具についてもいえることであり，縄文時代にはより一層鮮明な世界観であったと考えている。

（鈴木保彦）

福永伸哉

三角縁神獣鏡の系譜と性格

考古学研究 38―1

P.35～P.58

1981年，王仲殊氏によって三角縁神獣鏡は呉の亡命工人が倭の地で製作したとする有力な仮説が提示されて以来，その製作地や工人系譜にかんする論争はにわかに活気を帯びてきた。論争においては様々な論点が出そろっているが，筆者は，二百数十面の三角縁神獣鏡の詳細な観察を行ない，これまでとは異なる新しい観点から三角縁神獣鏡の系譜に迫りうる余地があることを示そうとした。

今回着目したのは，鏡の鈕の部分に設けられている鈕孔の形態と外区の文様構成の特徴についてである。三角縁神獣鏡の鈕孔はほとんどが特徴的な形態，すなわち偏平な長方形を呈している。また，四神四獣タイプの約半数には，外区の複波鋸歯文帯のさらに外側に1本の突線（外周突線）を巡らすという特徴を持つ。これらの要素は，後漢～三国時代の他の中国鏡にはあまり見いだせないものである。しかし，三角縁神獣鏡に認められるこの特異な要素を共有する鏡がほかに少数ながら存在することも事実である。それらは魏の年号と「右尚方」銘を持つ鏡や，渤海周辺で出土するある種の規矩鏡，朝鮮半島やわが国で発見例のある斜縁二神二獣鏡などであり，少なくとも王氏が言うような中国南方の鏡群とは異なるものである。筆者は三角縁神獣鏡につながる要素を持つこれらの鏡群の製作者と，三角縁神獣鏡のそれとが技術的に関連を有していたと推定する。三角縁神獣鏡の製作地についての明確な結論は保留したが，長方形鈕孔，外周突線の要素を満たす類例は洛陽周辺よりも，東北の渤海周辺や朝鮮半島などに見いだせる傾向にあり，三角縁神獣鏡の製作地としてもこの方面を注意しておく必要がある。このほかに三角縁神獣鏡の仿製鏡とその他の仿製鏡との関係，仿製鏡工人の系譜問題にも言及している。

（福永伸哉）

岡内三眞

東アジアにおける古墳の変遷

古代探叢 Ⅲ

P.557～P.582

東アジアでは，日本，朝鮮，中国などが，おのおの有機的に関連し，それ自体がまとまったひとつの大きな世界として成立し，各方面で複雑に作用しあいながら変化発展してきた歴史をもっている。とりわけ日本や朝鮮での古墳文化の発生から統一国家の成立までの時期は，相互に交流があった時代として把握することが可能であり，東アジア史の視点からとらえなおす必要にせまられている。そこで東アジア各地の古墳をとりあげ，立地，外部施設，内部主体の構造，遺物とその出土状態などが組み合った複合体としてとらえ，

各地域での古墳の成立と発展，消滅とを検討した。その結果，東アジアの古墳の変遷過程を5段階に分けることができた。第Ⅰ段階は，共同墓地に埋葬されるが，階級差によって副葬品や埋葬施設に差が生じる。第Ⅱ段階は，支配階級のための特別な墓・古墳が作られ，他の墓とは墳丘規模や副葬品の内容などにおいて顕著な違いが認められる。第Ⅲ段階は，規模の大きな内部主体の構築にともなって外部施設はいっそう規模が大きくなり，壮大な墳丘を築く。墳丘上や墓域内に建築物をたて，被葬者が葬送の時だけでなく，恒久的にまつられる対象となったことを示す。第Ⅳ段階は，墳丘がしだいに縮小して小型化する。中央政権の支配や運営に参加することによって統治機構の一端に組み込まれた地方の有力官僚層やその家族が古墳に埋葬されるようになった。第Ⅴ段階は，王陵以外の古墳が築造を禁止されたり，制限される段階である。身分秩序がととのえられ，墓作りについて制度として規制が加えられはじめたことを示している。このように東アジアでは，無階級社会から階級社会にうつると墓に差異があらわれる。古代国家の形成期には墳丘墓が出現し，国家統一を成し遂げた王の墓は，とくに巨大である。統一国家が成立すると官僚機構が整備され，官位や身分制が墓にまでもちこまれる。遺骸を焼き，墓の建設と物の副葬を認めない仏教が，古墳の築造をすたれさせていく。おのおのの時代(暦年代)は異なるが，これが東アジアで行なわれた古墳の大きな流れであった。　　（岡内三眞）

向井一雄

西日本の古代山城遺跡

―類型化と編年についての試論―

古代学研究　125号

P.20〜P.48

西日本の古代山城研究は，大正期の神籠石論争以来，長い研究史を持つが，1970年代末の瀬戸内地域での新たな山城遺跡発見を契機に，築城の年代・主体・目的・機能について再び活発な議論がなされつつある。しかし，文献記載のない山城（神籠石系山城）について，多くの研究者によって多様な年代観と性格付けが提唱されたため，ある程度のコンセンサスは得られているものの混乱状態に陥っている。築城時期確定の好資料が少ないため，分布論に終始しているのが山城研究の現状である。

このような状況は研究の硬直化をまねくとともに，山城遺跡の歴史資料としての評価を妨げ地域史復元の第一級資料を眠らせることになる。本稿では以上の研究史的反省に立ち，古代山城の多角的検討を試みた。とくにこれまで看過されがちだった城郭構造について比較検討を行ない，外郭構造と選地形態による5類型の分類試案を提起した。これによって朝鮮式山城と神籠石系山城という従来の2分類では見えなかった地域性や編年論への足掛かりが設定できたと考えている。

築城年代については，可能なかぎりのデータを集め基礎資料の整理を行なった。各山城の出土・表採遺物，群集墳との先後関係などから，文献に記載のない山城についても7〜8世紀代という年代観が得られ，大野城など文献記載のある山城群と多寡ない年代の枠組みを想定できた。問題は編年だが，先の5類型を石塁の構造（野面積み・切石積み），列石の加工度・技法，外郭線の折構造などにより編年し，文献記載のない山城の大半を大野・基肄城などより新しい7世紀後半〜8世紀初に比定した。さらにこの新編年を受けて築城の契機を3期に分け，築城目的も従来のごとく対外防衛のみで捉えず，築城構想の変遷（戦う山城→見せる山城）という視点から捉え直し，律令国家形成史とのからみで山城築造を位置付けた。

（向井一雄）

松井　章

**考古学における
動物遺存体の研究の歩み**

―西ヨーロッパ，北アメリカを中心として―

国立歴史民俗博物館研究報告　29

P.13〜P.43

筆者は卒論のテーマに動物遺存体を選んだ。それは，貝塚を発掘中，出土する動物遺存体を系統的に研究する事によって，縄文人の狩猟技術，食料獲得技術，ひいては生業一般を明らかに出来るのではないかとひらめいた事による。その後，米国とデンマークに留学を果たし，動物遺存体をどのように分析すれば，先史時代人の生業，食生活などの考古学的情報を明らかに出来るかを，遺跡で指導を受けると共に，関連文献を渉猟しノートをとった。本稿は，1970年代前半までに主として英国，北米の研究者が，動物遺存体をどのように扱って，人間の文化情報を引き出していたかをまとめたものである。

考古学における動物遺存体の研究は，次のような変革期を経て現在にいたっている。(1)絶滅動物と人類遺物の共伴の確認とその動物化石による人類遺跡の編年。(2)デンマーク貝塚の人工説の認知と出土動物相による環境復元，および各地における類似遺跡の発見。(3)カリフォルニアを中心とした貝塚の定量研究とその挫折。(4)中西部大平原における動物学者，セオドア・ホワイトの考古学的研究。(5)ケンブリッジ大学，グレハム・クラークによる経済考古学的研究の創始と，その方法によるスターカー遺跡の発掘と分析。(6)ミシガン大学ケント・フラネリーによる先史生態学的アプローチによるイランのデー・ルーラン平原，グァテマラなどの調査と農耕牧畜の起源の追求。(7)発掘調査法の進歩，サンプリングエラーの是正。

以上は，日本の動物遺存体の研究を進める上で，十分生かして行かなければならない点が少なくないことがわかった。　（松井　章）

●報告書・会誌新刊一覧●

編集部編

◆**入江遺跡** 北海道虻田町教育委員会刊 1991年3月 338頁

北海道の南部，噴火湾東部沿岸の虻田郡虻田町入江に所在する縄文時代中期を中心とする遺跡。板谷川沿岸の舌状台地に立地し，南斜面，西斜面，台地上の3ヵ所の貝塚が確認されており，貝層は4〜5mに及ぶ。今回の調査は貝塚の北東部で行なわれ，検出された遺構は縄文時代の竪穴住居址12，Tピット2，フラスコ状ピット1，小土壙3，集積遺構1，焼土址2，近世の土壙14である。遺物は円筒土器などの土器，石鏃・ナイフ・磨製石斧・敲石などの石器が多数出土しているほか，土製品も出土している。

◆**相馬開発関連遺跡調査報告Ⅱ** 福島県文化財センター刊 1990年3月 B5判 767頁

相馬開発地内東地区12遺跡の総括。相馬市の旧新沼浦縁辺に位置する入浜式製塩遺跡8遺跡の分析から中世的製塩法から近世的製塩法への移行時期，近世における製塩業の支配体制，産地における具体的な支配構造，「塩の道」からの流通構造の解明や当地域の手本と目される赤穂・行徳地方との塩製技術の比較を行なう。

◆**余山貝塚** 千葉県文化財センター刊 1991年3月 B5判 266頁

千葉県銚子市の利根川河口域に形成された沖積低地上に立地する縄文後期から晩期にかけての大規模な貝塚を伴う遺跡。発掘調査地は余山貝塚貝層部分から北西約50mの高田川に沿った傾斜地にあり，面積350m²の調査区から竪穴状遺構2基，土壙20基などが確認されている。遺物は縄文後期から弥生初頭の土器を中心に30,673点，石器が6,509点，ヒスイなどの玉類が21点，他に動物遺存体が出土している。とくに玉は未製品が多く見られ，製作工程が窺える。

◆**朝日遺跡Ⅰ** 愛知県埋蔵文化財センター刊 1991年3月 A4判 314頁

愛知県西春日井郡清洲町・春日町・新川町・名古屋市西地区にまたがる東西約1.4km，南北約0.8kmの東海地方屈指の弥生集落遺跡。調査により，弥生時代の方形周溝墓338基，竪穴住居址422基，掘立柱建物跡8基，土壙1,108基などが確認された。また銅鐸埋納遺構，玉造遺構，ヤナ遺構，柵，逆茂木，乱杭遺構などの防御施設の特異な遺構も確認されている。

◆**壱岐嶋分寺Ⅰ** 長崎県芦辺町教育委員会刊 1991年3月 A4判 109頁

壱岐嶋分寺跡は壱岐島のほぼ中央に位置する。建物跡，溝跡，土壙が確認されているが，版築を施した6.6m四方の基壇は塔の可能性が考えられる。須恵器・土師器・青磁類の土器，軒丸瓦・軒平瓦・丸瓦・平瓦の瓦類などの遺物が出土しているが，とくに平城宮6284A型式と同笵の軒丸瓦は注目される。瓦当に取り付ける丸瓦の位置の違いから笵木が方形であったことや，製作技法の違いにより，平城宮資料とは工人が異なることを示す。

◆**越前の石造美術** 山本昭治（福井県鯖江市田村町4—38—1）刊 1991年5月 B5判 800頁

福井県における総合的な石造美術の調査報告書。石塔別の詳細を中心に，文永11年銘の板碑，南条町妙泰寺の小形板碑，敦賀市街地の笠塔婆，高浜町の石造美術品，越前式装飾月輪の編年案，近江式文様の北限などの特論，文献目録を記す。

◆**土佐の須恵器** 廣田典夫（高知県高岡郡佐川町乙1789）刊 1991年5月 B5判 360頁

前高知県文化財保護審議委員である故廣田典夫の遺作で「須恵器の編年」，「古墳時代埋葬施設の変遷」など5章で構成。

◆**群馬県史研究** 33 群馬県史編さん委員会 1991年3月 A5判 78頁

截石切組積横穴式石室の基礎的研究………右島和夫・津金澤吉茂　羽鳥政彦

◆**埼玉考古** 第28号 埼玉考古学会 1991年5月 B5判 153頁

撚糸紋系土器群終末期の一様相…………宮崎朝雄
縄文時代前期中葉土器群の編年と地域性…………鳥羽正之
関東・東北地方の須恵器供膳形態に見る地域性…………渡辺　一
東国の在地産暗文土器…田中広明
仙波古墳群の研究(一)……平石俊哉

◆**縄文時代** 2 縄文時代文化研究会 1991年5月 B5判 300頁

有孔球状土製品と硬玉製小珠…………小島保彦
第二の道具としての石皿…………鈴木保彦
東京都における押型文土器と遺跡…………重住　豊
縄文早期後葉の南関東における居住活動…………小林謙一
縄文時代文化研究とエスノアーケオロジー…………山本暉久
九州地方の縄文時代草創期編年と泉福寺洞穴…………大塚達朗
酒見式について………木下哲夫

◆**国立歴史民俗博物館研究報告** 第29集 国立歴史民俗博物館 1991年5月 B5判 360頁

共同研究「動物考古学の基礎的研究」について………西本豊弘
動物考古学の現状と課題…………西本豊弘
考古学における動物の遺存体の研究の歩み…………松井　章
魚類遺存体の組成復元にかかわる資料採集法について…小宮　孟
動物遺存体個体別分析の諸問題…………平口哲夫
日本犬に見られる時代的形態変化…………茂原信生
鹿角の年齢査定の試み…大塚裕之
愛知県伊川津遺跡出土ニホンイノシシの年齢及び死亡時期査定に

考古学界ニュース

編集部編

九州地方

広形銅戈の鋳型　福岡県教育委員会が発掘調査を進めている筑紫野市諸田の諸田仮塚南（もろたかんづかみなみ）遺跡で弥生時代後期後半とみられる広形銅戈の鋳型が出土した。鋳型は深さ30cmの土壌からミニチュア土器とともに出土。砂岩系の石材で二枚一組のうちの片側。長さ17cm，幅16cm，厚さ5cmで，関（まち）の部分にあたる。裏面には銅戈の略図が線刻されているが，後に砥石として使われたらしく，中央部分が磨り減っていた。また側面の全周にV字形の溝が掘られているが，目的は不明。青銅器生産の中心は福岡平野と糸島平野とされているが，最近朝倉郡夜須町や小郡市などからも青銅器の鋳型が出土し，今回はちょうどその中間点になることから，広い地域での青銅器製作が裏づけられた。

5世紀末の鉄刀に蓮華文　福岡県京都郡苅田町の前方後円墳・番塚古墳から出土した鉄刀に，仏教の象徴的文様である蓮華文と魚文の象嵌（銀？）が施されていることがわかった。同墳は昭和34年に九州大学考古学研究室が発掘調査し，現在出土品の整理が行なわれている。出土した鉄刀3本をソフテックス撮影したところ，うち1本（全長123.2cm）の刀身の両面に長さ約6.5cmの象嵌が発見された。他の副葬品から類推して5世紀末の築造とみられ，仏教公伝より約半世紀さかのぼる時代にすでに仏教文化との接触が認められることがわかった。また把に近い部分には三重の同心円文の象嵌もあった。同墳からは先に高句麗文化の象徴とされる蟾蜍の飾り金具1個がみつかったが，今回新たに2個が追加確認された。

中国地方

縄文前期の人骨3体　倉敷市教育委員会が発掘調査を行なった同市船倉町の船倉貝塚で縄文時代前期の人骨3体が発見された。人骨は70cm堆積した貝層の10cm下の土壙墓からみつかった。いずれも屈葬されており成人の骨とみられるが，性別は不明。とくに1号墓からは筒形の骨角器や猪の牙製品など，装身具と考えられる遺物もみつかっている。船倉貝塚は1990年7月に道路建設中に新たにみつかったもので，東西3m，南北10mほどの規模。

四国地方

弥生中期の四弦琴　高松市教育委員会が調査を行なっていた同市伏石町の井手東1遺跡で，弥生時代中期とみられる木製の琴の胴部がほぼ完形のまま出土した。琴は細長い二等辺三角形の一枚板づくりで，長さ57.6cm，幅1.2〜8.0cm。琴尾には，現在では3本の突起があるが，元は四弦琴あるいは八弦琴ともみられている。はっきり琴とわかる遺物が発見されたのは，四国地方では初めての例。このほか，鍬，鋤などの木製品や壺，甕などの土器，そして約6,000年前，鹿児島沖の火山（鬼界カルデラ）の噴火で飛来したとみられる火山灰（アカホヤ）も出土した。

近畿地方

約3万点の木製祭祀具　兵庫県教育委員会と出石町教育委員会が発掘を続けている同県出石郡出石町の袴狭（はかざ）遺跡群で，これまでの調査によって東西1.5km，南北1kmに及ぶ範囲から約3万点の人形・馬形・斎串などの木製模造品と呼ばれる祭祀具が発見された。これは，この種の遺物を全国集成してもその10分の1にも満たないことから，驚異的な数量といえる。年代は8世紀代から10世紀代のもので，条里制に伴う上下2層の水田および溝内から出土している。このため，従来確定できなかった祭祀遺物の型式分類・編年が可能として非常に注目されるところである。遺跡は役所とこれに付随した祓所と推定され，但馬第一次国府あるいは出石郡衙などの候補地となろう。また「秦部大山秦部弟麻呂秦部□□」の木簡出土から古代の但馬に秦氏の存在も確認された。

5世紀初めの須恵器窯跡　大阪府教育委員会と大阪府埋蔵文化財協会は古窯跡群・陶邑の北端にあたる堺市大庭寺の大庭寺（おばでら）遺跡で発掘調査を行なっているが，先ごろ国産としては最古の5世紀前半の須恵器窯跡が発見された。窯跡は2基あり，うち1基は本体が壊されていたが，灰原が最大幅13m，長さ17mの扇形にそっくり残っていた。南隣のもう1基は調査区外に続くため，全容は不明だが幅約4m，長さ約8mの灰原の一部が確認された。窯本体はいずれも全長7〜8mほどの半地下式の登窯と推定される。出土した須恵器の破片は数万点にものぼり，うち90％は高さ1m前後の大型の甕で，ほかに高杯や器台，杯などが含まれていた。縄蓆文が施文されていたり，高杯の脚部に透しが多いことなど，朝鮮半島南部地方の陶質土器と極めて似ている。さらに日常生活の煮炊きに使われる甑や甕など，韓式系土器に酷似する土器も多数出土しており，朝鮮半島からの渡来工人がこの地に住んで最古の須恵器生産を始めた遺跡として注目されている。

二上山産の家形石棺　名神高速道路の拡幅工事に伴い，大阪府と

高槻，茨木両市，島本町の各教育委員会でつくる名神高速道路内遺跡調査会が発掘を進めている高槻市梶原の梶原古墳群で6世紀後半の大規模な円墳（梶原1号墳）から二上山産出の石を使用した家形石棺が発見された。梶原1号墳は標高50mの尾根の南斜面にあり，直径25m。北西部分には幅約5m，深さ1.2mの空濠をもつ。石棺は入口を南東方向に向けた横穴式石室の中央にあり，長さ約2m，幅0.9m。直線距離で約40km離れた二上山産出の凝灰岩を使用しており，蓋石は外されていたものの保存状態はかなりよかった。石室内からは耳環や鉄鏃など，墳丘斜面からは須恵器や土師器，埴輪片などがみつかった。淀川水系をおさえる有力な豪族の墓とみられる。

「舎人親王」の木簡　奈良市佐紀町の特別史跡・平城宮跡の東南隅から舎人親王（676〜735）の名前などを記した数千点にのぼる木簡群がみつかり，解読しおえた約800点のうち8点が奈良国立文化財研究所から公表された。木簡の主な文字は「一品舎人親〔位カ〕」「□阿倍朝臣広庭位分資」「小心謹卓執當幹」「天平元年八月五」などで，そのほとんどは天平元年（729）前後の役人の勤務評定に関するもの。現場は式部省のすぐ東側で，式部省関連の役所が存在し，木簡群は奈良時代後半の礎石立ち建物跡の基壇下層の奈良時代前半の井戸の穴の中からみつかった。奈良時代前半の掘立柱の建物を礎石立ち建物に建て替える際に，同省から一括して木簡が棄てられたらしい。

長岡京の南東部は未造営　碁盤目状に計画された長岡京が，東側を流れる桂川の影響で，実際には南東部分が造営されなかった可能性が強いことが京都市埋蔵文化財研究所の発掘調査で考古学的に確認された。現場は京都市伏見区淀水垂町の，京城の東端から約1km西を南北に走る東二坊大路沿いで，東二坊大路と六条大路との交差点の遺構がみつかったが，交差点はT字状で，六条大路は東二坊大路より東へは延びていなかった。また六条大路の南1本，北1本の道も東二坊大路以東は造営されていなかった。さらに東二坊大路も六条大路付近では幅1m，深さ20〜30cmの側溝が確認されたが，約200m南へ下がると，側溝が掘られた形跡がなかった。以上の成果から，調査地付近が長岡京の実際の南東の端で東二坊大路を東端，六条条間小路を南端としてそれより南東部分は低湿地のため造営されなかったとみられている。また現場では1年前に大量の人面墨書土器がみつかっており，都の四方において「鬼魅」の侵入を防ぐ「道饗祭」（みちあえのまつり）に伴う遺物と考えられる。

──────中部地方

平安期の緑釉陶器　恵那市教育委員会が発掘を進めていた同市長島町永田城ケ洞の永田8号窯で，11世紀前半の半地下式穴窯が見つかり，貴重な緑釉陶器が数十点出土した。窯は一部破壊されているものの全長約4.25m，最大幅1.9mで，燃焼室，焼成室が良好な状態で残っていた。灰原は厚さが最大で70cmほどあったが，灰釉陶器の碗，花瓶，皿，壺などの破片が数千点出土したほか，緑釉陶器片も含まれていた。緑釉陶器は京都，近江，尾張，美濃が四大産地とされているが，美濃地方では多治見と並んで恵那地方も主産地だったことが判明した。

全長30mの前方後方墳　富山県高岡市教育委員会が発掘調査を進めている同市和田の石塚遺跡で古墳時代前期の大規模な前方後方墳がみつかった。古墳は中軸を東西方向に向け，全長約30m。後方部幅18m，前方部長12m，幅10mで，幅1〜3mの溝が巡っている。前方後方墳は高岡市内には丘陵部に5基あるが，平野部では初めて。ただし副葬品などは何も発見されなかった。また近くからはほぼ同時期の方墳の一部がみつかり，供献用の土師壺が完形のまま出土した。底部と胴部に各1個の穿孔がある。そのほか同遺跡からは平安時代前期の井戸跡1基，土坑約40基，溝跡10条，柱穴多数がみつかったが，出土土器のうち約8割は弥生時代中期のものだった。また前方後方墳を切る形で室町時代の濠がみつかり，中国産青磁，白磁のほか，五輪塔が発見された。

方形周溝墓15基　富山県射水郡大門町の庄川に近い布目沢北遺跡で富山県埋蔵文化財センター・大門町教育委員会による発掘調査が行なわれ，弥生時代後期の方形周溝墓15基以上からなる墳墓群が発見された。周溝墓は最大のものでは一辺13〜14mほどで，さらに調査区域外へも広がる可能性が強い。方形周溝墓の発掘例はこれまで丘陵地に集中しているが，平野部の規模の大きな例としては県内2例目。このほか墳墓群と重なって住居跡や溝跡，ヒスイを含む4点の勾玉，勾玉や管玉の未成品，原石が出土，玉作跡の存在も確認された。

──────関東地方

野毛大塚から甲冑など　東京都世田谷区教育委員会が発掘を進めていた同区野毛1丁目，玉川野毛町公園内の野毛大塚古墳（都史跡）で主体部3基が発見され，甲冑をはじめ多くの副葬品がみつかった。同墳は全長約84m，後円部径約69m，高さ約11mで，周濠を

113

考古学界ニュース

伴う帆立貝式古墳。前方部北側には長さ５ｍ，幅10ｍの造出があり，葺石で覆われていたことがわかった。また周濠からは多数の埴輪が出土したが，円筒埴輪のほかに鶏，壺，家，盾などの形象埴輪もあった。主体部は明治30年に発掘された箱式石棺を伴う第２主体，長さ3.2ｍの組合式木棺を伴う第３主体と，墳頂部中央に位置する第１主体の計３基で，第１主体は長さ約8.2ｍという長大な粘土槨にくるまれた割竹形木棺がみつかった。副葬品は鉄製の皮綴短甲，頸甲，肩甲，衝角付冑，太刀13点，鉄剣５点，鉄鏃25点以上，石製模造品，銅釧，勾玉，管玉・臼玉多数，内行花文鏡で，５世紀初頭の築造と推定されている。

後二子古墳は節約タイプ　前橋市大室地区にある国指定史跡「大室の三古墳」のうちの１つ，後二子古墳で前橋市教育委員会による初の発掘調査が行なわれた。一帯で計画されている大室公園史跡整備事業に伴って行なわれたもので，周堀をもち，堀を含めた全長は約100ｍ，墳丘全長82ｍ，高さ８ｍの前方後円墳で，葺石を伴わないことが判明した。墳丘は自然条件を生かして地山を掘り込み，その土を使って造成した広い基壇をもち，また基壇を掘り込んで石室を造るなど盛土量の節約を図っている。しかし盛土を節約しながらも石室は広く，天井石に巨大な自然石を使うなどアンバランスな面もある。さらに円筒埴輪列も石室の開口方向である南側が約70cm間隔なのに比べ，反対の北側では約50cm間隔で，明らかに北側斜面を意識している。同古墳の築造年代はこれまでの説より半世紀ほど早まって６世紀半ばから後半と推定される。

小古墳から埴輪75点　関越道・上越線建設に伴う群馬県埋蔵文化財調査事業団の調査で一昨年出土した多野郡吉井町の小円墳（６世紀後半）の埴輪が75点以上になることが最近の整理作業でわかった。この古墳は吉井町神保にある多胡古墳群内の下條１，２号墳で，いずれも直径８ｍ前後，高さ約２ｍの小規模なもの。出土した埴輪は２号墳では最低でも大刀５，靫３，盾３，靫５，家１，巫女３，男子３，馬３点以上で，朝顔などの円筒埴輪も50点以上になった。大きさも家形が高さ１〜1.2ｍ，馬形が高さ約90cm，長さ約１ｍに達し，大規模古墳の埴輪にひけをとらない。こうした首長墓でない小円墳に多くの埴輪が伴うことは畿内とは異なる東国の地域性と解される。

───────東北地方

会津から形象埴輪　福島県会津坂下町塔寺の経塚遺跡（古墳時代後期）で会津坂下町教育委員会による発掘調査が行なわれ，２基の古墳，弥生時代再葬墓，中世の館跡，近代の窯跡などが検出された。直径約24ｍの１号墳からは大量の円筒埴輪と形象埴輪が出土した。馬子か巫女と思われる腕の部分が８点と２点の顔など，復元すれば４体の人物埴輪となる。このほか馬鈴をつけた飾り馬や鳥の動物埴輪なども発見された。正式な発掘調査によって埴輪が出土したのは会津地方では初めての例。

井戸跡から和鏡と鏡箱　藤原三代秀衡，四代泰衡の居館とされる岩手県西磐井郡平泉町平泉字泉屋の伽羅之御所（きゃらのごしょ）跡から平安時代末期と推定される和鏡が金鈴蒔鈴の施された鏡箱に納まって発見された。土坑６基，溝７本とともにみつかった井戸の底部（深さ約4.1ｍ）から出土したもので，「山水飛雁鏡」と呼ばれる鏡は径10.2cm，重さ115ｇ。鏡箱は印籠蓋がつく構造だが，蓋はなく，直径11.1cm。黒漆塗りの上に梅枝，梅花，側面にはシダなどの植物文様の金銀蒔絵が施され，形状や文様から12世紀後半の作と推定される。鏡の直上から土器10数点，さらに上層の埋め戻し層からは箸や折敷などが出土した。井戸と重複する新しい土坑からは扇の骨が出土した。扇骨は木製で，５本に折れている。幅からみて骨の長さは26cm以上とみられている。

旧石器の製作跡　岩手県和賀川の支流の鬼ヶ瀬川によって作られた洪積段丘上にある大渡Ⅱ遺跡（和賀郡湯田町）で（財）岩手県文化振興事業団埋蔵文化財センターによる発掘調査が行なわれ，旧石器時代の石器多数がみつかった。石器は杉久保形ナイフ型石器，スクレイパー，石刃，硬質頁岩製の石核，剥片など約200点で，後期旧石器時代後半のものと推定される。石器は４ｍ×４ｍの範囲２カ所に集中しており，石核が同時に出土していることから石器の製作跡とみられる。約１km離れたところには大台野遺跡があり，両遺跡との比較が待たれる。

江戸初期の地鎮祭跡　岩手県岩手郡滝沢村教育委員会が発掘調査を進めている村内の大釜館遺跡から，江戸時代初期（17世紀前半）に地鎮祭で埋納した輪宝と羯磨を墨書きした小石が発見された。長さ４cm，幅３cmを測る小石は，直径６cm，深さ８cmの小穴に寛永通宝８枚と稲の籾殻と一緒に埋められており，片面に輪宝，もう片方の面に羯磨を墨で書いて表現している。両面の中心には大日如来を象徴する「バン」と「ア」の梵字が記されているほか，羯磨が墨書きされている面には「黄」という文字が書かれていた。

────────北海道地方

周堤墓から漆塗り弓 千歳市中央の丸子山遺跡で千歳市教育委員会による発掘調査が行なわれ、縄文時代後期の周堤墓2基と擦文時代の住居跡3軒が発見された。現場は古砂丘と呼ばれる丘陵で、周堤墓の1つは内側が直径16m、土を積み上げた外側の堤を入れると直径26mになる。中央に楕円形に掘り下げた墓穴が1カ所みつかった。もう1基の周堤墓は内側の直径13m、外側が18mで、4カ所の墓穴があった。周堤墓のそれぞれ1つの墓穴から真っ赤な漆を塗った長さ約1.7mの弓が出土した。長い間埋まっていたため弓の木の部分は消滅し、塗られていた漆だけが残されていた。同遺跡からは環濠も発見されている。

────────学会・その他

日本考古学協会1991年度大会
11月23日〜25日、仙台国際センター（仙台市青葉区青葉山）を会場に開催された。講演およびシンポジウムは以下の通り。
〈講 演〉
G.ボジンスキー：ドイツ・ライン地方のマグダレニアン期ゲナスドルフ遺跡における集落の復元
〈シンポジウムⅠ 旧石器時代における人間活動の復元〉
司会：稲田孝司・岡村道雄
山田晃弘：前期旧石器時代一馬場壇A遺跡
太田昭夫・斎野裕彦：後期旧石器時代一富沢遺跡（第30次調査）
栗島義明：遺跡の構造と個体別資料分析
梶原 洋：石器群形成に及ぼす石材環境の意義
阿子島香：「民族考古学」からみた遺跡構造
〈シンポジウムⅡ 北部日本の南北問題〉

司会：工藤雅樹・桑原滋郎・藤沼邦彦
冨樫泰時：円筒土器様式と大木土器様式
福田友之：縄文時代の物の移動・人の移動
須藤 隆・工藤哲司：東北地方弥生文化の展開と地域性
高橋信雄・高橋与右ヱ門：北海道の続縄文文化と東北
山口 敏：古人骨にみる北部日本人の形質
進藤秋輝：城柵の設置とその意義
三浦圭介：古代の集落と生業（北半部）
小井川和夫・村田晃一：古代の集落と生業（南半部）一宮城県を中心として一
今泉隆雄：古代東北の南と北
3日目は陸奥国分寺跡、雷神山古墳、大木囲貝塚、多賀城跡、東北歴史資料館、山王囲遺跡、東北陶磁文化館、宮沢遺跡などを巡る見学会が行なわれた。なお、第58回総会は5月下旬、甲府市の山梨学院大学を会場に開かれる予定。

「海上の道─沖縄の歴史と文化」
沖縄の日本復帰20周年を記念して、1月7日より東京国立博物館東洋館において開かれている（2月16日まで）。同展は歴史・民俗・考古・工芸など各分野にわたる歴代の遺品約220件を陳列し、海上の道によって発展した沖縄の歴史と文化をながめてみようとするもの。内容は(1)南島の先史文化とグスク、(2)琉球王朝の成立と発展、(3)南島の民衆文化、(4)王朝の文化につかれ、広田遺跡出土貝符、清水貝塚出土貝匙、石垣島出土パナリ焼壺、今帰仁グスク出土青磁劃花文碗などの考古資料も展示されている。

「土佐を掘る 第1回─発掘された遺跡展」 1月18日〜3月15日、高知県立歴史民俗資料館（南国市

岡豊町八幡1099─1）において開催されている。県内で発掘された縄文時代後期の松ノ木遺跡、弥生時代の西分増井遺跡、古墳時代の祭祀遺跡である貝同中山遺跡群、中世の山城・芳原城跡、長宗我部氏の居城・岡豊城跡などから出土した遺物が展示されている。

江上波夫氏に文化勲章 平成3年度の文化勲章受章者に江上波夫氏が選ばれた。氏は古代オリエント博物館長、東大名誉教授で84歳。匈奴文化や東亜文化交渉史などアジア考古学・民族学に新生面を拓いたことが高く評価された。

本号の写真提供者および出典一覧（本文明記以外。順不同、敬称略）明瀬慎吾、岩手県滝沢村教育委員会、熊本県教育委員会、國學院大學考古学研究室、京都文化博物館、甘木歴史資料館、釧路市立博物館、青森県埋蔵文化財調査センター、青森県郷土館、東京国立博物館、坂田邦洋、松岡史、松藤和人、朴九秉、江坂輝彌、鈴木重治、鹿児島県教育委員会、上田耕、新東晃一、宇都宮市教育委員会、上野修一、千歳市教育委員会、木村英明
『朝鮮遺跡遺物図鑑1』『考古学報』79─4、『小屯』殷墟器物甲編、『崧沢』『北の誇り・亀ケ岡文化』図録『国立慶州博物館』『津軽海峡縄文美術展図録』『Asian Perspectives』ⅩⅥ.2、『韓国美術全集一原始美術』『韓国先史文化展』図録『日本人と文化の起源をたずねて』『考古』81─6、『文物』84─11、『古代の出雲と九州』『遼海文物学刊』91─1、『日本の土偶』六興出版（協力者）水山昭宏、本間恵美子、中村修身、桐生直彦、安楽勉、成田誠治

115

編集室より

◆今日のような高度情報社会では，世界各地の情報が同時に把握されるのが普通となっている。また高度工業化社会の交通は，一日にして世界の各地に移動できるまでに成長した。こうした現実の動きは，当然学問の上にも現われる。視野の広がりである。学問は専門化の方向を辿りながら新しい学的協同性のもとに，広範な把握の試みが行なわれるようになった。また学究の眼もそこに当然注がれている。また伝播・移動の構造のひとつとして，文化のあるところに情報組織の在りようが組み込まれるようになった。本号はそうした

学問の外的・内的要求に応えた試みである。　（芳賀）

◆本号は33号の「古墳時代の日本と中国・朝鮮」につづく縄文編の特集として企画された。孤立した文化とされてきた縄文文化がこれほど大陸と多くの交流があろうとは実は知らなかったことであった。改めてその関係の深さに驚いている。今回の特集では中国・韓国の諸先生から海を越えて生の原稿をいただいたことにまず感謝したい。それから多くの先生方・機関に写真提供の面でお忙しい中をお世話になった。また今回中山清隆先生に木村幾多郎先生を助けて編集上多大なご協力をいただいたことを記しておきたい。　（宮島）

本号の編集協力者——西谷　正（九州大学教授）
1938年大阪府生まれ，京都大学大学院修士課程修了。『韓国考古通信』『韓国考古学概論』『韓国美術史』『考古学からみた古代日本と朝鮮』などの著・訳・編がある。

木村幾多郎（大分市歴史資料館館長）
1945年長野県生まれ，九州大学大学院博士課程単位取得。「曽畑式土器様式」（縄文土器大観①）「長崎県壱岐島出土の卜骨」（考古学雑誌64—4）『新延貝塚』などの共著・編がある。

■本号の表紙■

　写真を見ていただければ，もう何もいうことはないであろう。宇宙から見る日本列島は懐に日本海という大きな湖を持つアジア大陸の一部であることを見事に示しており，縄文文化は，その中で展開したのである。そこには国境線は引かれておらず，人々の往来を阻害するものは何もないように見える。日本列島の北端と西端（接触地域）には，継続的に人の往来があった証拠が残されているが，多くの場合は相互の社会を大きく変容させるものとはなっていない。北海道の石刃鏃を持った文化は極東と関連が深いが比較的短期間しか存在しない。九州の曽畑式土器は，在来の縄文土器に櫛目文土器の要素が加わって成立した土器であり北部九州から南九州に急速に拡がっている。以上の二者は，その地域に大きな証拠を残した数少ない例といえる。（東アジアの写真・東海大学情報技術センター提供）　（西谷正・木村幾多郎）

▶本誌直接購読のご案内◀

『季刊考古学』は一般書店の店頭で販売しております。なるべくお近くの書店で予約購読なさることをおすすめしますが，とくに手に入りにくいときには当社へ直接お申し込み下さい。その場合，1年分の代金（4冊，送料は当社負担）を郵便振替（東京3-1685）または現金書留にて，住所，氏名および『季刊考古学』第何号より第何号までと明記の上当社営業部まで送金下さい。

季刊 考古学　第38号
ARCHAEOLOGY QUARTERLY

1992年2月1日発行

定価 2,000円
（本体1,942円）

編集人　芳賀章内
発行人　長坂一雄
印刷所　新日本印刷株式会社
発行所　雄山閣出版株式会社
　　〒102 東京都千代田区富士見2-6-9
　　電話　03-3262-3231　　振替　東京3-1685

◆本誌記事の無断転載は固くおことわりします
ISBN4-639-01075-3　printed in Japan

季刊 考古学 オンデマンド版　第 38 号　1992 年 2 月 1 日　初版発行
ARCHAEOROGY　QUARTERLY　　　　　　2018 年 6 月 10 日　オンデマンド版発行

定価（本体 2,400 円＋税）

編集人　　芳賀章内

発行人　　宮田哲男

印刷所　　石川特殊特急製本株式会社

発行所　　株式会社　雄山閣　http://www.yuzankaku.co.jp

　　　　　〒 102-0071　東京都千代田区富士見 2-6-9

　　　　　電話 03-3262-3231　FAX 03-3262-6938　振替　00130-5-1685

◆本誌記事の無断転載は固くおことわりします　　ISBN 978-4-639-13038-3　Printed in Japan

初期バックナンバー、待望の復刻!!

季刊 考古学 OD 創刊号〜第50号〈第一期〉

全50冊セット定価（本体 120,000 円＋税） セット ISBN：978-4-639-10532-9

各巻分売可 各巻定価（本体 2,400 円＋税）

号　数	刊行年	特　集　名	編　者	ISBN（978-4-639-）
創刊号	1982 年 10 月	縄文人は何を食べたか	渡辺 誠	13001-7
第 2 号	1983 年 1 月	神々と仏を考古学する	坂詰 秀一	13002-4
第 3 号	1983 年 4 月	古墳の謎を解剖する	大塚 初重	13003-1
第 4 号	1983 年 7 月	日本旧石器人の生活と技術	加藤 晋平	13004-8
第 5 号	1983 年 10 月	装身の考古学	町田 章・春成秀爾	13005-5
第 6 号	1984 年 1 月	邪馬台国を考古学する	西谷 正	13006-2
第 7 号	1984 年 4 月	縄文人のムラとくらし	林 謙作	13007-9
第 8 号	1984 年 7 月	古代日本の鉄を科学する	佐々木 稔	13008-6
第 9 号	1984 年 10 月	墳墓の形態とその思想	坂詰 秀一	13009-3
第 10 号	1985 年 1 月	古墳の編年を総括する	石野 博信	13010-9
第 11 号	1985 年 4 月	動物の骨が語る世界	金子 浩昌	13011-6
第 12 号	1985 年 7 月	縄文時代のものと文化の交流	戸沢 充則	13012-3
第 13 号	1985 年 10 月	江戸時代を掘る	加藤 晋平・古泉 弘	13013-0
第 14 号	1986 年 1 月	弥生人は何を食べたか	甲元 真之	13014-7
第 15 号	1986 年 4 月	日本海をめぐる環境と考古学	安田 喜憲	13015-4
第 16 号	1986 年 7 月	古墳時代の社会と変革	岩崎 卓也	13016-1
第 17 号	1986 年 10 月	縄文土器の編年	小林 達雄	13017-8
第 18 号	1987 年 1 月	考古学と出土文字	坂詰 秀一	13018-5
第 19 号	1987 年 4 月	弥生土器は語る	工楽 善通	13019-2
第 20 号	1987 年 7 月	埴輪をめぐる古墳社会	水野 正好	13020-8
第 21 号	1987 年 10 月	縄文文化の地域性	林 謙作	13021-5
第 22 号	1988 年 1 月	古代の都城―飛鳥から平安京まで	町田 章	13022-2
第 23 号	1988 年 4 月	縄文と弥生を比較する	乙益 重隆	13023-9
第 24 号	1988 年 7 月	土器からよむ古墳社会	中村 浩・望月幹夫	13024-6
第 25 号	1988 年 10 月	縄文・弥生の漁撈文化	渡辺 誠	13025-3
第 26 号	1989 年 1 月	戦国考古学のイメージ	坂詰 秀一	13026-0
第 27 号	1989 年 4 月	青銅器と弥生社会	西谷 正	13027-7
第 28 号	1989 年 7 月	古墳には何が副葬されたか	泉森 皎	13028-4
第 29 号	1989 年 10 月	旧石器時代の東アジアと日本	加藤 晋平	13029-1
第 30 号	1990 年 1 月	縄文土偶の世界	小林 達雄	13030-7
第 31 号	1990 年 4 月	環濠集落とクニのおこり	原口 正三	13031-4
第 32 号	1990 年 7 月	古代の住居―縄文から古墳へ	宮本 長二郎・工楽 善通	13032-1
第 33 号	1990 年 10 月	古墳時代の日本と中国・朝鮮	岩崎 卓也・中山 清隆	13033-8
第 34 号	1991 年 1 月	古代仏教の考古学	坂詰 秀一・森 郁夫	13034-5
第 35 号	1991 年 4 月	石器と人類の歴史	戸沢 充則	13035-2
第 36 号	1991 年 7 月	古代の豪族居館	小笠原 好彦・阿部 義平	13036-9
第 37 号	1991 年 10 月	稲作農耕と弥生文化	工楽 善通	13037-6
第 38 号	1992 年 1 月	アジアのなかの縄文文化	西谷 正・木村 幾多郎	13038-3
第 39 号	1992 年 4 月	中世を考古学する	坂詰 秀一	13039-0
第 40 号	1992 年 7 月	古墳の形の謎を解く	石野 博信	13040-6
第 41 号	1992 年 10 月	貝塚が語る縄文文化	岡村 道雄	13041-3
第 42 号	1993 年 1 月	須恵器の編年とその時代	中村 浩	13042-0
第 43 号	1993 年 4 月	鏡の語る古代史	高倉 洋彰・車崎 正彦	13043-7
第 44 号	1993 年 7 月	縄文時代の家と集落	小林 達雄	13044-4
第 45 号	1993 年 10 月	横穴式石室の世界	河上 邦彦	13045-1
第 46 号	1994 年 1 月	古代の道と考古学	木下 良・坂詰 秀一	13046-8
第 47 号	1994 年 4 月	先史時代の木工文化	工楽 善通・黒崎 直	13047-5
第 48 号	1994 年 7 月	縄文社会と土器	小林 達雄	13048-2
第 49 号	1994 年 10 月	平安京跡発掘	江谷 寛・坂詰 秀一	13049-9
第 50 号	1995 年 1 月	縄文時代の新展開	渡辺 誠	13050-5

※ 「季刊 考古学 OD」は初版を底本とし、広告頁のみを除いてその他は原本そのままに復刻しております。初版との内容の差違は
　ございません。

「季刊 考古学　OD」は全国の一般書店にて販売しております。なるべくお近くの書店でご注文なさることをおすすめしますが、とくに手に入り
にくいときには当社へ直接お申込みください。